2013年度国家社科基金项目（批准号：13BJY122）
2017年度长沙理工大学学术著作出版资助

交通运输体系改善促进中部农村中心集镇发展研究

THE RESEARCH OF IMPROVING THE TRANSPORTATION SYSTEM TO
DEVELOP THE CENTRAL RURAL MARKET TOWN IN CENTRAL CHINA

周正祥◎著

图书在版编目（CIP）数据

交通运输体系改善促进中部农村中心集镇发展研究/周正祥著.—北京：经济管理出版社，2019.7

ISBN 978-7-5096-6857-3

Ⅰ.①交…　Ⅱ.①周…　Ⅲ.①交通运输系统—作用—农村—城市化—研究—中国　Ⅳ.①F299.21

中国版本图书馆 CIP 数据核字（2019）第 171669 号

组稿编辑：申桂萍
责任编辑：申桂萍　丁凤珠
责任印制：黄章平
责任校对：赵天宇

出版发行：经济管理出版社
　　　　　（北京市海淀区北蜂窝 8 号中雅大厦 A 座 11 层　100038）
网　　址：www.E-mp.com.cn
电　　话：（010）51915602
印　　刷：北京晨旭印刷厂
经　　销：新华书店
开　　本：720mm×1000mm/16
印　　张：13.75
字　　数：239 千字
版　　次：2019 年 7 月第 1 版　2019 年 7 月第 1 次印刷
书　　号：ISBN 978-7-5096-6857-3
定　　价：58.00 元

·版权所有　翻印必究·

凡购本社图书，如有印装错误，由本社读者服务部负责调换。
联系地址：北京阜外月坛北小街 2 号
电话：（010）68022974　　邮编：100836

前　言

关于城镇化的问题，学者们很早就进行了深入研究。1984年，费孝通先生首次提出"小城镇，大问题"这一命题，在社会和学界激起了很大的反响，同时这一观点也奠定了我国对城镇化研究的基础。党的十五届三中全会把"小城镇，大战略"作为经济发展的主要指导目标；《中华人民共和国国民经济和社会发展第十二个五年规划纲要》（以下简称"十二五"规划）强调"以大城市为依托，以中小城市为重点，逐步形成辐射作用大的城市群，促进大中小城市和小城镇协调发展"，提出了中国未来城镇化的发展格局；党的十六届三中全会把"统筹城乡发展"纳入"五个统筹"之中。因此，在未来的城镇化进程中，要确保两个重点任务：激发大都市的活力与推进城镇化政策重心下移。发挥市场"看不见的手"的主导力量，采用政府科学引导的方式，逐步推动我国城镇化建设。《中华人民共和国国民经济和社会发展第十三个五年规划纲要》（以下简称"十三五"规划）要求"坚持以人的城镇化为核心、以城市群为主体形态、以城市综合承载能力为支撑、以体制机制创新为保障，加快新型城镇化步伐，提高社会主义新农村建设水平，努力缩小城乡发展差距，推进城乡发展一体化"。

中国是城镇化后发国家，随着经济的不断发展，我国的 GDP 迅速提升，中小企业遍地开花，人们逐渐走上了小康社会的幸福道路，中国城镇化取得长足发展。在宏观政策的大力推动下，我国小城镇的数量和规模不断增大，质量不断提高。粤港澳大湾区、长三角等地区构建了独具特色的城镇发展模式，并取得了丰硕成果。东部沿海地区乘改革开放之春风而飞跃发展，西部地区随着国家西部大开发战略和逐步推进而崛起，但是中部地区的发展却明显滞后。2014年3月，《国家新型城镇化规划（2014－2020年）》（以下简称《规划》）着重提出要"强化城市群之间交通联系，加快城市群交通一体化规划建设，改善中小城市和小城镇对外交通，发挥综合交通运输网络对城镇化格局的支撑和引导作用"等一系列指导意见，为我国城镇的发展奠定了政策基础。

怎样找出有效的办法，积极挖掘现有中小城市发展潜力，更好发展小城镇，把有条件的东部地区中心镇、中西部地区县城和重要边境口岸逐步发展成为中小城市是一项紧迫的课题。党的十八大提出要"坚持走中国特色新型工业化、信息化、城镇化、农业现代化道路"。中部六省作为我国传统农区，经过多年发展形成了大量的农村中心集镇，南通北达、东连西接的交通区位优势明显，但受区域交通运输条件制约，城镇化发展长期滞后。在这种发展困境的大背景下，新的政策和机遇是农村发展的希望，逐步推进供给侧结构性改革，从科学角度出发综合全面规划农村中心集镇，尤其强调综合交通运输体系结构布局。农村中心集镇是要素流动的产物，其发展与城市息息相关。作为资源要素聚集的重要传输介质，农村中心集镇承接产业、信息等资源转移优势成为其发展的一大源泉；和其他大城市比较，它是剩余劳动力的聚集地，同时又有低廉的生活成本和相近的生活方式，因此成了农村剩余劳动力转移的有效途径。经济的发展推动了人们对美好生活需求的日益增长，促使中心城市的消费逐步增加，因而各种服务业、产业迸发，加大了行业竞争的激烈程度，导致了地少人多局面的产生，因此土地价格上涨迅速，提高了对新增企业的进入门槛。这种恶性循环的背景下，导致企业在地理位置的选择上，更倾向于在土地成本相对较低的农村中心集镇扩大生产，重组生产结构，促使各类资源逐步转向中心集镇。而交通运输体系改善（区域综合轨道交通的发展、快行与慢行系统并重、引入交通导向新城镇开发模式）为以上各种要素快速流动提供基本条件，成为区域经济发展的主动脉。交通运输是经济发展的先行者，是要素互通的桥梁，是农村集镇发展的关键支撑力量。加快中部农村中心集镇发展，交通运输体系的基础建设是其先决条件。农村中心集镇发展与交通运输体系相互影响与制约。合理规划交通运输体系对集镇的改造有导向作用，层次分明地逐步推进节点地区道路、轨道等设施的完善、交通布局的规划，通过财政大力支持，牢牢稳固交通运输在农村的关键地位，这将对整个国民经济发展功不可没。要加快推进中部地区特困乡镇公路建设以及市县的公路改造工程，强化农村公路桥梁、安保工程建设和渡口改造，积极推进农村乡镇客运站网建设，全面推动交通运输体系发展。发挥交通运输体系改善对农村中心集镇发展的促进作用，做好农村中心集镇交通运输体系规划，充分发挥市场诱导投资的功能，在财政税收方面进一步提供激励政策作为保障。所以，在中国国民经济又好又快的发展机遇下，科学合理地规划交通运输布局，推动城镇化的全面建设，促进"两型社会"的构建，对中部崛起、全面建成小康社会意义重大，亟待重点研究。

本书顺应中国城镇化建设要求和中部崛起大战略，在大量调研基础上，收集整理了海量的相关研究资料，综合各行业专家学者意见，精心编写而成。本书以综合交通运输体系和中部农村中心集镇的基本概念为基础，对两者的发展历程和动力进行系统梳理，进一步研究中心集镇发展模式，探索综合交通运输体系对中部农村中心集镇发展的影响。本书采取实证分析，对交通运输体系改善促进中部农村中心集镇发展的效应进行评估，构建评价指标体系和评价模型，量化分析综合交通运输体系对中部农村中心集镇发展的影响；对美国、德国、韩国、日本等国家农村城镇化的模式进行经验总结，收集整理了中国农村中心集镇发展的典型案例，总结出中部农村中心集镇发展可借鉴的经验教训；研究陇海铁路对关中城镇建设的影响和菏泽高速公路发展对沿线地区经济社会发展的效益，探索交通运输体系发展在中部农村中心集镇建设和发展中的重要作用；依托长江黄金水道，加快打造优势产业与创新产业集群，科学谋划中部地区产业布局、经济结构，加大中部地区交通网络体系建设，稳固城市节点网络体系，努力推进以农村中心集镇发展为重点的新型城镇化发展；科学规划、分层建设一体化的交通运输枢纽，大力发展综合立体交通运输"枢纽经济"，规划高等级航道推进船舶优化升级，加快内河水运发展，推进公路建设；借力"互联网＋"助推产业结构优化升级，促进三大城市群跨区域协调合作；根据中部农村中心集镇发展现状及中国城镇化发展要求，结合国内外农村中心集镇发展的经验教训，为中部农村中心集镇的发展提出了建设性的对策建议。

我们在研究和写作过程中，得到了孙久文教授、陈耀教授、高志刚教授、吴亚中教授、王耀中教授、钱俊君教授、陈银娥教授、刘茂松教授、柳思维教授、曾剑光教授、夏飞教授、贺正楚教授等专家学者的大力支持、指导和帮助；研究生凌征武、魏红倩、袁武、刘妍娜、阮璐、田华、王鹏恭、褚韬、王延明、欧阳愧林、熊瑛、肖广平、陈艳、向天清、路清泉、杨杰、俞翔、龚新爱、罗珊、程咏春、李华彬、蔡雨珈、李林英、黎兴松、李俊忠、汤巍、张平、黄文婷、张秀芳、曹蓓、王维宇、黄国先、李攀、刘琴红、洪清填、张桢禛、张文苑、王喆、刘海双、胡凌霜、许睿琦、刘瑶、毕继芳、蔡雨珂、王雨涵、胡劢、唐蕾、黄静宇、陈曦薇、张萌、袁浩、蔡燕、柯玲娟等进行了大量的资料收集和调查研究工作，付出了辛勤的劳动。在此，对他们表示衷心的感谢！我们还得到了国内外一些知名专家的支持和帮助，恕不一一列举，在此一并致谢！当然，研究报告还很不成熟，还有很多方面需要进一步研究，我们将在今后的研究中进一步完善；同时也敬请各位领导、各位专家教授、各位同仁多提宝贵意见。谢谢！

周正祥于柳月湾

2019 年 3 月 8 日

目　　录

第一章　绪论 ··· 1

　　第一节　研究背景及意义 ··· 1
　　　　一、研究背景 ··· 1
　　　　二、研究意义 ··· 3
　　第二节　研究方法及思路 ··· 5
　　　　一、研究方法 ··· 5
　　　　二、研究思路 ··· 5
　　第三节　国内外研究综述 ··· 6
　　　　一、国外研究综述 ·· 6
　　　　二、国内研究综述 ··· 15
　　　　三、综合评述 ·· 23
　　第四节　研究价值及创新之处 ·· 23
　　　　一、研究价值 ·· 23
　　　　二、创新之处 ·· 24

第二章　综合交通运输体系 ·· 25

　　第一节　综合交通运输体系的基本概念及其内涵 ···················· 25
　　　　一、综合交通运输体系的概念 ······································ 25
　　　　二、综合交通运输体系的内涵 ······································ 30
　　第二节　综合交通运输体系的发展历程 ······························· 33
　　　　一、综合交通运输体系的发展阶段 ································ 33

二、我国综合交通运输体系的发展历程 ……………………… 36
第三节 综合交通运输体系演化的动力 ………………………… 38
　　一、运输系统的演化 …………………………………………… 38
　　二、综合交通运输体系演化的动力机制 ……………………… 39
第四节 综合交通运输体系的影响因素 ………………………… 40
　　一、交通运输发展的影响因素 ………………………………… 41
　　二、枢纽核心区功能布局影响要素研究 ……………………… 44
第五节 构建综合交通运输体系的必要性 ……………………… 45
第六节 相关理论 ………………………………………………… 46
　　一、交通运输理论 ……………………………………………… 46
　　二、交通运输对城镇产业布局影响相关理论 ………………… 48
　　三、经济理论 …………………………………………………… 51

第三章 中部农村中心集镇 ……………………………………… 54

第一节 中部农村中心集镇发展内涵 …………………………… 54
　　一、城镇化发展概念 …………………………………………… 54
　　二、农村中心集镇的类型 ……………………………………… 55
　　三、农村中心集镇的主要功能 ………………………………… 56
　　四、农村中心集镇发展的基本规律 …………………………… 57
第二节 中部农村中心集镇发展的历史进程 …………………… 58
　　一、城镇化发展历史 …………………………………………… 58
　　二、输出型发展阶段 …………………………………………… 60
　　三、提升型发展阶段 …………………………………………… 61
第三节 中部农村中心集镇的发展模式 ………………………… 61
　　一、新型城镇化发展的动力机制 ……………………………… 61
　　二、农村中心集镇发展模式 …………………………………… 62
第四节 农村中心集镇发展影响因素 …………………………… 66
　　一、自然生态因素 ……………………………………………… 66
　　二、社会文化因素 ……………………………………………… 67
　　三、交通运输技术因素 ………………………………………… 69
　　四、政治政策因素 ……………………………………………… 69

　　　　五、区位因素 ··· 70

　　　　六、区域经济因素 ··· 71

　　第五节　农村发展理论 ··· 71

　　　　一、城镇空间结构理论 ··· 71

　　　　二、城镇发展理论 ··· 74

第四章　农村中心集镇综合交通运输的发展 ······························· 78

　　第一节　农村中心集镇综合交通运输的发展 ································· 78

　　　　一、综合交通运输的发展 ··· 78

　　　　二、我国城市交通综合体的差距 ······································· 79

　　第二节　集镇交通发展特征 ··· 79

　　　　一、城镇客运交通的特点 ··· 80

　　　　二、城镇货运交通 ··· 81

　　第三节　城市交通综合体功能研究 ··· 83

　　　　一、城市交通综合体功能 ··· 83

　　　　二、城市交通综合体与城市的区位关系 ································· 85

　　　　三、综合交通运输功能表现 ··· 87

　　第四节　中部地区综合交通运输特征 ··· 89

　　　　一、城市交通综合体的特征 ··· 89

　　　　二、区域综合交通网合理性特征 ······································· 90

　　第五节　我国城市交通综合体建设面临新机遇 ································· 91

第五章　交通运输体系改善促进中部农村中心集镇发展 ····················· 93

　　第一节　交通运输体系改善对中部农村中心集镇的影响机制 ··················· 93

　　　　一、交通运输体系建设对农村中心集镇作用机理 ······················· 93

　　　　二、交通运输体系建设与农村中心集镇经济发展的相互作用 ············· 96

　　　　三、交通运输体系建设对农村中心集镇社会发展的影响机制 ············ 101

　　　　四、综合交通运输体系的运输方式与农村中心集镇发展 ················ 105

　　第二节　交通运输与中心集镇的相互关系 ···································· 110

　　　　一、中心集镇交通系统概念及内涵 ···································· 111

　　　　二、交通系统是中心集镇城市间联系的载体 ···························· 111

三、中心集镇经济与综合交通系统相互关系 ……………… 112
第三节 交通运输体系改善对中部农村中心集镇经济的影响 …… 113
  一、交通运输与区域经济互动的关系 …………………… 113
  二、促进经济增长 ………………………………………… 115
  三、产业空间布局影响 …………………………………… 115
  四、工业集群化影响 ……………………………………… 117
第四节 交通运输体系发展对中部农村中心集镇社会发展的影响 …… 118
  一、交通运输体系建设对中部农村中心集镇社会
      事业发展的影响 ……………………………………… 118
  二、公路交通对农民生活条件影响与机制分析 ………… 120
  三、交通运输体系对农村中心集镇形态布局的影响 …… 120
  四、促进农业现代化发展 ………………………………… 126
第五节 交通运输体系发展对中部农村中心集镇空间布局的影响 … 127
  一、交通对城市区域结构的影响 ………………………… 127
  二、综合交通运输对城市居住选址的影响 ……………… 128
  三、综合交通运输对空间布局的影响 …………………… 129
  四、综合交通运输对中心集镇空间溢出效应 …………… 135
  五、集镇规模化影响研究 ………………………………… 136
第六节 交通运输体系改善对农村中心集镇发展的意义 ………… 137
  一、有利于扩大内需和全面建成小康社会 ……………… 137
  二、有利于统筹城乡经济发展 …………………………… 138
  三、有利于加快"三农"问题的解决 …………………… 139
  四、有利于坚持绿色发展道路 …………………………… 141
  五、有利于调整生产力布局 ……………………………… 141

第六章 交通运输体系的改善对中部农村中心集镇发展的效应评估 … 143
第一节 评价指标体系 ……………………………………………… 144
  一、评价指标选取原则 …………………………………… 144
  二、评价指标体系 ………………………………………… 145
  三、数据处理原则 ………………………………………… 147
第二节 效应评估模型 ……………………………………………… 148

一、建立层次模型	148
二、构造判断矩阵	149
三、层次单排序	149
四、判断矩阵一致性检验	149
五、层次总排序	150
第三节 交通运输体系改善促进农村中心集镇发展的效应分析	151
一、综合交通运输体系对区域经济发展的影响	151
二、交通发展对城镇体系结构演变的影响	152

第七章 中部农村中心集镇地区及交通运输体系现状及存在的问题 … 155

第一节 中部农村中心集镇现状及存在的问题 … 155
一、"土地城镇化"快于"人口城镇化" … 155
二、城镇空间布局布置不均衡 … 156
三、城镇空间形态散乱不规矩 … 159
四、城镇空间密度分布不合理 … 159
五、人口密度增大，城镇交通扩张 … 161
六、产业支撑能力较弱 … 162

第二节 交通运输体系现状及存在的问题 … 162
一、基础设施总量依然薄弱 … 162
二、建设资金不足，矛盾突出 … 163
三、管理体制发展滞后，法规体系不健全 … 164
四、交通技术水平和信息化程度整体偏低 … 164
五、公共交通出行率低 … 165
六、交通运输产业在生产总值中比重偏低 … 165

第八章 交通运输体系改善促进农村中心集镇发展案例分析 … 166

第一节 国外城镇化发展对我国中部农村中心集镇发展的启示 … 166
一、美国南加州城镇化发展对我国中部农村中心集镇发展的启示 … 166
二、德国城镇化发展对我国中部农村中心集镇发展的启示 … 169
三、日本城镇化发展对我国中部农村中心集镇发展的启示 … 172

第二节 中国交通运输体系改善促进中心集镇发展的典型案例………… 173
　　一、陇海铁路对关中城镇建设的影响……………………………… 173
　　二、菏泽高速公路发展对当地经济社会发展的影响……………… 175

第九章 结论、展望与政策建议………………………………………… 177
　第一节 结论与展望……………………………………………………… 177
　　一、研究结论………………………………………………………… 177
　　二、展望……………………………………………………………… 179
　第二节 政策建议………………………………………………………… 180
　　一、农村中心集镇交通运输体系改善的基本原则及思路………… 180
　　二、中部农村中心集镇发展路径…………………………………… 182
　　三、中部农村中心集镇发展的对策建议…………………………… 187
　　四、中部农村中心集镇交通运输体系改善对策…………………… 192

参考文献………………………………………………………………… 195

第一章 绪论

第一节 研究背景及意义

一、研究背景

中国农村中心集镇最早的形式是农村,它的演变是由传统农村走向集市的过程。集市开始于人们对过剩产品的交易,在历史发展的进程中,小规模的集市已经不能满足大批量的交易,因此规模化的市场逐渐形成,当发展到一定程度,成为了农村商业活动的发源地,吸引了大量的人们驻足而观,汇集了各行各业的交易,直到一个稳固的社区逐步构建。农村经济变得日益繁荣,农村中心集镇渐渐失去了其乡村性社会特征,逐步向城市靠拢。由于这种集镇最初的模式是交易活动中心,吸引了社会资本的入驻,同时也带动了贸易和物流的流通,这种模式的逐渐扩大不仅稳固了市场地位,同时对农村经济的兴起具有推动作用。而且,农村中心集镇和大城市经济来往密切,对大城市的经济往来有着黏合剂的效应。

当"小城镇、大问题"这一观点被提出,国内外专家学者就纷纷开始对小城镇进行深入研究。在此后的重大会议上,我国重要领导人对国家未来的发展进行了布署,"小城镇,大战略"成为我国城市建设的指导方向;由于国家宏观政策的支持,在规模和数量上我国的集镇变化明显,自身质量不断提高,"长三角"等地区的小城镇建设具有自己独特的模式,随着国家西部大开发战略的推行，地区经济也逐步繁荣，但是中部依然位于发展水平低下的窘迫位置。

中国是城镇化后发国家之一，随着区域经济一体化的发展，中国城镇化获得了前所未有的发展机遇。2011年，中国城镇化率首次超过50%，迎来了一个发展的新阶段（见图1-1）。2015年国家"十三五"规划中提出"坚持以人的城镇化为核心、以城市群为主体形态、以城市综合承载能力为支撑、以体制机制创新为保障，加快新型城镇化步伐，提高社会主义新农村建设水平，努力缩小城乡发展差距，推进城乡发展一体化"的重要任务。这意味着在今后城镇化建设中，要确保两个重点任务：激发大都市的活力与推进城镇化政策重心下移。充分发挥市场主导和政府引导理念，利用好市场这只"看不见的手"的作用，提高政府人员素质，从制度上进行改革深化，推动城镇化发展。但城镇化进程受到了多方因素的综合影响，面临着前所未有的复杂性，具有显著的特殊性：①国家行政力量通常主导城镇化进程，工业化的逐步推进有了很大的突破，部分城市贫民窟也在逐渐减少。但是在我国这样的一个国情下，农民人口数量占了绝大多数，全国有很大比例的地区都分布有农民，使这些地区经济与工业落后于发达地区，在这种情况下，我国城镇化进程十分缓慢，现代工业化能力尤为不足，城市人口少企业多，农村地区人口多企业少，这种两极分化的形式更加剧了城乡差距。②中国是一个农业与人口大国，城镇化进程中也造成了大量的难题，导致移民数量增加和迁移速度加快。在城镇化发展过程中，10亿农民转向服务业以及工业等其他行业，同时也导致了公共服务、资源配置、社会保障等一系列问题。③在经济全球化的发展过程中，资源承载能力逐步下降，粗放型增长的模式已经不适应于中国，中国地域广袤但生态环境脆弱，尽管我国国土面积占据世界第三的优势位置，自然资源丰富，金属、植物种类极多，但是和发达国家相比，我国的人均资源水平远远不及他们，加之长期以来由于科技水平有限以及生产技术的落后导致能源利用低率，生产方式粗放，在造成资源短缺的同时，也带来了严重的生态环境危机。④2008年金融危机爆发，使我国不得不重新思考发展的方式。因此要想促进城镇化应从需求侧的角度出发，扩大企业生产进而刺激消费与投资水平的提高，从内部促进经济的飞跃，加快产业优化升级，促进外方资本与先进的科学技术的入驻，这些是我国城镇化转型的关键途径。

交通运输对城镇化发展有着十分重要的意义，既是城镇化空间格局的有力依托，也是城乡一体化构建的关键支撑。2014年3月16日，《国家新型城镇化规划（2014—2020年）》（以下简称《规划》）正式对外公布。《规划》

突出强调，要"强化综合交通运输网络支撑"，提出"完善综合运输通道和区际交通骨干网络，强化城市群之间交通联系，加快城市群交通一体化规划建设"。

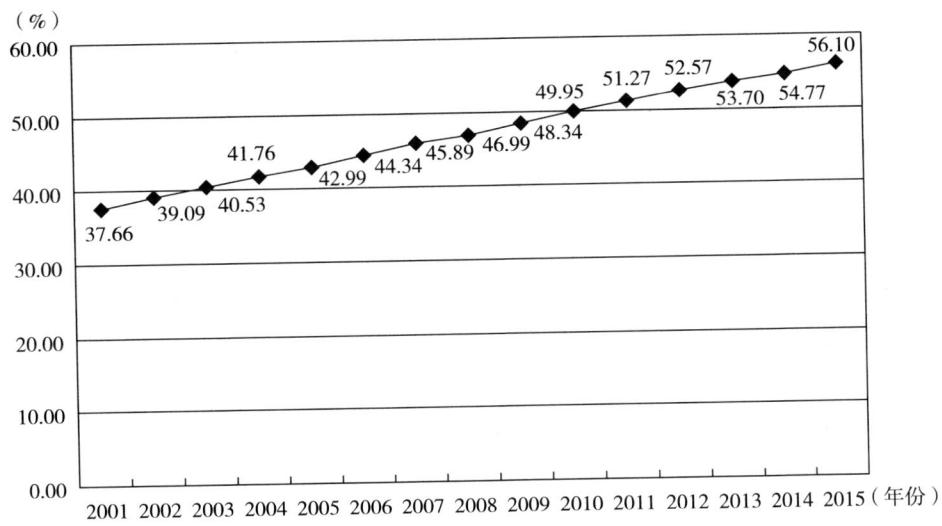

图1-1　2001~2015年中国城镇化率

2015年我国提出"城镇化是解决城乡差距的根本途径，也是最大的内需所在"。在"走中国特色城镇化道路"的指引下，中部地区的发展要与实践相互通，踊跃践行新型城镇化发展战略，加大力度促进新型城镇化建设。

二、研究意义

（一）中部农村中心集镇建设对于"中部崛起"战略的重要意义

中部地区是中国的中心位置，内联外通，是资源要素流通的重要通道，区位优势明显。中部地区仅一成的土地创造了全国三成多的粮食，在粮食生产中占有显赫地位，支撑了居民生活的需要，是我国能够自给自足不依靠其他国家资源辅助的有力后盾。中部地区是关键的资源产地，支撑着全国经济蒸蒸日上发展。加快中部地区发展，不仅是自身实力的要求，而且对于促进社会共同进步，达成区域协调、社会安定愿景，中国实现社会繁荣目标起着关键作用。

中部地区是承接东西部地区的过渡带，缺少中部的崛起战略，西部大开发就难以为继。就某种意义而言，中部崛起在西部大开发中对东部的生产要素转移有着承接作用；同时，西部与其他城市要形成完善的合营合作的有力局面也离不开中部崛起。

中部崛起有助于加强与东部产业分工协作关系。经过几十年的政策引导，东部沿海经济领先发展，但产生了新的难题，资源逐渐稀缺，水电等能源日益减少，人力成本越来越高。所以，一些能耗高、成本高、人力成本高的企业在东部举步维艰，因此这些企业只能选择向中部地区转移企业。中部地区毗邻东部，因此成为向外转移的最佳位置。中部的崛起促进了沿海地区的成长建设。

中心集镇的建设发展水平与整个地域的经济发展水平呈正相关关系，其富强繁荣与我国"中部崛起"战略实施的成效有着极为密切的联系。中心集镇的发展对我国新型城镇化道路起着铺垫作用，同时是解决我国"三农"问题的根本途径，对促进我国经济发展、缩小城乡差别、维护社会稳定、推动城镇化健康发展以及全面建成小康社会具有重要意义。

（二）交通运输体系对中心集镇发展的重要意义

交通线路经过的区域，为这些城市引进丰富的物流、信息流，汇集大量的人口和物资。其空间聚集效应尤为显著，由于空间聚集使城镇发展，城镇反过来由于空间聚集逐步生长。城镇的自然资源、空间格局、土地利用成为空间荟萃表现，也是城镇聚集的根源。

通常，城镇规模越小，对外开放越不发达，运输占据的位置就更为重要。统计表明，一般100万人以上城市，过境交通只占1%~9%；50万~100万人的城市，过境交通占8%~14%，10万~50万人的城市，过境交通占12%~28%，2万~10万人的城市，过境交通占14%~47%，而2万人以下的小城镇，过境交通高达60%以上。我国超过九成市县包含过境公路，部分中小城市的形成源于过境公路产生，有的乡镇没有过境公路，经济发展相对落后。中华人民共和国成立后至改革开放前，我国中心集镇经济社会发展落后，机动化水平低，对于缺乏自身发展能力的中心集镇而言，由于外部效应，过境公路成为城镇发展的推动力量，因而形成了"要致富，先修路"的以路兴商、以路兴镇的发展思想。

交通运输的进步直接关系到中部地区经济社会的发展，是决定中部崛起的关键。综合交通运输体系的日趋完善是优化中部地区交通环境质量、促进城镇空间发展的首要保障。综合交通运输体系的发展促进了地域空间结构优化，交通枢纽和节点地区通过集聚和扩散作用带动了周边中心集镇的扩大。加快中部交通建设的步伐，推动运输方式的无缝对接、共同发展，构建科学合理的综合交通运输体系，客观上加快了我国中部地区的崛起步伐，推进了中部地区工业化、城镇化、农业产业化的进程，是实现中部地区区域间协调发展和提高人民总体生活水平的重要举措。中部地区交通基础建设和总体布局牵涉了全国的交通运输网络，更直接影响着我国经济社会发展的整体趋势。

第二节　研究方法及思路

一、研究方法

（一）历史与现实相结合的方法

按照长时段的历史进程进行研究，通过对中国、西方发达国家以及长株潭城市群周边中心集镇形成的初始条件进行比较研究，区分交通运输体系优化影响农村中心集镇发展的异同点，从而提供经验借鉴及方法论指导。

（二）比较分析与实证分析相结合的方法

比较分析法是在实际研究中经常使用的、通过对比不同情况下事物发生的情况，并进一步探究的方法。按照我国的经济区划办法，对现有省份进行分类，分别比较东部、中部、西部不同区域交通运输体系促进中心集镇发展的差异，通过建立相关度评价模型进行规范分析，找出交通运输体系改善促进农村中心集镇发展的主要制约因素。

（三）通过学科间的交叉和互补构建研究的整体框架和内容

农村中心集镇和交通运输体系不仅涉及区域经济学、交通运输经济学等理论内容，同时两者间的结合内容也需要新经济地理学、产业经济学、计量经济学、管理学等学科的交叉内容作为研究基础，通过对这些学科的综合运用，构建研究的整体框架，确定本书研究的重点、难点。

二、研究思路

本书的研究思路如图1-2所示：

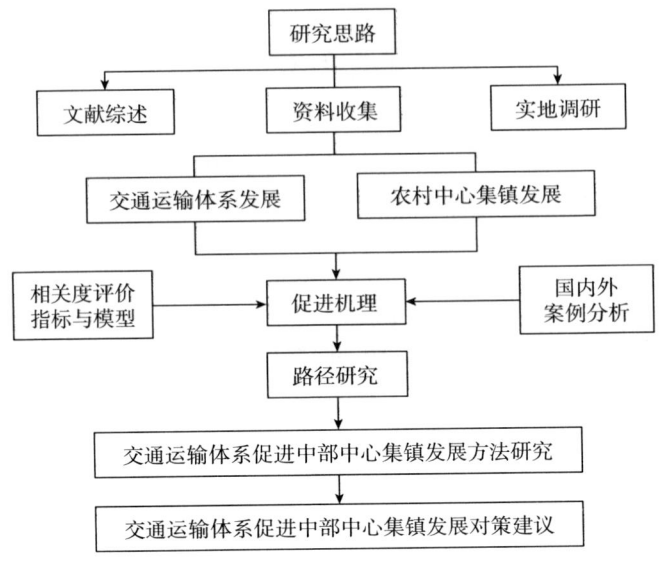

图 1-2 研究思路

第三节 国内外研究综述

一、国外研究综述

（一）交通运输体系

威廉·配第（1676）首次提出交通运输与国民经济发展之间存在密切关系，在对交通的研究中得出交通对地区的产业、财务和整体实力都有巨大的推动作用。17世纪荷兰成为著名的"海上马车夫"，经济也迎来了发展的黄金时代，通过对当时荷兰交通及经济的现象的深入研究，威廉·配第认为当时荷兰经济的迅速发展很大程度上是因为便利的航运提高了货物的运输效率、节约了地区的劳动资源。部分学者着重从运输成本的角度对其展开研究。关于对运输成本的研究，国外大量学者先后从不同角度进行了分析论证。威廉·配第（1676）对地理条件和交通运输两个因素对国家发展的促进作用进行探寻，提出了地理位置及交通条件对降低费用、提高运输能力和节约劳动成本从而促进社会财富发展的作用。接着亚当·斯密（1776）分析了交通运输对城市和地区经济发展所起的重要作用并著《国民财富性质和原因的研究》一书。其观点认为，经济效率源于劳动分工，交通运输条件的改善，能够在减少运费的同时开拓新的市场，进一步地丰富了交通运输理论内涵。其后李斯特（1850）研究考证了美国兴起的铁路和运河系统，总结出发达的交通运输系统是推动美国经济社会繁荣的动力之一，因此强调了国家政府干预交通运输事业的重要性。突出了政府部门对交通运输宏观调控的重要作用，论证了企业布局区位中的中转点现象，提供了在港口区和交通枢纽转换点发展工业的理论依据。20世纪末期，数学模型被大量地应用于交通运输研究之中。其中，克鲁格曼（P. Krugman，1991）创建了一个基于不完全竞争市场结构下的规模报酬递增模型，结果表明，区域经济规模越大的地区集中越明显。"核心—外围"结构的形成取决于规模经济、运输成本和区域经济中制造业所占份额，运输成本越低、制造业在经济中所占份额越大。彼得·艾伦（Peter Allen，2001）以可变运输成本为基础探讨了城市空间结构动态模型。以运输成本变动为考量，确定了交通基础设施建设的重要性。藤田和莫瑞（Fujita and Mori，1997）通过对规模经济差异与制造业经济体系中的运费的分析，提出了中心地理论。维纳布尔斯运用运输成本导入赫克歇尔—俄林的贸易模型，得出生产方式和贸易方式不仅取决于资源禀赋和要素密集度，而且在较大程度上取决于运输成本，区域运输密集度决定贸易活动的区位选择。萨克斯（1998）以空间差异为基础，聚焦运输成本、生态环境等的区域差别从而解释经济增长率与区域因素之间的关系。同时，在这一时期新的理论研究也出现了大量成果。德国学者沃纳·松巴特在20世纪60年代初（Werner Sombart）提出生长轴理论，将交通运输与区域开发直接联系起来，强调交通干线的发展对经济活动的引导和促进作用。法国经济学家佩罗克斯将其增长极理论与生长轴理论结合起来，肯定了发展轴是发展极的有机结合系统，交通运输是生长极之间建立的物质联系，交通轴线逐步演化为发展轴。施尼尔森等（1977）认为，交通基础设施建设的投入与该区域发展水平相适应，达到平衡稳定的态势。韦尔弗雷德·欧文（1987）将发展中国家与发达国家作对比，发现交通运输只是经济发展中的一个重要条件但不是决定性条件，而人口与货物的流动性与国家的发展程度联系十分密切。里特韦下（2004）以区域比较优势角度分析交通基础设施建设对区域发展的影响，阐明交通基础设施的建设可以提升区域优势度。这些研究的重点主要倾向于运输成本与经济发展之间的相互关系，但研究的方法和角度却有不同，从区位角度、交通工具、交通设施基础建设和国家的发展程度等方面出发进行相关研究。

亚当·斯密（1776）首次提出了全面系统的经济学说，他对交通运输的研究主要集中在交通运输对城市和地区经济发展的促进作用等问题。弗里德里希·李斯特（1850）认为，交通网络化发展是提高效率、降低生产成本的重要途径，在对美国工业产品运输与铁路和运河系统的考察后，他认为美国经济社会的持续发展在很大程度上依靠发达交通运输系统的推动。阿尔弗雷德·马歇尔（1890）指出，"运输发展引发的生产成本的降低是工业区交通环境完善对工业生产产生的最为明显和直接的影响"。谢菲（1985）认为，交通运输体系的构造必须符合交通运输区域特性及服务要求，如快捷性、便利性、可靠性、安全性、舒适性、交通的空间覆盖率和活动的可及性等。美国联邦交通咨询研究机构（FTAG）（2001）提出到2050年美国综合交通运输体系的愿景及制度保障。特·拉韦朗吉拉（2005）等通过对传统运输体系和综合运输体系的效率和对经济发展的影响进行了对比研究，认为综合交通运输在经济和社会效益方面更具优势，更能适应当代经济社会均衡、协调和可持续发展的要求。凯利和S.夏普瑞德（2005）认为，交通运输除了依照市场规律发展的多式联运以外，更需要从战略的高度出发，不仅仅是实现交通在运输过程的有效对接，更应该对交通运输的不同方式进行协调规划，包括基础设施、管理运营、价格制定等政策整合，运输体系与土地规划的整合等。皮特·琼斯和凯伦·卢卡斯（2003）通过对英国政府的不同部门综合管理的能力及评价体系进行研究，提出制定不同运输项目对政策目标贡献度的科学合理的评价体系是保证政府综合政策的实施合理高效的必要前提。2010年欧洲委员会将综合运输中存在的影响因子加入全欧交通运输网络（TEN-T）构建中，进行了一系列实证分析，以解决运输网络构建中可能存在的问题。

（二）不同交通运输方式

国外对城市轨道交通建设对沿线土地利用的影响的探讨从20世纪40年代已经开始，除了建立各类模型进行研究，在理论、方法上也逐渐深入研究。通过研究资料归纳总结发现，早期的西方学者主要研究轨道交通对空间可达性、土地价值及城市形态变化影响等方面。到了近期，学者的主要研究方向开始转向交通与土地利用的相互关系。胡佛（Hoover，1948）建立了经济区位优化及选择模型。从他的模型可以得出，某一区域的交通发展程度决定了该区域的土地繁荣程度，进而决定了经济区位。这个模型是交通系统对土地利用产生影响较为早期的研究，为后续的各种研究起到了指示和借鉴作用。

威廉·阿朗索（1964）在《区位与土地利用》中建立了城市地租模型（竞租理论），用该模型来反映城市内部地价、土地利用及土地利用强度的变化。美国规划官员协会（ASPO，1951）在一份对消费者从居住地去工作地的出行研究报告中，在消费者行为学说的基础上，首次将经济学概念充实到城市交通系统与土地利用关系的基本理论中。报告中提到，可达性是决定土地利用的重要因素，尤其是在新就业源与新住宅开发方面。施盖弗尔（1975）和斯科勒（1975）首次对交通系统与城市形态的关系进行了全面的探讨。普什卡内夫（1977）和祖潘（1977）研究了何种城市土地的发展方式能与公共轨道交通相协调，并提出了"城市土地问题将随交通线路变得更复杂更重要"的观点。德拉·巴拉（1989）在《综合土地利用与交通建模》中建立了土地利用与交通系统的模型。他认为城市土地利用和交通系统的发展是两个单独的元素，应该对它们进行独立研究。

20世纪80年代以后，非集计类模型逐渐出现。该模型以概率论、行为学等相关理论为基础，分析研究个体出行和交通方式选择的规律。21世纪以后，随着人口急剧增多、能源危机、环境污染、交通拥堵等问题的出现，迫使人们反思传统的以"机动化为导向"的土地使用模式，转而逐渐将交通与土地利用关系研究的主要目标对准实现可持续发展。在研究方法上也开始尝试引入GIS等新的方法。如费德里克·奥利瓦（2002）提出了关于城市可持续发展的交通与土地利用的一体化策略。苏敏（2005）利用GIS研究方法分别从区域范围和局部范围建立了土地利用变化及其与交通运输的关系。当然，在20世纪最重要的规划思潮是"新城市主义"（Neo-urbanism）理念。该理念提倡高强度的"多样、混合使用"的用地模式，将公共交通体系与土地利用的协同关系提到新的重视高度。其中，TOD模式最为典型。

随着现代汽车的出现，公路运输诞生于20世纪末。第一次世界大战后，随着世界汽车工业的发展，道路运输业迎来了新的发展阶段，也逐渐渗透到长途运输领域。"二战"后，道路运输行业发展迅速，英国、美国和日本等国家已经建立了比较发达的公路网，再加上世界汽车工业的蓬勃发展，直接推动了更现代的汽车的产量，从而推动整个交通运输行业中公路运输跳到了主导地位。公路交通的作用和重要性不言而喻，不仅是一个地区或国家经济发展中很重要的促进因素，同时也是商业投资的主要内容之一，并且还是政治经济文化传播的一个枢纽。因此，一个地区经济的优劣与该地区的交通运输的发展有着十分密切的关系。基于此种观点，国外的埃德加·胡佛（1948）、约瑟夫·费雪（2002）、弗朗索瓦·佩鲁（1949）等相关学者都曾经撰文分析，一个地区的交通事业对该地区的经济、工业、文化等方面发展的影响力。缪尔达尔（1933）也曾分析，交通运输是一个地区产业发展中必须考虑的重要因素之一。舍波特（1959）提出了一个开放区域间交互作用关系模型，并且分析了倘若一个开放的国家或地区的交通运输产业有了明显的改观，则对该区域的经济发展、工业发展、文化发展等要素都有较大的促进作用。不同国家不同地区的公路建设发展又因具体的情况而有差异，但是，公路建设的发展总是和经济发展联系起来的。学者们关注的主要问题是这些国家如何通过在公路建设中积累的经验进行区域发展。美国早期移民大多居住在东海岸和五大湖地区，交通的发展对大湖经济区的发展起着重要的作用。18 世纪末至 19 世纪末的美国，通过《宅地法》《移民法》等法律手段，人口掌握生产资料和农业投资回归西部安全，促进了西部大开发。美国西部开发中以交通基础设施建设为重点，建设了 5 条铁路，大量的州际公路网，支线道路和近 1000 个机场以促进西部资源开发和全国统一市场的形成。而在进行更大范围的运输规划以及确定筹资助建类型时，对高速公路的功能类型进行划分将变得尤为重要。

（三）城镇化

国外学者关于城镇化典型理论包括基于人口迁移的城镇化理论、城镇化与人的关系理论等。平切梅尔认为，城市不仅是景观、经济区域、人口密度等分离的计量名词，同时也是生活和劳动中心。哈里斯、亚历山大和查博特则提出了农村城镇连续论，认为城镇是从农村不断发展演化的，两者之间没有明确的时间空间界限，城镇化是一个连续渐变的演化过程。弗里德曼与道格拉斯首次提出"农业城镇化"模式，通过集中发展农村城镇实现城乡连接，在全国建立起城乡结合、均衡发展的新型模式，并用"district"的行政层次集中管理农村城镇。思图尔和泰勒（1991）都认为"自下而上"要比"自上而下"的城镇发展模式效果更好，这是由于前者以小规模农业为重点，将发展劳动密集型产业与高新技术产业相融合。迈克尔·布鲁顿和希拉·布鲁顿（2006）详述了英国新市镇建设发展的不同阶段并归纳整理出每个阶段的时代背景和发展特征，提出城镇化发展需要重点强调专门机构的作用。钱纳里（1998）通过对 100 个国家城镇化发展和产业结构的数据进行收集分析，提出了城镇化的产业发展模式，得出第二、第三产业在国民经济中所占的比重是影响城镇化水平的重要因素。霍华德（1898）在经过调查研究后，写了著作《明天——一条引向真正改革的和平道路》，提出了"田园城市"的理论。在工业化的背景下，大城市的生产生活环境和人们希望的生活环境存在很大的差异，他希望通过限制大城市的自发膨胀式发展来解决城市的一系列问题。他提出的"田园城市"是指在城市不远的地方建立另外一个城市，而在现状城市周边设置农田和绿地等，以此来控制城市的无限扩张。

20世纪初，"田园城市"理论的追随者恩温在此基础上进一步提出了在大城市的周边建立卫星城市，以此来疏散人口从而控制大城市的规模。而后，卫星城理论又发展为"卧城"和半独立的卫星城镇，其主要的功能是居住，后期还提供一定的工作岗位和生活设施。第三代卫星城实质上就是独立的新城，比第一、第二代卫星城大，并进一步完善了城市公共交通和公共福利设施。1946年英国颁布《新镇法》，以立法的形式确立在英国境内建立不同规模等级的新镇，开始新城运动。其中明确规定：居住在住宅区的居民必须能方便地到达工业区、商业区和文化中心；必须能合理和有效地使用交通系统；新镇必须能方便地到达周围农村地区，农村居民也可以方便地到达镇中心。麦基长期研究了亚洲的发展中国家的区域发展后，于1987年提出灰色区域理论，所谓灰色区域（desakota），从客观上来看，它既不是城市也不是农村，它们位于传统上的农村区域，却具有很强的城市特点，直接构成城市活动的延伸部分。一般认为，"灰色区域"包括：①大都市外围地区（一般在与城市的日通勤范围内）；②处于大城市之间、靠近主干道或铁路周围的发展走廊区；③有时在一些国家的次级城市中心（如省城等）周围也会出现这类区域；④与城市紧密联系的、人口密度很高且农业与非农业混合的农村地区。从实质上看，"灰色区域"这种新的空间系统只是传统空间结构的一种转换形式，它既是对传统意义上"农村"结构的转换，又是对传统意义上"城市"结构的转换。其产生与发展过程的主要内容都是农业/非农产业通过城乡相互作用及相互影响的动态适应而使投资与劳动力主要在邻近大都市的农业生态区域内实行合理配置。从它们的发育过程来看，其初期阶段以单一的大城市向周围地区的扩张为主；然后出现大城市间相互作用的互动扩张；最后是大都市区形成后所形成的整体扩张。"灰色区域"的发展需要与中心城市建立起密切联系，创造出一种良好的城乡"交易"环境，交通状况是"灰色区域"发展的直接关键因素。交通技术的突破性发展，迅速使交通动脉网络在全国甚至全球范围内建立了起来，加强了城市与周边农村地区的联系，从而直接促进了这些地区城市化行为的增生，使这些地区日益发展成为"灰色区域"。

20世纪80年代，英国学者J.迈克尔·汤姆森提出了解决城镇交通问题的五种战略，分别适用于不同功能结构的城镇，同时也决定了城镇的布局形式。这五种战略是：

（1）强中心战略。这种战略主要适用于一些规模很大，而且在私人交通设施使用扩大以前，由于大量使用公共交通设施，导致出现高度中心化现象的城市。这种战略有一个强大的由道路和铁路组成的放射状交通网；除了市中心区外，没有高速环线连接这些放射状线路；有一个容量很大、站距短、车次多、密布市中心区的地铁网；放射状交通线上设置有次中心；在放射状交通线上，公共交通与私人小汽车交通互相竞争，并在竞争中达到平衡。

（2）完全机动化的战略。在小汽车大规模增加时期发展起来的城市，由于没有一个传统的城市中心，往往表现出扩散的结构，该结构以城市道路系统为基础组织起来。这个战略有一方格状道路网，以使交通量尽可能均匀分布；道路网由高速路、干道和普通道路构成，以连接若干郊区中心，使机动车尽可能通行无阻。

（3）弱中心战略。有些城市的主体形成于20世纪以前，之后又经历了不断扩散的阶段，因此在市区表现出中心化城市结构特征，郊区则表现为非中心化结构特征。这类城市的中心具有商业优势，但不存在过度交通阻塞现象；而在郊区，几乎不存在交通阻塞问题。这种战略的城市市中心规模较小，有放射状的道路网为市中心服务；城市的大部分工作岗位分布在郊区和边缘地带，交通主要靠小汽车，有通过能力很大的环线为其服务；郊区中心多形成于环路与放射路交叉的地方。

（4）低成本战略。在发展中国家的城市中，要提供高成本道路和公共交通系统，以减轻交通阻塞问题，在财政上通常是不可能的。低成本战略就是针对发展中国家的城市提出的，其出发点是对现有的道路交通设施和管理进行调整，而不是修建大量新的道路交通设施来满足新的要求。这个战略有一个放射状路网，主要行驶公共汽车或电车；若干规模较小的次中心沿放射线布置；干道的主要功能是联系各次中心。

（5）限制交通战略。限制交通战略的实质是有意识地对交通量加以限制。这种战略可以避免人们不必要的路程，把城市的居住、工作、上学、购物和文娱等许多活动规划好，把这些活动安排在人们可以充分利用公共交通的交通走廊地带。这种战略有一个强大的市中心，有很好的公共交通为这个市中心服务；城市中有不同等级的中心，如市中心、区中心、邻里中心等，其功能由中心地原理决定，这种分级布置的目的是尽量减少人们对外出交通的需要；有一个公共交通网将各级中心连接起来，以吸引人们利用这些公共交通设施，而减少对小汽车的依赖。1993 年，美国弗吉尼亚州北部亚历山大市召开了第一届新城市主义代表大会，标志着新城市主义的诞生。新城市主义的理论基础是霍华德提出的"田园城市"，目标是建立一个具有传统色彩、高密度、小尺度的小城镇社区空间。新城市主义主要有两种发展模式："传统邻里发展模式"（TND）和"公交主导发展模式"（TOD）。第一种强调街坊社区建设，提倡相对自给自足的步行环境，为人行和车行提供更多可选择的路线，设计为不同交通方式的居民共同使用的街道；第二种则强调从整体方面出发，将土地开发集中在沿轨道交通线和公交网络的结点上，把大量人流产生点设置在距公交站点很近的步行范围内，鼓励更多的居民使用公共交通。

日本通常是以轨道交通为前提下，来构建公共交通体系，与此同时进行土地开发利用，因此日本城市轨道的比例位居世界第一位。日本最具有代表性的城市规划理念从微观到宏观的特征是：①郊区居住开发与公共交通建设结合紧密；②公共交通的发展使城市中心街区活跃；③开发重点主要是轨道车站及其周边的土地；④通过公共交通创造城市的形式布局，从而完善土地利用。在日本存在许多私营的轨道线路，私营资本在建设轨道线路的同时，促进了沿线的土地开发利用，不但为人们提供良好的居住、休闲、娱乐场所，也给私营轨道公司带来良好利润，为轨道交通吸引了大量的客源，最终使土地利用沿着轨道交通线路延伸。居住用地是城市土地利用中最基本的一个用地形式，日本的城市规划注重将轨道交通建设与郊区的居住用地开发相结合。在城市化不断发展的过程中，由于城市人口不断增加，导致城市内很难再为居民提供良好的居住用地，人们不断地向郊区寻找住处，在这个过程中有 TOD 模式以及小汽车出行两种开发方式，日本在第二次世界大战后在大城市的郊区开发新城（New Town）就是 TOD 的开发模式，在东京等大城市的周边开发土地用于居住，既解决了迁往城市人口的居住问题，又没有引起大量的交通需求。新加坡主要是采用环状以及卫星新城的规划思想，市中心与卫星城之间通过高效的快速交通系统连接；政府投资建设轨道交通系统，营运管理由民营部门负责，他们的地铁系统能够盈利，在世界上是屈指可数的。此外，还采取了一些政策来限制小汽车的使用，进而大力发展公共交通，方便了城市交通建设资金的筹集。在新加坡，一个镇市的人口规模为 15 万~20 万，而且一般都设有轨道交通站点、公交换乘站点以及商业办公中心，住宅群的组织按照邻里、邻区分级进行，并布置合理有效的公共设施。利用市场规律进行策略开发，在进行新的镇市开发时，主要进行居住住宅以及公共服务设施的建造。轨道交通附近的商业用地暂且不去开发，等到新的镇市初具规模及周边土地价值提升以后，再通过拍卖或者招标的方式开发，这样就可以吸引高密度投资，充分发挥新镇市中心的潜力。为了利用地铁创造更可观的价值，使有限的土地更大地发挥经济效益，新加坡道路交通管理局制定了详尽的发展战略。新加坡在地铁站处附近圈出一些绿地预留地不进行开发，而在预留地周围发展居住、商业、办公、购物、公交换乘站点等。等到地铁附近周边的地区有了较好的发展，起初的预留地的价值就有了很大的升值，政府就可以在这些预留地中得到很大的收益。除此之外，地铁通了以后，势必导致房产的升值，政府在进行新的住宅小区规划时要考虑到交通路线的同步规划。从新加坡建屋发展局提供的资料可以看出，榜鹅新镇在将要开通东北地铁线附近，它的新建组屋的销售率可达到80%，而同期其他的组屋认可率还不到30%。

(四) 新型城镇化研究

欧美市场主导型城镇化模式：市场在城镇化发展中起到主导作用，政府对其进行适当调控。在美国，良好的市场竞争机制，使美国在西部开发和工业化进程中，达到高度城镇化水平。在英国，随着20世纪上半叶"城市病"问题日趋严重，通过采取在大城市周围建设卫星城的办法，城镇发展体系趋于协调。在德国，以中小城镇发展为重点，以城市群为中心，形成功能互补的多级城镇体系。在法国，以几大主要城市为中心，同时注重现代农业发展，形成城乡一体发展的城镇化模式。以日韩为代表的政府积极引导模式：日本、韩国的经济主要起步于"二战"以后，并且资源短缺、土地面积有限。因此，城市化发展选择超大城市集中型的发展模式，政府在城市土地利用中扮演重要的角色，高效的政府管理职能使其在短短几十年完成城镇化进程。国外学者对城镇化路径的理论研究主要有：诺瑟姆（1975）提出城镇化进程呈现一条被拉平的倒S形曲线，不同阶段城镇化发展速度不同，城镇化发展S形曲线理论在之后被广泛认可。刘易斯（1954）提出了二元经济结构理论，指出在发展中国家同时存在先进的工业和传统农业，这种差异导致的边际效应造成劳动力向城市及经济发达地区迁移，直到边际效益不断弱化，人口迁移开始趋于缓慢。托达罗（1969）认为，从农村地区流入城市的人口主要原因是为了获取更大收益，城乡差距是农村人口迁移的主要原因。

（五）交通运输与城镇化之间的关系

交通运输的发展直接关系到城镇化发展的进程。沙里宁（1943）提出的有机分散理论主张通过道路和交通工具加强城镇间联系，从而加速城市周围地区的良性发展。欧文（1987）认为，经济发展建立在交通运输及配套设施优化的基础上，通过对37个国家的人均国民生产总值、人均货物周转量和旅客周转量等数据资料进行实证分析，发现人均收入水平会随着居民的运输流动性增强而出现上升趋势，并且是人均收入水平中的重要影响因素之一。埃斯特斯（2006）通过调查分析得出交通体系与城镇化之间呈现出良性促进的关系。森川洋（2007）按照日本的人口迁移指标划分出了日本的大都市圈和都市连绵区域，在对这些区域进行城市交通系统的可持续发展程度评价时，提出了"地域轴"的概念。有学者在对中国香港高速公路发展进行研究时，侧重调查了公路沿线新市镇（New Towns）发展进程及居民行为的一系列变化。

二、国内研究综述

（一）交通运输体系

厉以宁（2000）通过对我国当前区域经济发展的不平衡问题进行分析，提出正确运用空间经济学中的极化和扩散效应，构建科学系统的网络，以中心地区的辐射为主、再通过扩散作用带动落后地区的经济发展，从而解决区域发展中的极化问题。罗仁坚（2004）对交通运输结构的影响因素进行研究并构建了优化模型，通过对经济发展、城市化、居民消费、信息技术等影响因子的综合考虑，阐述了这些因素与交通运输体系改善的影响机理，提出了交通运输系统健康发展和空间优化的必要性以及交通运输结构优化的方案。张学良（2007）通过对中国的区域经济水平以及地区交通运输设施水平进行调查研究以及面板数据分析结果，得出交通运输基础设施水平对经济增长产生了相当大的集聚效应，为中部地区的交通基础设施建设提供了理论支持。马天山（2008）提出，建设环保、有效、节约、可持续发展的交通枢纽。谭建新、杨晋丽（2009）对中国不同区域的交通运输情况和经济发展现状进行了深入研究，认为我国的交通运输在质量和数量上都存在明显的地域性差异，为了缓解区域间的发展不平衡现象，必须加快欠发达地区交通运输的发展进程。刘雪莲（2009）通过对铁路发展及沿线的产业状况进行研究，认为铁路沿线上的交通枢纽通过极化和扩散作用对区域产业发展起到了积极促进作用，强调了综合交通体系的改善对于城市整体发展的积极促进作用。魏垂沛（2010）指出，应该根据城乡布局、交通发展层次进行划分和功能定位，在综合考虑区域规划、资源分布以及生产力布局等因素的情况下，坚持城乡发展和交通发展并行、互促互利的原则，形成城镇综合交通系统的多方式多层次联合布局。荣朝（2010）认为，发展综合交通运输体系最首要的任务是保证不同运输方式之间实现综合管理和无缝对接，当前综合运输体系中技术和资金都处于相对发达阶段，但落后低效的体制问题仍制约着综合交通运输体系的有序推进，是当前需要解决的首要问题。郭凌志（2011）认为，在对综合交通体系进行规划时，合理分工的交通运输方式可以较大幅度地降低能耗成本。黄飞（2012）对当前农村公路建设及农村发展问题进行了深入研究，认为当前农村发展问题亟须交通系统的完善来不断推进。

我国学者早期研究主要着眼于交通布局和运输组织方面，并成功设计了我国主要的交通运输网骨架，取得了巨大成就，但是伴随改革开放，经济发展与交通运输网络的匹配性开始出现不匹配的情况。综合交通运输网络匹配性研究成为学者们的新的研究方向。根据我国交通运输历史布局中的分析得出结论，通过研究对比分析各种运输方式的特点，对不同交通运输方式进行规范，铁路、公路、水路、民航、管道以及城市交通运输的运输网布局等问题进行了深入浅出的阐述。20世纪后期，张文尝（1981）首先采用定量分析方法构建数学模型和评价指标体系，对我国空间联系的生成机制进行分析，阐述了我国客货运空间分布和交流特征。其后张文尝和金凤君（1994）等对空间运输联系的生成与增长规模进行研究，表明经济社会特征三要素——经济结构、经济发展程度和经济总量决定了研究区域的运输规模和运输结构。在这一时期，我国部分学者将研究的重点聚焦于单方式运输成本定量分析方面，例如，赵海培（1998）对我国铁路运输成本以定量分析为手段进行分析，阐明了我国铁路运输成本变动情况。与此同时对运输的外部成本分析也开始展现出新的研究成果，如张新宇（1999）等对交通运输外部成本评估及内部化进行剖析。加入了外部成本的概念，进而采用定量分析进行研究。

进入21世纪以来，我国学者的相关研究大多围绕着经济发展与交通运输之间的关系进行分析论证。荣朝和（2001）依据对我国运输发展理论的研究分析，对铁路运输发展的优劣事态进行定量定性分析。徐刚（2002）着重对依托于铁路运输网络的货物运输成本的空间性研究与分析。曹小曙等（2003）利用对运输结构和运输规模的分析考证，探寻其与经济发展之间的相关性变化特征。曹小曙等（2005）等对中国城市群与我国交通公路运输网主要干线进行可达性的分析研究。揭示了公路可达性对城市群规模及其空间形态的影响。张兵等（2006）对湖南公路网依托于时间序列的可达性变化进行梳理研究，分析了城市发展与运输干线之间的引导关系。吴威等（2007）依托于多种交通方式（公路、铁路、航运和航空运输）对长江三角洲地区进行综合交通可达性空间格局分布进行研究分析，其研究表明，综合交通网络的提升可以极大地提高区域中主要城市间的可达性。吴威等（2009）以江苏省为研究对象，将研究区节点化，通过客货运规模与可达性研究，分析计算江苏省综合运输空间成本。

（二）不同交通运输方式

相对于西方国家，我国的城市轨道交通发展起步比较晚，对城市轨道交通建设与土地利用关系的研究与国外相比，无论从研究的数量还是深度上都有一定的差距。我国的相关研究起步较晚，直到20世纪90年代前才逐渐有少量的理论和研究成果。国家"七五"重点科技项目《城市综合交通体系规模研究》（1988）是国内首次针对交通系统与城市的土地利用的发展关系进行的研究。该报告对我们各大中城市中心区的形成过程及原因、用地类型与结构形式以及交通模式的发展及特征进行了深入研究和系统分析，是国内早期较为系统和权威研究城市交通与土地利用的成果之一，也为后续相关的研究奠定了基础。专家、学者们针对我国国情，努力寻求如何使有限的城市土地以达到最佳效益且不产生城市交通问题的解决方案。

曲大义、董黎明、阎晓培等学者主要研究城市交通系统与城市土地利用两者之间的关系；周商吾（2000）主要研究城市土地利用空间结构与城市交通系统空间布局关系；曲大义、徐望国、宋启林等学者主要研究城市土地利用规划和城市交通规划关系。此外，有些学者还对城市交通系统与城市土地利用相互关系作了定量分析。如何宁、范炳全等学者，从土地利用模型结构、数学建模等方面阐述了适合我国国情的城市土地利用与交通系统关系模型；林彰平（2001）等从不同的角度建立了城市交通系统需求模型及城市交通优化决策模型，来对中国几大一线城市的交通系统容量进行定量研究；邵春福（2016）等建立了相关数学模型来分析城市交通系统与土地系统之间相互影响的模式及影响程度，在研究分析城市交通系统与土地利用的相互影响程度的基础上，研究得出两者的相互影响可以形成良性互动，并逐渐发展成相辅相成的稳定平衡状态。

从国外公路的发展来看，国民经济的发展必须随着对人和物的空间需求的不断增加，国民经济的发展是以提高运输效率和道路运输系统为前提的。公路运输是经济的生产、交换和消费环节的支持，它与地区之间的各种经济活动、城市和农村地区和企业等方面有着密切的联系。从而导致道路运输客运和货运需求具有诱导作用的发展，而且可以促进国民经济的发展。国内外许多专家学者进行了相关的研究。公路运输量预测作为公路网络规划的前提，盖春英和裴玉龙（2006）以干线公路网为研究对象，构建公路交通预测模型，提出了"线—面—体"的预测方法，进而从交通需求与供给的关系出发，提出了干线公路等级结构的优化方法。吴刚（2000）等研究分析了中国西部地区的公路发展的实际状况，并且提出了在中国较为落后的西部地区公路建设的具体措施；杜亮（2006）则基于重庆地区的公路目前的建设情况，并且分析了随着经济的快速发展，重庆的公路运载量已经不能满足人们日益增长的需求，从问题的根据入手提出了改善重庆公路运载能力的具体措施，并大胆地规划了重庆地区的公路建设的发展战略目标。同时，康彦民（2000）运用系统观点，结合中国当时已建成的高速公路的运营概况，从国家和地区经济发展总体角度出发，归纳分析了当前存在的问题并提出了相应的建议。王殿海（2003）基于相应的数学模型，并且建立相关的算例，尝试计算出公路交通运输的发展状况与经济发展的关系指数。朱顺应（2004）分别通过公路网络的结构、规模、分布、功能、投资等多方面多维度的因素，从而建立了如何评价高速公路与经济发展相适应的一个评价系统。贾元华（2005）等将交通与经济进行关联，并且认为交通发展与经济发展有着密切的联系，并且通过具体的交通量与经济量的数据进行统计，从数据中提出，一个地区经济发展的优劣与该地的交通发展有密切的关联，并尝试提出如何改善一个地区的公路交通建设的情况，从而促进经济的快速发展。范振宇、肖春阳（2006）等从宏观角度出发，并且采用了定性与定量两种方法相结合，详细地分析了高速公路的发展会对整个国民经济发展带来的影响，并且尝试提出一些发展建议。刘奕（2007）等根据高速公路发展的具体情况，建立了其与经济发展相互关联的分析模型，分别通过三个维度进行分析，具体为高速公路的行车、高速公路的融资、高速公路的运作能力等，从而对高速公路对于社会经济发展的适应性提出了相应的评价。刘晖（2008）基于一些具体的公路建设发展的理论，分析了中国国内京津运输通道的具体状况，并且详细分析了其独特的地理位置和具体的运输需求，并且试图说明在不同的阶段背景下，公路建设的发展问题是有所不同的，并且尝试应该根据具体的阶段和背景去提出解决问题的方法。李晓刚（2009）使用了公路交通运输的弹性系数，运用此模型提出了公路建设如何发挥其自身的优势和劣势，在一定程度上为公路交通运输与国民经济发展能够更好地相互适应提供了一些建议和方法。赵现伟（2010）选取了中国陕西省的公路作为微观研究对象，并通过近几年来具体的客运量的数据，选择多元回归分析法，对客运数量进行预测，并且对陕西省近七年来的公路客运数量的增长进行了一个预测，并且对持续增长的客运数量所带来的一些具体的问题，提出了相应的对策及解决方法。

（三）城镇化相关研究

仇保兴（2009）通过对城镇化、城市规划和低碳发展之间的相互影响的关系研究，认为农村中心集镇的培育与发展是我国解决农村问题，促进城乡一体化发展的唯一途径。周一星（1995）从"两型社会"着手，分析了我国城镇化发展的必要性、发展规律和实现路径，认为区域特点及可持续发展动力是在城镇化的规划设计中应当集中考量的关键。董式珪（1980）、孙敬之（1980）通过分析城镇发展对城乡人口结构及人口规模合理化的影响，认为只有解决城镇化进程中产生农村剩余劳动力的问题，才能推动中国现代化进程。费孝通（1984）、秦润新（2000）、温铁军（2000）等从我国"国情与乡情"出发，指出中国的农村问题关系到中国九亿农民的生存发展问题，更对中国工业发展、城市进步起到推动作用，大力发展农村城镇化是中国发展的必然趋势。何宇鹏、张同升（2008）对小城镇的发展及其对经济发展的影响进行了深入研究，提出小城镇不仅推进了中国城镇化进程，同时也是促进中国经济增长、统筹城乡规划的必要举措。陆大道（2007）、姚士谋（2008）等通过对城镇化发展以及由此产生的资源、环境、制度（户籍）等问题进行深入研究，认为根据我国不同城市规模选择合适的发展模式，实现城市与小城镇协调发展是城镇化关键所在。肖万春（2007）指出，城镇化发展需要产业集聚为依托，再通过主导产业的发展带动交通、教育、文化等其他第二、第三产业的综合发展。朱东风（2008）对中心镇发展战略的起因、趋势和发展模式展开理论分析，提出中心镇小城市化战略的实施有利于解决"大城市病"，提高城镇承载能力，带动周边农村共同发展。刘文俭等（2010）提出，我国社会主义新农村建设的问题在某种程度上是城镇化发展的本质问题，两者存在相互促进的关系。

国务院总理李克强在党的十八大报告中明确提出：城镇化不是简单的城市人口比例增加和面积扩张，而是要在产业支撑、人居环境、社会保障、生活方式等方面实现由"乡"到"城"的转变。2014年3月，国务院印发了《国家新型城镇化规划（2014－2020年）》，对新型城镇化的内涵进行了详细阐述。2014年12月，国家新型城镇化综合试点名单正式公布，陕西省高陵区入围。2015年11月，国家发改委等11部委联合发布《关于公布第二批国家新型城镇化综合试点地区名单的通知》，其中陕西省西咸新区和韩城市被列其中。试点城镇工作重点在农民工融入城镇、新生中小城镇培育、城市（镇）绿色智能发展、产城融合发展、开发区转型、城市低效用地再开发利用、城市群协同发展机制、带动新农村建设等领域。这些利好政策对"十三五"农村地区社会经济发展将会起到很大带动作用。国内众多学者对新型城镇化的模式最新研究成果较多：倪鹏飞（2016）提出新型城镇化，以"内涵增长"为发展方式，以"政府引导、市场运作"为保障，以实现城乡一体化发展为目标，以农民市民化为着眼点，注重升学城镇化、就地城镇化和异地城镇化三种主要路径。张永岳和王元华（2014）提出，新型城镇化推进路径内涵是：强化中心城市集聚效应，以点带面，优化大中小城镇体系，抓好政府主导与市场基础作用，建立城乡一体化的城镇体系。吴江、申丽娟（2017）利用主成分回归分析方法提出重庆地区新型城镇化路径选择。研究表明，产业提升和非农产业人口就业是城镇化发展重要保障，同时人口素质和城乡差距缩小及公路城乡基础设施建设对城镇化发展具有重要影响。高元（2017）对陕北地区资源发展新常态下新型城镇化路径进行研究，原有的能源独大经济发展模式难以为继，必须优化产业结构、利用积累资金完善基础设施，实现城乡统筹的发展；培养重点小城镇，壮大县域经济，实现产城融合发展；完善中心城市职能，扩大中心城市辐射范围的城镇化发展路径。文雯等（2019）对陕西省城镇化路径进行分区研究，以陕西省地理特征为依据，根据陕南、关中、陕北地区的不同特征提出差异化的城镇化发展路径，其中提出了榆林地区发展路径，必须优化产业结构，深度转化资源优势，走出一条资源型城市持续发展的新道路。

（四）不同区域农村中心集镇发展策略

叶裕民（2001）认为，农村中心集镇发展不应过度强调发展速度，保证速度和质量的同步发展才是发展中必须遵循的原则，才能促进中心集镇的健康、和谐和可持续发展。李秀霞和刘金国（2003）提出，发挥小城镇的资源及环境优势的关键在于物流运输系统的完善，因此优化交通网络是小城镇发展的前提，但当前我国大部分小城镇新区沿公路呈带状分布，未能形成高效有序的网络结构，城镇凝聚力减弱，对市政设施配套的投资要求也持续提高。姚如青（2008）在研究沿海发达地区中心集镇发展的问题时，通过对现行发展的瓶颈问题做出了深入分析，提出了用地倾斜、行政区重新划分、户籍管理优化、简化土地使用权流转等政策建议。冯煜雯（2011）对我国东、中、西部中心集镇发展的特点及现状进行分析，针对产业发展的局限问题提出了产业结构调整、优化城镇体系、土地资源整合等措施。徐志文等（2013）认为，中心集镇发展的起步阶段需要政府给予财政支持，带动农民的积极性，以农业产业带动区域经济发展，促进农村中心集镇的形成与发展。

（五）交通运输体系与城镇化的相互关系

孟召宜（2002）分析了交通运输对农村经济的可持续发展作用。申丽霞、覃国添（2003）通过对中国城市化发展进行梳理分析，对城镇建设当中仍存在的路网、交通和管理等方面存在的主要问题进行了归纳总结。汤铭潭（2005）通过综合全面的考察，分析了城镇化发展中的特殊性以及存在的问题，提出有关城镇交通规划的模式，提出从路网建设、居住环境等方面实现城市交通网络的优化。俞卫国（2008）对目前中国的城镇发展和交通结构进行了详细研究，指明了城镇交通发展的总体趋势与方向。张国伍（2006）从交通发展等级的角度着手，认为不同等级交通和综合交通枢纽将是未来综合交通体系的重点发展战略，为新型城镇化和中心集镇的实现路径指明了方向。朱松坚（2008）认为，过境公路的扩散效应影响着城镇的发展，并在数据基础上探讨了公路建设与城镇发展的不同优化模式及其适用范围，并提出了相关政策建议。程必定（2011）认为，必须坚持城市可持续发展的理念，通过完善交通基础设施建设、优化运输体系来实现中心集镇建设发展。虞同文（2012）认为，中心集镇向小城市转变的基础是建设完善科学的城市综合交通运输体系，这也要求对公共交通规划的目标、布局和技术路线等内容进行详细编制。侯凤珍（2012）在对农村地区及相关产业的数据进行分析的基础上认为，为了实现产品、资源、人口的合理流动必须打破行政区的束缚，探究了交通运输对农业产业化发展的影响，综合交通运输体系是提高农村发展水平的必要条件。樊一江（2013）通过对大型城市以及小型城镇中不同层次的交通枢纽进行比较分析，并研究了这些枢纽点的城镇化发展历程和综合交通枢纽的重要性，提出完善城镇化交通基础设施的政策建议。在国内，由于对小城镇道路交通系统研究起步较晚，所以比较完善的理论比较少。关中美和王韶辉（2007）等从对外交通和内部交通两个方面入手，对小城镇的交通问题特征、出行特征进行了初步研究，认为小城镇对外应转变发展思路、优化城镇布局、合理引导过境交通；对内应加强交通理论研究和交通基础设施建设，建立合理的小城镇交通结构。张聪林和朱霞等通过对小城镇交通特征、现存交通问题和原因的研究，对小城镇的交通对策进行了探讨，认为小城镇的道路建设指导思想应该具有科学前瞻性、经济可操作性等。朱兆芳（2008）等从城镇化快速发展给道路带来的问题思考，提出了小城镇内部道路和外部公路设计的新构思，包括一系列道路级别、路网布局、断面形式、交通组织等设计标准。汤铭潭和张全（2007）等对小城镇道路交通的规划进行了优化探析，通过交通特点和主要问题的分析，指出了小城镇道路交通的基本要求，对道路交通组织类型和系统优化进行比较。2003年，我国科学技术部下达了国家科技攻关课题《小城镇基础设施建设关键技术》，其中子课题《小城镇交通与道路建设关键技术研究》由长安大学承担，主要研究方向有小城镇区域交通系统优化研究、小城镇交通设计技术研究及小城镇道路与桥梁建设关键技术研究等，取得了一定的成果。李永涛等学者针对围绕小城镇为中心的城镇公路交通发展做了相应的分析，结合我国实际，对小城镇的交通布局优化进行了探讨，提出了城镇系统对交通的要求，从可达性角度出发，阐述了交通与城镇空间结构的演变规律，提出了节点重要度方法在城镇布局中的应用。胡桂戎等学者基于对小城镇交通系统的现状分析评价，详细分析了小城镇交通特征，在深入分析小城镇交通系统与社会经济发展关系的基础上，给出了适合小城镇的客运和货运交通需求预测方法，分别从路网、停车、公交、行人和交通管理五个方面给出了小城镇交通系统优化方法和优化措施。胡佳玮针对小城镇交通规划方法体系中的交通出行生成预测这一基础环节的相关问题进行了研究，结合小城镇社会经济发展特点和交通特征提出了基于人口—土地利用形态的交通生成预测模型，比较适合小城镇这一类规模小、用地处于不断扩张和变动的对象区域。吴颖研究了小城镇交通系统发展与城镇体系空间演化的互动关系，通过建立模型和利用元胞自动机原理，寻求适合我国小城镇慢行交通出行的城镇区域道路网规划与设计理论方法。杨健在分析交通与城镇发展相互关系的基础上，研究总结了我国小城镇客货运输特征和交通基本特征，从小城镇对外交通的三种方式出发，研究了铁路、港口、过境公路与小城镇交通系统衔接与协调设计，提出了小城镇内部交通与对外交通合理布局方案和目标，并结合小城镇规模、经济发展水平和路网形态等因素，提出了小城镇交通系统布置方案及规划与设计的技术要求。贺倩倩对小城镇道路系统整治规划理论进行了研究，分析了适合城镇发展模式的路网布局模式，并对路网规划中的重要指标进行了研究，在此基础上，从面层和线层分别进行了整治规划，并建立了道路整治规划效果评价体系。国内外的众多学者对小城镇的道路网系统进行了深入的调查研究，但是随着社会进步和经济发展，很多理论方法已不适用于现代社会的需要，且大多还没有对道路网系统做一个系统全面的总结分析，只是提出一些相对客观的问题，进行一系列解决问题措施的研究，并没有形成一个针对小城镇道路网系统的规范标准。

三、综合评述

国内农村中心集镇的提出有别于国外城镇化概念，具有鲜明的中国特色社会主义特色。关于交通运输体系与城镇化之间的关系的研究最早起源于国外，主要集中在两者之间存在的互相促进作用，研究的重点包括农业产业化、剩余劳动力、资源环境等，但由于国外的交通和城镇化发展的基础与中国的基本国情有较大出入，一些经验在我国农业化为主的广大农村适用性不强。中国国内的研究主要从我国农业发展基础出发，探讨了城镇化发展面临的主要影响因素和问题，突出了综合交通运输体系建设与完善对农村资源、环境、劳动力优势的重要性，对交通运输体系和新型城镇化之间的关系展开了理论和实证双重研究，是本书的研究基础与良好借鉴。但是，关于交通运输体系改善对农村中心集镇发展的系统研究还处于初级阶段，因此本书的研究能够为我国的综合交通与农村中心集镇之间的发展提供指导建议，具有很强的理论和现实意义。

第四节 研究价值及创新之处

一、研究价值

（一）理论价值

第一，研究交通运输体系改善、新型城镇化发展、交通运输体系改善与中部农村中心集镇协调互动发展，为交通运输体系改善促进中部农村中心集镇发展提供理论指导。第二，运用主成分分析、相关性分析、回归模型、弹性分析等研究交通运输体系改善的方法促进中部农村中心集镇发展的相关关系，通过采用直接关联指数进行度量，提供方法论指导。

（二）实际应用价值

第一，对交通运输体系改善促进中部农村中心集镇发展进行直接前向关联效应和耦合效应研究，使两者发展更加合理有效，实现双赢。第二，通过对中部综合交通运输体系和农村中心集镇发展的实际情况进行分析，研究两者间的相互促进作用，并提出政策建议。

二、创新之处

（1）中心集镇的发展带动产业发展的同时，可以提供更多就业机会，吸引大量农村剩余劳动力聚集，在农业产业发展的同时带动其他第二、第三产业的综合发展，促进农村中心集镇的全面发展，选择适合两者互相促进的发展模式，找出合适当地发展的主导产业，优化配套产业发展战略，坚持城乡经济一体化发展道路。农村中心集镇要围绕主导产业发展产业链，培育和促进各具特色的产业集群发展，提升县域经济活力。

（2）通过相关度评价模型检验，收集不同交通运输方式和中部农村中心集镇发展的数据资料，剖析国内外交通运输促进城镇发展案例，从交通运输的角度来研究农村中心集镇经济和产业发展的主要过程及特点，分析两者间的协同作用及互相影响机制，阐述优化交通运输体系促进农村中心集镇形成与发展的作用机理。

（3）运用数据检验和案例分析双重说明，提出农村中心集镇发展和综合交通运输体系同步优化促进的规划，在两者建设时考虑人口、产业、环境、资源等各种因素的综合作用，实现城乡交通运输一体化，发挥市场多方筹资的功能和财政税收的激励政策，加快中部地区交通运输体系改善和农村中心集镇发展。

第二章　综合交通运输体系

第一节　综合交通运输体系的基本概念及其内涵

一、综合交通运输体系的概念

（一）交通运输概念

交通运输是指利用火车、汽车、轮船、飞机、管道等运输工具将人或货物由起点运送到终点的位移活动。商品或货物的产地和销地很可能在两个不同的地点，要解决生产和销售的空间矛盾，就必须要借助运输活动。运输还能够产生时间效应，在解决空间矛盾的同时，消费者无须花费大量时间到产地就能够随时买到所需的产品。运输活动随着商品经济的产生而产生、商品经济的发展而发展。可见，交通运输对整个国民经济的发展都起着至关重要的作用，交通运输业作为服务业支持着第一、第二产业的发展，维系着各经济部门的正常运营。

综合交通运输发展至今已经过去了150多年，其理论和实践不断得到丰富和完善。但是，不同国家关于综合交通运输体系的认识并没有形成统一意见，现对不同时期不同专家对综合交通运输的理解汇总，如表2-1所示。

表 2-1 不同时期不同专家对综合交通运输体系的解释

专家（国家）	观点	特征
G. 穆勒（1995）	是一种客货运输体系，其各个组成部分都能够有效地相互连接和协调配合，同时灵活运用自身的优势，进行合理的分工，使系统协调	衔接协调
日本（1994）	为了使运输体系向理想化、综合化、一体化的方向发展，而对各种运输方式进行合理的分工，使系统协调	合理分工
欧共体（1960）	为了实现旅客或货物的直达运输，使两种或两种以上运输工具实现最优分配	直达运输
苏联（1950）	按照各种运输方式的技术经济特征和最有利的使用范围进行合理分工，配合协作	合理分工，配合协作
王庆云（2002）	将各运输方式进行整体系统研究，形成整体的系统能力，提供安全、快捷、方便、舒适、经济、优质的服务	综合系统
刘书生（2005）	将各有关因素进行综合考虑，以实现交通运输系统整体优化，提高客货运输服务水平，全面满足交通运输安全、快捷、方便、舒适、经济的需求	整体优化
罗仁坚（2010）	根据各种运输方式的现代技术经济特征，按照衔接协调、一体化、可持续化的原则进行布局优化，共同构建能够有效满足社会经济发展需要的交通运输体系	一体化衔接、高效运转
毛保华（2011）	由多种运输方式按照特定社会经济区域内的比较优势和组合发展方式，构建满足经济社会发展、结构优化、经济一体、高效运转、安全环保的有机整体	结构优化、一体化

（二）综合交通运输体系的概念

综合交通运输体系概念的提出是生产力发展到一定阶段的必然结果。19世纪以前，交通运输依靠的是自然力为主的水上船舶运输和陆上的人力、畜力运输。随着现代工业和科学技术的发展，铁路、公路、水路、航空、管道等现代运输方式相继诞生，并以其特有的技术特性，相互配合、相互促进，交通运输进入了综合发展时期。西方国家通常采用 Integrated Transportation 一词，将综合运输定义为：使两种以上运输工具在最佳化基础上的整合，以实现旅客和货物的直达运输。由于各国的情况不同，综合运输体系既没有具体固定的结构模式也没有统一的概念范式，对综合运输体系的概念探讨很大程度上取决于各国交通所遵从的发展理念以及与这种理念相协调配合的社会政策和经济政策。借鉴国内外学者对综合运输体系的研究,结合我国综合运输发展现状,本书把综合运输体系定义为:基于一国或地区生产力发展水平和技术经济条件并与当地经济地理特征相适应,铁路、公路、航空、水运及管道等不同运输方式在合理分工、优势互补的基础上,以最优化的运输方式最大限度满足区域经济发展的客观需要,从而使交通运输和区域经济均实现持续、健康发展的一体化的交通运输系统集成。

根据这一概念可知综合交通运输体系是由三个系统组成的:

一是具有既定技术装备的综合运输网,这是综合运输体系的物质基础,系统的布局要合理协调,运输环节相互衔接,技术装备配套,运输网络四通八达。

二是综合交通运输生产系统,即各种运输方式的联合运输系统,这个系统要实现运输高效率、经济高效益、服务高质量,充分体现各种运输方式综合利用的优越性。

三是综合运输组织、管理和协调系统。这个系统有利于宏观管理、统筹规划和组织协作。

社会生产的不断发展加速了综合交通运输的提出。国际上一般将综合运输定义为:长途、全程、无缝、连续的运输过程。综合运输体系是指各种运输方式在满足经济社会发展需要的区域合理布局的前提下,按其技术经济特点组成分工协作、有机结合、连续贯通、布局合理的交通运输综合体。综合运输体系是由六种不同运输方式及其线路、枢纽等组成的综合体系,而不是运输方式之间的简单加和,只有实现交通运输方式之间的无缝高效对接,才能形成高效有序的网络化运输模式。为了促进经济社会的进步,在运载能力、管理体制、服务质量等方面都要不断提高,只有优化调整运输体系整体结构,才能不断提升运输效率和经济效益。

综合交通运输体系提出的最主要动力是实现运输方式间的资源配置达到最优化,高效利用社会能源和劳动力、提高运输能力等。宏观层面的基本要求包括:

(1) 实现不同运输方式的优点,利用技术进步等方式实现效率优化。

(2) 将综合交通运输体系当做一个完整个体,实现其组合效率和整体优势。

(3) 坚持绿色低碳、信息化、网络化的交通运输体系发展理念。

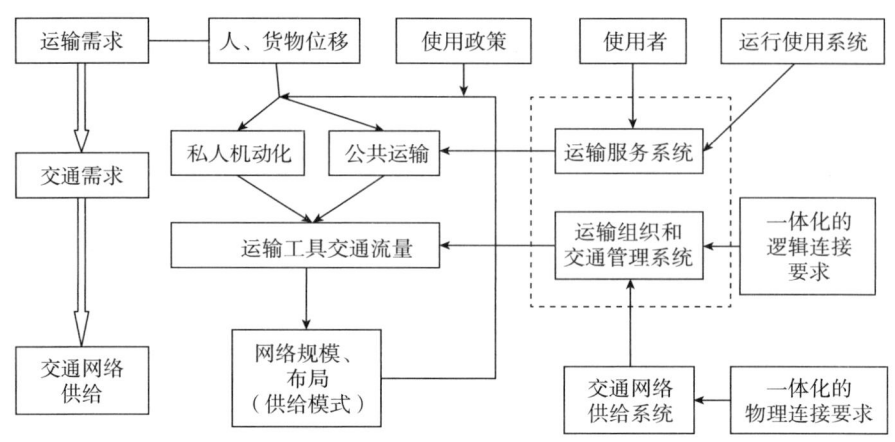

图 2-1 综合交通运输体系结构

(三) 综合交通运输体系概念的演化

综合交通运输源于"Integrated Transportation",指的是整合两种以上运输工具,达到运输效率优化,最终实现客运和物流的直达运输。1887年,美国最早提出要"充分认识并保护每一种运输方式内在的优势",通过美国不同州市的地理位置和交通基础的差异,美国在经济社会发展中开始发现并考虑不同运输方式各自的特点及优劣势,这是综合交通运输思想的雏形。1920年,美国、英国等西方发达国家开始相继研究综合交通运输体系,并对综合交通运输体系做出了具体定义,考虑了不同交通运输方式的交通网络对接,但当时对基础保障以及管理运营方面的研究较为匮乏。1975年,苏联运输经济学家哈恰图洛夫(Khachaturov)将铁路、内河水运、海运、公路运输、航空和管道运输六种交通运输方式总和称为运输综合体,但是没有综合考量交通对接、网络规划、运营管理等因素,还未形成系统有效的交通运输体系的概念。1994年,日本学者正式定义了综合交通运输体系,开始强调交通方式间的有效对接、合理分工,提高综合运输效率才是发展的首要目的。美国运输专家穆勒认为综合交通运输体系不仅是交通基础设施建设,同时也是需要保证运输方式间协调有效、灵活机动的运行机制。

受苏联的影响,我国最初引入并采用了"Comprehensive Transportation"作为对综合交通运输的基本界定。国内学者根据国外学者的研究成果,逐步开展了交通体系的相关研究,首次对中国的综合交通运输体系的概念内涵进行了明确的界定。同时随着经济发展和交通运输业的进步,国内关于综合交通运输体系的研究也日趋完善深入，综合交通运输体系内涵和理念也不断充实深化。中国的综合交通运输体系构建是促进中国的经济社会发展，缓解区域经济发展不平衡的有效手段，更是适应中国国情变化、与时俱进发展的基础保障（见图2－2）。

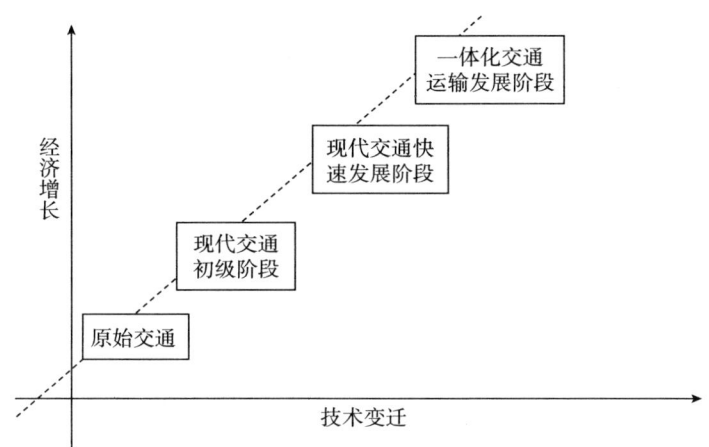

图2－2　综合交通运输体系的技术变迁

（四）交通运输特点

交通运输主要包括铁路、公路、水路、航空和管道五种运输方式。交通运输作为影响区域经济活动的重要因素与条件，是社会经济发展过程中不可或缺的环节，其反映了人类社会经济发展与空间位移之间的关系。随着社会经济发展和科学技术进步，交通运输业经历了从简单到复杂、从低级到高级的发展完善过程，逐步形成了现代公路、铁路、水运、航空和管道五种运输方式相结合的立体化的现代综合交通运输体系，因此本章在概述交通运输理论时将着重介绍综合交通运输体系相关理论。

交通是区域发展的基础，交通系统的发展不仅影响地区的经济发展速度，更直接关系到居民的生活质量。交通系统和社会经济系统不是作为单独的系统各自发展的，两者是相互关联、互相适应的，涉及整体的社会体系发展问题。当今的交通运输发展中被学者普遍认同的发展方案包括：

（1）滞后型发展战略。一个地区或国家通过原始资本积累或者丰富的资源环境优势，优先发展起当地的经济社会发展，而交通运输发展程度远落后于社会整体发展，整体的运输能力和运输需求弹性都不能满足经济社会的需要。长期以来，中国大力发展工业产业，加速资本的积累，实现了经济的迅猛发展，但是交通基础设施建设处于被忽视状态，交通运输增长缓慢，交通运输能力不能满足国民经济的发展要求，急需加快交通建设以解决经济发展的"瓶颈"。

（2）超前型发展战略。某些地区在发展经济之前就通过完善的交通体系构建，为产品、原材料以及人口等的输入输出提供合理保障，以运输业优先发展为前提推动经济社会发展，但客观上会出现运输能力过剩现象。这种发展战略主要发生在美英德法等发达国家，这在一定程度上促进了经济社会的良好发展。

（3）适应型发展战略。交通运输与经济的同步发展，两者相互促进，运输系统的运载能力在满足社会生产需要的同时，在供给和需求中都保持适度弹性。这种战略被日本优先运用并产生了良好的社会效益。2015年提出的"十三五"规划中再次强调了综合交通运输的重要位置。在城市或者区域的综合发展规划时，构建内通外联的交通运输网络，在优化与外界进行资源交流的同时，实现城市内部的高效联通，打造一体衔接的综合交通枢纽，有助于实现社会网络化布局、智能化管理、一体化服务、绿色化发展的良好局面。

二、综合交通运输体系的内涵

综合交通运输体系不仅是交通运输方式的简单衔接，而且包括运输方式、交通枢纽、管理体系在内的各种部门间的合理布局、无缝对接，其中主要囊括了交通运载工具、交通媒介系统、静态交通系统、交通衔接系统、交通综合管理体系五个方面的内容（见表2-2）。

表2-2 综合交通运输体系在不同尺度下的内涵

内涵＼尺度	全球	全国	大都市圈
交通运载工具	飞机、火车、轮船	飞机、火车、汽车	汽车、列车
交通媒介系统	航空、铁路、水路	航空、铁路、公路	公路、轨道
静态交通系统	—	—	停车场地
交通衔接系统	各类场站	各类场站	各类场站
交通综合管理体系	国际法规、惯例	交通法规、技术指标	交通法规、技术指标

（一）交通运载工具

交通运载工具主要是指实现旅客或者货物完成空间位移的代步工具。由于不同地区的地形地貌以及城市建设的差异，每个地区所适用的运载工具也呈现出很大差别，因地制宜地选择适合地区特点的运载工具才能发挥工具的特点，实现运输效率的提高（见表2-3）。

表2-3 交通运载工具分类

地理媒介	线路	运输工具
陆地交通	大公路、公路	人力和蓄力车
	公路、机耕路	拖拉车（柴油机）
	公路、城市道路	汽车（柴油机、内燃机）
	铁路、电车道	机车（蒸汽、内燃、电力）
	地下铁道	车辆
水上交通	海上和内河航运	木帆船（人、水、风力）
		轮船（蒸汽、内燃机）
空中交通	航空线	飞机（内燃、喷气、喷漆涡轮）
特种交通	铁索道	缆车（电力、内燃）
	管道	泵（电力、内燃）

（二）交通媒介系统

交通媒介系统是指人和物在完成空间位移时运载工具所经过的路线的不同性质。当前在人们日常生产生活中主要的媒介系统包括六种：公路、铁路、水路、航空、管道和城市轨道，同时一些特殊生产中运用的索道、电梯等也属于交通媒介范畴。主要交通媒介的特点如表2-4所示，其中数字代表其优劣程度的不同（一般而言）。

表2-4 各交通功能对比

交通媒介系统	运载量	运价	速度	时间连续性	空间灵活性
铁路	2	3	3	1	4
水运	1	1	7	7	6
航空	5	7	1	3	3
管道	3	3	4	6	3

续表

交通媒介系统	运载量	运价	速度	时间连续性	空间灵活性
公路	4	4	2	2	1
简易路	6	5	7	4	2
特种交通	7	6	6	5	7

（三）静态交通系统

静态交通简单来说就是停车设施，但它包括各种不同权属的停车库、路边停车场地、换乘停车设施、计费设施以及其他为了监控、防恶劣天气等为它们服务的设施，因此称为系统。在进行交通运输体系规划的时候，不仅要考虑动态交通的布局，也应该保证与其配套的各种静态交通系统的协调发展，实现现代停车系统的智能化和人性化。

（四）交通衔接系统

在交通系统的实际运营中，为了实现不同人和物的特定运输任务，常常需要通过多种方式完成对接，不同的运输工具和媒介系统都需要在足够的物质空间上实现对接整合。它们在规划不同交通方式的协调发展、提高运输转载的效率中都发挥了至关重要的作用。这些物质空间包括航空港、水运港口、火车站、长途汽车站、公交站点、城郊换乘站和其他各类场站、物流中心等，通过相互作用而构成一个完备的、不可或缺的系统，即交通衔接系统，具体如表2-5所示。

表2-5 交通衔接系统

场站名称	整合内容	作用空间
航空港	空、地交通，空、空交通	全球、国际、大都市区之间
火车场站	铁、公，铁、铁	国际、大都市区间、内部
水运港口	水、铁，水、公，水、水	国际、大都市区间、内部
汽车场站	公、公，公、轨	大都市区、内部
公交站点	公、公，公、轨	大都市区内部、城市内部
城交换乘站	公、公，公、轨	大都市区内部
物流中心	公、公，铁、公，空、公	大都市区内部、城市内部

注：公路简称公，铁路简称铁，水运简称水，轨道交通简称轨，航空简称空。

（五）交通综合管理体系

当今中国的信息产业以及智能科技的飞速发展也为综合交通运输体系构建提

供了契机,将信息化、智能化的管理理念贯彻到交通运输体系的整体运营过程中,提高管理效率和服务水平,从而增加能力供给、提高安全保障性、提升经济环保效益等(见图 2-3)。

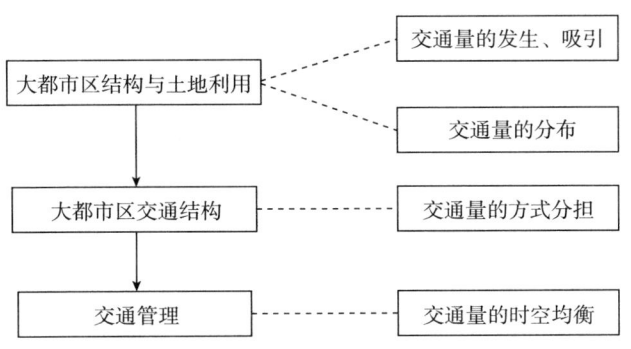

图 2-3 交通管理对交通系统的作用

第二节 综合交通运输体系的发展历程

一、综合交通运输体系的发展阶段

(一)交通运输的发展

纵观历史,生产力的发展的三次重大变革也引起了交通发展的巨大变化(见图 2-4)。

1. 第一次变革

第一次工业革命始于 18 世纪 60 年代,最早是由英国的资本积累和手工业发展所引的。这次革命开启了机器代替手工劳动的新纪元,其中最著名的是蒸汽机的发明与广泛应用。1785 年,瓦特在初始蒸汽机的基础上进行了改良,使这种机器在实际生产中更为实用,为社会生产提供了更加便利的动力,蒸汽机的迅速推广在很大程度上推动了机器的普及和发展。人类社会也由此进入了"蒸汽时代"。19 世纪初,美国人富尔顿制成的以蒸汽为动力的汽船试航成功。1814 年,英国人史蒂芬孙发明了"蒸汽机车"。1825年，史蒂芬孙亲自驾驶着一列托有34节小车厢的火车试车成功。从此人类的交通运输业进入了一个以蒸汽为动力的时代。随后由于蒸汽机技术的不断进步，促使火车、轮船等大容量交通工具技术优化，交通运输方式也开始日趋多样化。蒸汽机的普及与使用也为交通运输带来了新的发展动力，如何提高运输效率，实现人或物的高效传输成为交通发展的新问题。交通运输的便捷优化在加强不同区域的货物交换的同时，也降低生产的成本，为经济社会的进一步发展也提供了基础。

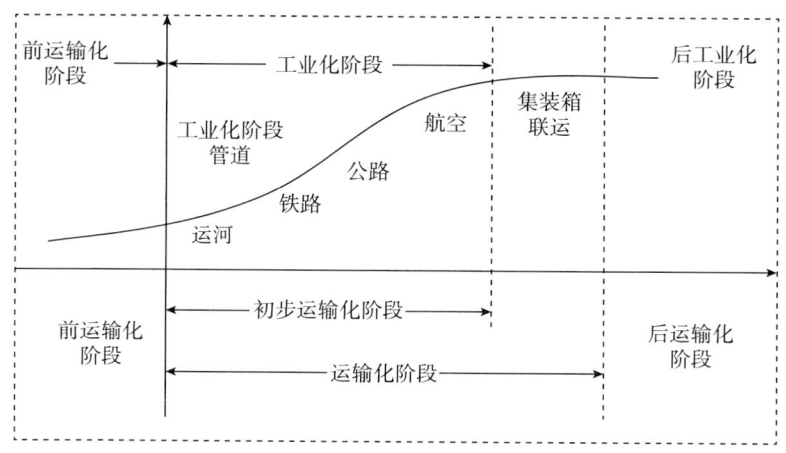

图 2-4 运输化阶段

2. 第二次变革

19世纪，资本主义经济的发展催生了各种新技术和新发明，并逐渐被应用于各种工业生产领域，而这其中最为重要的是内燃机的发明与使用，这也是第二次工业变革的开始。与传统蒸汽机的能耗大、效率较低等特点相比，内燃机的发明解决了交通工具的发动机问题，内燃机多以柴油或汽油为动力，不仅运输的速度大大提高，而且在货物的有效对接方面也更为高效。19世纪80年代，德国工程师 Gottlieb Daimler 和 Karl Friedrich Benz 各自独立发明了以汽油为燃料的内燃发动机。随着技术的不断进步，汽车迅速普及，这不仅带动了公路运输的发展，使其逐步成为重要的陆运方式，而且公路运输能弥补火车不灵活的缺点，实现门对门的服务。

飞机的发明是交通运输技术的又一大进步，它实现了真正的空中运输，开启了交通领域的新篇章。20世纪初期，美国的Orwell和Wilbur制造出"飞行者"1号并试飞成功。随着航空技术的进步，航空运输业开始真正出现。由于航空运输的速度远大于其他运输方式，可以大大缩短运输时间，短时间内即可实现远程运输。石油这种新的能源，随着汽车和飞机的普及，需求量开始急剧增加，并第一次出现了管道运输。美国于1865年建成了全球第一段石油输送管道，开启了管道运输建设新篇章，欧洲各国也纷纷投入管道建设中。管道运输的发展保证了汽车、石油化工产业的合理有序发展。

3. 第三次变革

第三次科技革命以原子能、电子计算机、空间技术和生物工程的发明和应用为主要标志，不仅极大地推动了人类社会经济、政治、文化领域的变革，而且也影响了人类生活方式和思维方式，随着科技的不断进步，人类的衣、食、住、行、用等日常生活的各个方面也发生了重大的变革。交通运输在第三次产业革命中的进步尤为明显，交通运输方式日趋专业化，运载量和运输效率大大优化，各种交通运输方式都得到了空前发展。世界各国不仅在运输工具上得到了巨大的技术进步，同时在其他配套设施方面也日趋信息化、智能化和人性化。

科学技术的不断发展也在全球范围内形成了多种交通运输方式并存的新型交通格局。交通运输体系逐渐在全球竞争中形成了组合合理、共同发展的局面。经济全球化的不断推进以及经济社会的日趋发展，使人们对交通运输的需求也不再局限于运载量，交通运输的发展日趋多元化、专业化、特色化。另外，交通运输卫星信息技术的产生，如GPS、GIS等的应用让交通运输在线路选择上更加充分和准确，运筹学在交通运输上的使用也让不同线路或不同环节之间的连接更为紧密。

（二）综合交通运输体系的发展

综合交通运输体系的发展不是一蹴而就的，而是一个持续推进和演化的过程。综合交通运输的发展大致可分为三个阶段：初级阶段、中级阶段和高级阶段（见图2-5）。在初级阶段，铁路、公路、航空、水运、管道五种不同交通运输方式各自独立发展，相互间联系较少，并充分发挥各自的资源优势，形成初步的基础设施网络。在这个阶段中各种运输方式寻求自身的快速发展，总体交通运输供给能力尚不能完全适应社会经济发展。在中级阶段，各种运输方式不断发展壮大，形成一定发展规模，它们之间在基础设施、运输服务、支撑系统、治理体系等方面能够有效衔接，并基本实现高效一体化运输。在高级阶段，各运输方式间实现内部系统的高效运转和衔接，同时与社会经济发展、环境保护、土地资源利用率等实现高度协调统一，实现可持续化发展。

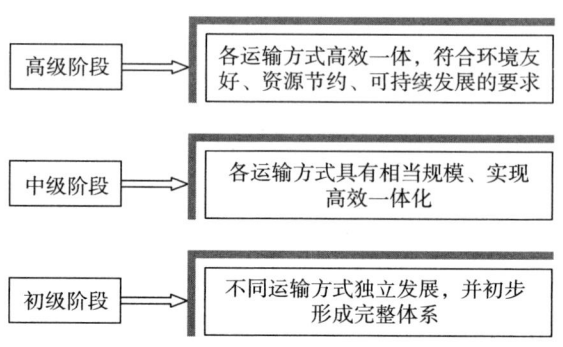

图 2-5 基于时空维度的综合交通运输发展阶段

二、我国综合交通运输体系的发展历程

1980 年出现了综合交通运输的启蒙思想。20 世纪初，人类社会经济与科学技术长足发展，各国的综合交通运输体系开始从理论探索阶段逐步转向建设实践。1872 年晚清政府购置第一艘蒸汽机船，我国现代交通运输正式出现，这一发展落后于西方国家 70 年。此后，1876 年我国修建了第一条铁路，1902 年进口了第一辆汽车，1906 年修建了第一条公路，1929 年航空事业正式起步。各种运输方式随着新中国的成立和经济社会的发展而不断推进，时至今日，综合交通运输体系建设在各种信息技术的不断推动下日趋完善。1949 年我国开始出现关于综合交通运输体系的研究探讨，但由于我国政治、经济发展的特点和侧重点受到不同时期的影响，在具体的体系构建中与其他国家产生了较大的差异。

发达国家由于国情差异，交通发展通常会经历了充分发展和相互竞争的阶段，而我国的运输业从未经历这些阶段，且总体水平较为落后，总体来说有以下五个发展阶段。

（1）1959 年我国综合运输研究所正式成立，展开了关于综合交通运输体系的理论研究。我国当时处于计划经济阶段，交通运输方式的技术水平和管理模式都处于较低水平，经济社会对交通运输能力和效率的要求达不到满足，同时社会经济体制与交通管理机制的不足又严重制约了综合交通运输体系的构建，实践经验的严重缺乏也致使综合交通运输体系建设进程缓慢。这一阶段由于国家的计划调控，解决了交通运输与国民经济发展存在的结构性问题，基本能够满足当时的国民经济发展需要。

（2）20世纪60~70年代，我国综合交通运输体系处于建设起步阶段。由于当时国民经济处于起伏跌宕的阶段，交通运输业的发展滞后也严重制约了国民经济的发展。这一阶段国家仍实行计划经济体制，国家和地方政府按照投资计划发展各种运输方式，交通运输企业均为国营企业，存在路网密度低、技术落后、行业基础薄弱等特点。

（3）1978年我国开始实行改革开放，经济社会发展开始出现空前的进步，交通运输供给不足与经济社会对交通的内生性需求增加的矛盾日益突出，严重影响和制约国民经济发展。交通运输结构随着国民经济快速持续发展，各种运输方式的基础建设水平不断加强，从单一的发展模式逐渐转向了以铁路、公路及其他运输方式相协调的发展模式，为我国综合交通运输体系建设带来新的契机。这一时期，为改善交通运输发展的滞后形势，由交通部等部门联合制定了《国家干线公路网（试行方案）》，实施后有效提高了国家的公路干线运输能力，达到了较好的效果。

（4）20世纪90年代中国逐渐走上社会市场经济的道路，要求在交通设施建设时实现市场化，在交通运输供需中实现市场化发展局面，企业或者个人可以对不同的运输方式进行一定的自主选择，初步缓解了运输能力严重短缺的现象。当时中国处于经济高速发展阶段，对交通运输的数量和质量都有了新的要求，运输发展势头不足，社会对运输的需求与不同运输方式的运载能力和效率之间矛盾突出。随着改革开放进程的不断加深以及高新技术的普及运用，运输业开始转变为高新技术为主导的现代运输业，我国开始应用和发展各种先进运输组织方式和管理技术。

（5）21世纪以来，我国交通运输的网络布局、层次结构得到了进一步完善。大型重工业仍处于经济社会发展中的主导产业，因此交通行业发展也应该重点考虑大运量运输，经济全球化与市场化要求运输效率提高和运输成本降低，这都是当今中国综合交通体系发展面临的巨大挑战。交通运输系统的构建要保证经济社会发展的数量和质量双重需求。2008年2月，交通运输部正式成立，2013年3月，铁道部的行政管理职能正式并入交通运输部。至此，公路、民航、水运、铁路主要运输方式完全归拢融合在了"大交通"的范围框架内，解决了各种运输方式之间条块分割的结构性问题,必将进一步推动综合交通运输体系的发展与完善。

随着交通网络、交通枢纽等基础设施的建设和完善,六种运输方式的运载数量和运输质量都得以迅速提高,经济社会有序运行、人们的出行和货物的运输方式不断优化。交通基础设施不仅满足经济社会发展需求,同时也引导和促进区域经济的发展。综合运输大通道已基本形成,系统的通达度明显提高,技术装备和运输能力都有较大改善,运用现代信息技术建立的安全保障及支持系统、运营管理系统等都已取得了明显的进展。

第三节 综合交通运输体系演化的动力

一、运输系统的演化

运输系统演化主要是指运输系统在发展中远离初始平衡,其整体结构和功能随时间不断推进的过程。当系统处于远离平衡的非平衡态时,系统的稳定性没有确定的规律,某些涨落会被系统本身放大而引起系统结构的变化,从而导致系统从一种稳态过渡到另一种稳态,其结构和功能有了质的差别,系统产生了演化的现象。由于经济社会的持续发展和科学技术的不断进步,对交通的总体发展提出了全新要求,单一的运输方式不再满足社会需要,因此促使不同运输方式进行协同演进是当前社会所不断追求的结果。运输化理论主要从历史与逻辑的角度研究综合运输体系,认为技术进步是交通发展的原动力,近现代的技术革命与运输工具的不断优化运用,使人与货物在空间中移动的距离和规模都急剧扩大,交通运输开始逐步成为经济现代增长最重要的设施保障和发展环境。

社会经济的运输化具体表现在以下五个方面:

(1) 运输工具的发明与进步提高了人与货物的空间移动效率。

(2) 货运对象开始由最初的小运量的人和物向以大工业所需要的矿物能源、原材料等发生转变。

(3) 人与货物在社会经济活动中的空间位移总量大规模增加。

(4) 交通运输在经济社会中的重要性日益凸显,运输在社会经济资源中占据的比重持续上升。

（5）交通运输开始逐步成为经济现代增长最重要的设施保障和发展环境。

交通运输化是一个持续推进和演化的过程，主要包括以下3个阶段：

（1）前运输化阶段，主要发生在工业革命之前。

（2）中运输化阶段，主要是随着工业化的发生而出现，又分为初步运输化和完善运输化两个分阶段。

（3）后运输化阶段。

前运输化阶段在工业革命之前由于重工业在经济中占据较大比重，因此对于煤炭、矿石、钢铁等资源的运输需求增加，这些原材料的运费造成了产品价格升高，降低供给和需求方的运输成本是降低产品成本的主要途径，因此当时经济社会主要是发展大规模的运输系统。国家（地区）应当使当前经济社会的运输能力迅速提升，形成分立运输系统的运输模式，采用水运、铁路运输方式满足急剧增长的运输需求。随着运输体系的逐渐完善，运输不仅需要满足加工产品的多样化、方便、安全等更高的质量要求，还应具有对接、配套和综合性的多种功能。只有保证企业资金成本的降低，才能提高企业在行业中的竞争力，因此提高流通速度、缩短运输时间是当前企业发展的最新要求，实现门到门运输、采用轴辐式的运输空间模式、保证干线高速输送、完善综合运输集散系统是综合交通体系发展的必要保障。随着运输化进程不断演化，信息密集型产业成为经济社会的主导产业，复杂性高、生产要素需求庞大、信息成本较大是该产业的主要特点，创建便捷的区域综合运输网络是降低生产成本的首要措施。运输发展在满足经济社会对运输数量和质量要求的同时，必须保证经济社会生产方式的多样性，适应经济全球化的发展需要，开始逐步向网络型便捷运输体系演变。

二、综合交通运输体系演化的动力机制

综合交通运输体系演化的动力因素主要分为科技进步和经济发展。一是由于科技创新为自身发展灌注了新的动力，为经济社会提供更好的服务；二是由于社会经济需求的提升而不断发展。因此，综合交通运输体系发展的自身动力来源于科技创新，经济发展则产生了外部拉动作用。

（一）科技进步动力机制

近现代交通运输发展的主要动力源于科技的日新月异。随着运输方式的更新运用，交通运输体系发展的重点开始转移，综合交通运输体系也开始逐步向高级演进。

技术进步引发了综合交通运输体系发展的重点转移，按照转移的特性可大致分为两类：一是全新的运输方式的出现带来的运输结构的重大变革，如铁路运输具有运载量大、速度快等优势，因此铁路逐渐取代了水运，而公路运输的灵活性保证了对接的高效性，因此又超越铁路逐渐占据了运输的主导地位；二是原有运输方式的技术性改善，这种改善会引起运输结构局部的、小规模的变化，这种变化在我国近年来的高铁发展中最为明显，高速铁路的高速以及可达性的不断提高，让人们有了更为便捷的出行方式，高速铁路也逐渐取代普通铁路的主导地位，传统的运输方式随着新科技的运用也在呈现不断进步的发展态势。

（二）经济发展动力机制

社会经济的不断发展会增大不同地区的信息交流，在综合考虑产品生产及运输费用的基础上，在空间中处于较远的地区间的物流量和人流量都会不断上涨，这种产品生产和消费在位置空间上出现背离矛盾，这也就对交通运输能力提出了更大的需求。总体来说，经济社会的发展带动了综合交通体系所处的外在环境的不断变化，经济和技术是促进综合交通运输体系不断优化的主要动力。

综合交通运输体系发展随着工业革命的不断演进出现了根本性的变化，世界各国都开始大力发展交通建设，交通运输体系的构建对工业革命产生了巨大影响。快速发展的经济环境为交通运输业发展提供了足够的物质、经济和技术条件，成为其发展的主要动力，进而促使综合交通运输体系逐步完善。交通运输体系的构建中如何正确处理资源和环境的关系问题成为21世纪发展中的又一新难题。社会经济环境对交通运输体系发生了从数量到质量的需求转变，新的交通运输体系也更多地考虑到环保、节能、安全、舒适、快速等因素。

第四节 综合交通运输体系的影响因素

综合交通运输体系在发展过程中受到自然因素、社会因素、经济因素等的影响制约，其中包括运输市场规模、需求量和需求结构的变化、运输方式的经济技术特征及变化程度等，这些都会对综合交通运输体系的结构产生直接的影响。综合交通运输体系模式受到社会体制和政策条件影响，这些要素间保持相互影响和制约的关系。

第二章 综合交通运输体系

一、交通运输发展的影响因素

(一) 自然因素

1. 地理环境

地理环境不仅是人类生活发展的基础,也是建设与发展交通的必需条件。交通基础设施修建在自然地理环境之中,同时交通运输工具也需要在一定的自然地理环境中运行。影响综合交通运输体系布局的地理环境因素主要包括地理位置、自然条件、土地面积等。地理位置决定着综合交通运输体系布局中各不同系统发展的重要程度。如沿海或沿江地区综合交通运输体系的发展布局要重点考虑水运的优势;高纬度高海拔地区在地面交通建设受限的情况下可优先考虑发展航空运输;高山地区可适当发展索道等。此外,地形、地质、气象、水文以及土地面积大小等自然要素对综合运输网络的结构、线路走向、线网密度等有着深刻的影响。综观国内外交通运输布局,都存在从地理条件优越的地区向条件较差的地区推进的现象。

2. 自然资源

自然资源对综合交通运输体系产生影响主要是由于其资源的不同特征,从而使基础设施建设和运载量供需关系产生差异。首先,综合交通运输基础设施的建设需要耗费各种资源和能源。能源是运输工具运转所必需的动力来源,不仅涉及运输工具的生产,还包括交通线路的铺设等。其次,国家或地区资源禀赋情况会影响到运输供需关系及运输方式的选择,资源的余缺程度通过对进出口量的影响进而影响到线路的建设与布局。

(二) 社会因素

1. 城市与人口

城市一般是一个地域范围内政治、经济、文化与科技教育的中心,是人口在空间上的集聚地区,它与周边地区形成了一定的物流与人流,对交通运输的影响远远大于非城市地区。一定区域内的主要交通线路的交会地区,或者多种运输方式的衔接点及起止点都会带动大量人口流动,产生大量的就业机会,劳动力的流入以及相关产业的发展都为城市的出现奠定了基础。人口是交通运输中最为能动的因素,是客运形成的基础条件。人口数量、收入水平、年龄与职业结构等都对交通运输的发展水平和结构产生明显影响。随着人口向城市转移速度的加快、城市化水平的提高和劳动生产效率的提高,人口这一因素对综合交通运输体系的影响必将越来越深入。

2. 产业政策

综合交通运输体系的发展受到国家政策管制的重要影响。交通运输业从根本上影响着国民经济的发展，运输行业的合理发展是经济社会发展的必要保障，只有给予运输业正确引导或实行管制，才能保证经济社会的健康发展。对运输业进行管制，一方面可以避免由于其自然垄断的行业特征带来的不利影响；另一方面通过适当管制，有效促进运输业内部的合理竞争，防止过度及不正当竞争的出现，从而提高运输业的经济效率，形成规模效益。中国现有的运输业管制方式主要包括制定产业政策、行政规章和运输法规等。以经济政策为例，投融资政策、补贴政策、税收政策对某种运输方式的倾斜，将会使该种运输方式得到优先发展；反之，就需要与其他运输方式在博弈中寻求自身发展。

（三）经济因素

1. 技术经济

综合交通运输体系演变的历史，既是运输方式之间的竞争史，也是运输技术进步的历史。由于社会整体的技术进步和产业发展，企业或者个人对于运输需求开始发生变化，运输市场也经历了进一步的细分，这在实际发展中对交通运输技术提出了更高更具体的要求，综合运输为了满足社会发展中的个性化运输需要，也在不断地进行技术升级。运输技术的不断革新创造了新的运输方式，这也与世界历史中的几次大型工业革命有直接联系，社会发展开始对运输方式提出了新的个性化的需求，使原有运输市场在市场冲击风险下进行重新分割，进而导致了原有运输体系的结构改变。运输方式由于技术进步和市场需求，内部分工明确和专业化程度不断提高，促进了综合交通运输结构优化以及不同运输方式间的协调发展。

2. 市场需求

综合交通运输体系的发展和演变基于运输需求行为特征的不断变化。市场需求情况通过对运输量大小、运输时间的设置及运输工具和线路的选择产生影响，最终影响运输结构。例如，在航空运输出现之前，无论是国际还是国内的长途运输都存在运输时间长、运输不便利等缺陷，不能满足远距离快速运输的需求。运输市场需求对运输布局的影响主要表现在运网密度、枢纽设置和线路设置上。①运输方式需求量的差异会对各种运输方式的运网密度产生影响。一般而言，经济发达、人口密集的地区会对各种运输方式产生较大的需求，相应的运输网络的密度也就大。②运输需求会影响运输枢纽的设置。大型城市运输需求往往大于其他地区，因此会形成运输网络的枢纽。③市场对不同性质生产要素需求的差异性会影响不同类型运输线路的设置。

3. 运输成本

主要包括运输工具成本、运输线路成本、信息成本、动力成本、管理服务成本、劳动力成本等。运输成本主要从运输量、运输管理和运输体系结构影响综合交通运输体系。一般来说，运输成本与运输量之间存在负相关关系，即运输成本越低运输量就越高。降低运输成本是企业在市场中提高竞争能力最为关注的问题之一。选择何种运输方式和运输线路并实现其最优组合以实现运输环节的减少、运输时间的节约和运输安全性的提高，并最终实现效益最大化，是当前运输管理亟须解决的问题。

（四）其他因素

在区域城镇体系内，每个城镇节点由于其各自特性的不同而形成不同的等级结构，进而在区域内承担相应的作用，而道路网作为城镇节点之间的联系通道，其各自的重要度也不尽相同。与此同时，小城镇对外道路主要连接周边的产业、机场、港口以及高速公路等重要的经济社会发展点，而这些因素则决定着对外道路的规模等级以及布局等。对于小城镇个体来说，当其作为一个区域中心不断发展扩张时，其发展方向主要是沿着对外道路向外轴发展的。沿对外道路的两侧用地由于其相对优越的地理条件最先得到发展，而沿轴向越往外其发展的经济效益也越低，小城镇向外扩张的动力也就越小，其发展方向慢慢地由轴向发展变为横向发展，对外道路之间的用地会被不断地进行开发利用。当小城镇迎来新的发展动力时，新的对外道路的开通以及产业的布局致使小城镇产生新的发展轴线，新一轮的轴向发展开始，而之前的对外道路都已完全被包括在城镇内部，内部道路和对外道路相互干扰，这时，就必须考虑将对外道路引至小城镇外部或者开拓新的对外道路，避免在城镇内部产生不同交通性质的交通干扰。小城镇沿对外道路向外轴发展是无可厚非的，也是其向外发展扩张的一条重要途径和一般模式，但是当小城镇发展到一定规模程度时，小城镇的对外交通量和其被包围的对外道路沿线用地所产生的交通量会由于其性质不同而相互干扰，对道路的通行质量产生严重的影响，这也是进行小城镇对外交通规划和土地利用布局规划时的一个重点研究问题。

另外，城镇用地规划与道路网布局也是重要的影响因素。小城镇在进行土地利用规划时，不同类型的用地分布和不同等级的道路布局之间存在着密切的关系，工业区多为交通性道路，而商业居住区多为生活性道路。各类用地的地块多被道路所围合，而道路的布局走向也决定着地块的划分，地块所产生或吸引的交通量会直接就近分配到围合道路上，而用地的开发强度则影响着围合道路的交通量。如果对地块的开发强度过大，其产生或吸引的交通量也就越大，围合道路上的交通量就会暴涨，这就要求围合道路的通行能力大幅度提高，也就会影响其周边道路的服务水平，造成交通堵塞，从而影响整个城镇道路网系统的良好运行；相反，如果对地块的开发强度过小，那么其产生或吸引的交通量就会很小，从而造成围合道路和土地的资源浪费，也会限制其以后的发展潜力。

二、枢纽核心区功能布局影响要素研究

（一）枢纽区位与城市关系

第一，枢纽选址趋势位于城市边缘区，各城市经济、产业具有差异性，应区别化对待。目前国内大城市新建铁路枢纽趋向选址在城市边缘区，位于城市主要规划发展方向上，以为更好地促进城市空间的有序拓展。但是，我国区域发展中各城市群具有差异性和多样性，长三角、珠三角等城市群整体发展水平较高，从城市产业结构上看，金融、文化、信息等现代服务业产业聚集是这些城市群主要的产业特征，中部、西部城市间的经济一体化程度还是发展中的状态，与东部城市具有一定差距。作为城市群中重要的交通服务设施，城市的产业特征对铁路枢纽周边的功能布局有一定影响，在不同的背景下，虽然铁路枢纽地区对城市来说具有一定共性优势，但是宏观上充分结合城市各自的经济、产业特征、城市间协作发展的特点；微观上枢纽区位应在乘客交通服务便捷性的前提下，充分与城市上位规划、城市发展现状相结合。

第二，枢纽地区定位具有前瞻性的同时应考虑现状城市的发展特征，枢纽区位与城市现状交通、功能上的联系。现状很多大城市都还是以一个中心为主发展，枢纽客流来源与目的地大部分还是城市中心区，一方面选址与城市中心距离过远会造成大量换乘，增加交通量，对城市交通造成不利因素；另一方面选址一般考虑为未来枢纽及周边发展预留足够用地而在开发量较少的城市边缘地带，就目前大多城市发展来说，周边用地开发建设可能会需要相对较长的时间，就近期发展来看，客流与周边城市功能需求之间存在矛盾。在选址上不要盲目参照特大城市选址，应注重选址与城市功能特征的结合，未来发展的可能性与近期发展中客流的便捷性。在满足城市功能布局需求的同时，加强枢纽的可达性，能够与城市本身发展动力结合，吸引城市人流、物流、资金流向站点周边地区集聚，更好地促进城市空间有序拓展。

（二）总部经济

总部经济是由于优势资源而吸引企业总部形成集聚效应，通过"总部—制造基地"在不同区域内分工协作，实现资源优化配置的一种经济形态。总部经济的优化布局有助于提升产业发展层次，形成城市中新的发展节点，并带动相关服务业发展，提升城市整体的吸引力与辐射范围，促进城市的经济带动功能。高铁地区发展总部经济，优势在于缩减了除高铁交通时间外的二次换乘附加时间，从而提高往返于不同城市间的办公效率，这是枢纽地区经济发展的一个机遇。同时总部经济在城市发展到一定阶段，城市间交流需求增多，需要跨地区公司地区总部、研发中心、国内大企业集团总部等汇聚，它除了需要有良好的区位优势，也与城市自身的经济发展、人才、政策导向等多方面因素有关。需要正确看待总部经济与枢纽地区，城市自身发展之间的关系，枢纽地区才能体现出其优势，与总部经济发展相互促进。

第五节　构建综合交通运输体系的必要性

交通运输业经过现代化的发展已形成了铁路、公路、水运、航空、管道等多种运输方式，各种运输方式的技术经济特征存在较大的差异，不同区域范围、运量水平、服务要求有着不同的优劣势。因此，在交通运输网络布局与系统构建存在着资源利用不合理，各种运输方式在规模上发展不明确，不同运输方式间的分工及衔接等问题。因此，建设综合交通运输体系就显得尤为必要。

（1）建设综合交通运输体系是适应经济社会发展要求、缓解运力紧张局面的现实需要。经济的发展必然引起交通运输需求的不断增长，通过整合各种运输方式形成综合运输能力，充分挖掘各运输方式的运输潜能，有利于缓解当前运力紧张的运输局面。

（2）建设综合交通运输体系是有效利用资源和节能环保的必然选择。交通运输的发展必然会消耗大量的资源，整个交通运输体系也需要大量资源的支撑，对各种运输方式进行统一协调,分工合作可以有效地降低资源的消耗。

(3)建设综合交通运输体系是满足人们多样化的运输需求、提高交通运输产业竞争力的重要保障。经济的快速发展和人们生活水平的提高使人们对出行和运输的多样化需求越来越多,只有各运输方式功能分工明确、紧密衔接形成有机系统,才能及时满足人们的各种需求。

第六节 相关理论

一、交通运输理论

(一)交通经济带理论

交通经济带又称为交通沿线经济带,是一种在交通沿线分布有密集的经济活动的现象。交通运输线的发展加强了地域间的联系,使工业生产和经济活动集中于某些特定区域,逐渐形成了布局在交通沿线的带状经济区域。20世纪初,一些学者对交通运输沿线经济带的形成进行研究,比如韦伯的古典工业区位理论中就有关于交通对工业区位的影响;戈特曼提出的"巨型城市带"也是交通运输和信息高度发展的产物;美国的费尔,其主要著作为《交通经济学》;威廉和特罗克塞尔,其主要著作为《交通经济》;哈佛大学的迈耶等,出版《运输产业和竞争经济学》一书,也是较有影响的著作。中国对交通经济理论的研究,已有相当长的历史。余松筠编著的《交通经济学》,是中国较早论述这一学科的专著;张文尝认为交通经济带是以综合交通运输线作为发展轴,依托其吸引范围内的大城市,以发达的产业为主体的带状经济区域。金凤君通过对东西方交通运输经济理论的比较与分析,初步形成了运输经济理论,交通经济学在中国逐渐成为独立学科。因此,在研究交通运输与区域经济一体化的发展时,将两者看作一个整体,提出了"交通经济带"的概念和理论。交通经济带是由交通干线与沿线经济活动共同组成的,其中交通干线是交通经济带形成与发展的纽带。交通经济带的观点和方法以系统科学、运输经济学理论、经济地理理论为依据,以当代区域经济开发的实践为实际背景,从交通运输与区域经济的角度共同看待区域的发展,在理论上有重要创新意义。

(二) 廊道效应

一般来说，廊道可分为人工廊道和自然廊道。一般人工廊道以交通干线为主，自然廊道以河流、植被带为主。而人工廊道形成的主要原因是交通干线对土地利用的影响。廊道效应的廊道区包括廊道本身及其辐射区域。廊道效应产生的实质是围绕廊道一定范围内存在效应梯度场，廊道效应由中心区域向外部逐渐衰减，遵循距离衰减率，理论上可以用对数衰减函数来表示：

$$D = f(e) = a\ln\frac{a \pm \sqrt{a^2 - e^2}}{e} \mp \sqrt{a^2 - e^2}$$

式中：D 表示函数；a 是常数；e 表示梯度场效应。

图 2-6 中，d 为距离。当 d_1 逐渐向 d_3 增加时，廊道效应则由 e_1 逐渐向 e_3 降低，即廊道效应由中心区域向外部逐渐衰减。本书所研究的城市轨道交通建设提高了沿线的可达性，使城市土地利用出现人工廊道效应，从而影响城市空间、土地结构的分布。城市轨道交通的建设对周边地区的交通可达性有很大的影响。轨道交通大大提高了轨道交通沿线中心区域的可达性，但随着到中心区域距离的增加，外部区域的可达性也呈逐渐降低的趋势，这就使相关区域的土地价值也随之减少，进而土地的价格也由中心区域向外围区域呈现出环状递减的现象。廊道效应对土地利用的影响主要有以下几点：

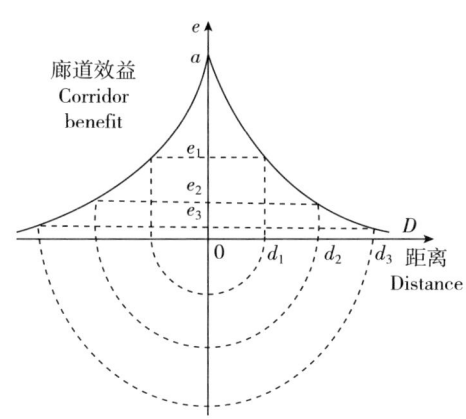

图 2-6 廊道效应函数曲线

（1）城市轨道交通对沿线居住用地以及商业用地的吸引力较强，但随着中心区域的距离增大，呈现出逐步减少的趋势，因此，中心区域居住用地和商业用地占多数。

（2）城市轨道交通对于工业用地来说，则体现出较为明显的"排异现象"，即一般城市轨道交通沿线，工业用地明显较少。

（3）因为城市轨道交通对中心区域居住用地的影响明显，从而间接影响了配套的公共建设用地，即使公共建设用地也有所增加。

（4）相比较公共建设用地，城市轨道交通对诸如行政办公用地、教育科研用地、文化设施用地、医疗卫生用地等类型的公共建筑用地，并没有太明显的作用。

二、交通运输对城镇产业布局影响相关理论

（一）禀赋优势、交通区位决策与区域产业结构优化

产业空间格局的塑造和优化与相关企业的地理位置转移以及空间位置上的聚集密不可分，但是各个企业之间选择并不完全存在相互作用的联动关系，如图2-7所示，市场的一体化发展与企业盈利的最大化过程具有明显的联动效应，究其原因在于集聚产业的企业集群的技术差异性较小，倘若该产业的发展规划与企业集群生产计划有必要调整的话，那么进行产业空间的转移或空间范围的改变或优化扩展将是产业集群战略实施的重点和首要的策略选择，这样也就进一步推动了综合交通运输体系对产业空间布局的均衡与非均衡的动态优化机制。

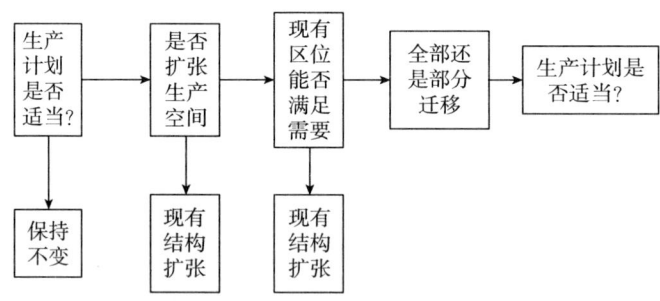

图2-7 企业区位决策过程

对企业地理位置布局产生作用的主要有下列要素：第一，要素条件与禀赋优势。主要涉及与劳动力成本有关的劳动力要素、与自然资源和环境条件相关的自

然禀赋要素以及消费者所在市场分布等。第二，运输条件与相关运输成本。运输成本与原材料以及产品出产地的地理位置远近有关，其实质上也反映出与地理位置密切相关的空间区位条件对生产经营活动与消费者市场距离的博弈。第三，基础设施条件的共同使用。这与道路交通条件、管道供水、供电投入及区域的先天禀赋条件密切相关。

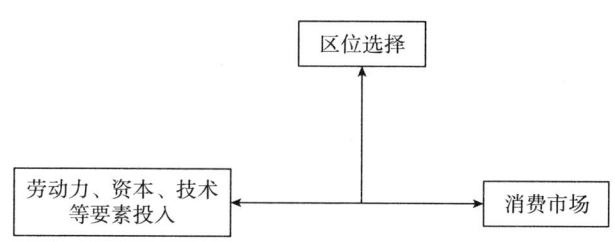

图2-8 企业基于交通区位的决策机制

基于上述分析可知，在区域经济一体化的过程中，综合交通运输体系对于区域经济的发展以及产业空间的塑造起着至关重要的作用，它在一定意义上打破了区域界线，实现资源互补，推动了区域经济的协调发展，进而带来市场的一体化、技术的一体化与经济一体化发展。

(二) 经济地理学"空间溢出"效应的理论基础

不少学者对经济学研究中的外部性进行了广泛的定义阐释，通常来说，如果某个个体或厂商的生产效用或相应成本是取决于其他个体或厂商的话，但其他的个体或厂商在其生产决策过程中并不把这些个体或厂商的影响与行为纳入考虑，那么将产生我们所说的外部性即"溢出效应"。在无特定目的基础上，生产效用或者是相关行为代价影响到了其他个体的行为过程，而影响这一行为过程的主要对象或主体并未对这种行为承担相应的成本或产生相应的收益，我们就说外部性发挥了作用。具体来说，外部性是经济活动的主要参加者对于其他经济活动的主要参加者的福利所产生的影响，但是这些福利效用却完全不是通过货币形式或是市场经济活动的交易行为所体现的。

具体包括以下几个方面：

第一，对综合交通运输系统正向外部性与外部收益的研究。图2-9中的纵坐标表示需要对过往车辆收费的综合交通公路运输系统的相关成本与收益问题，横坐标则表示这一高速公路上运输车辆通过的运输数量，MC（Marginal Costs）是这条设有收费站的高速公路的边际运营成本曲线，D_1 曲线是正常条件经营情况下的市场对于该收费高速公路的运营需求量。这一曲线和边际营运成本曲线相交于一点 b，在运输市场达到均衡时市场的运输需求量为 q_1，运输服务的提供价格为 P_1，这条公路带来的社会收益可以用矩形 op_1bq_1 来表示，其中，下面的三角形部分 abp_1 是生产者在高速公路运营收费中的获益，表示为生产者剩余；而上面的三角形部分 p_1bc 是市场消费者在消费高速公路付费服务中得到的利益，可以表示为消费者剩余。如果社会对于该条付费的高速公路的评价较高，带来了对于与交通运输沿线经济溢出效应的高土地溢价时，该条付费公路将产生外部性，此时市场的需求曲线为 D_2，并产生了相应的外部性收益 bdec，若将公路运输量 q_1 的供应价格定义在了 p_2 上，将会对公路的外部收益产生内部化过程，此时的生产者剩余、消费者剩余都较之原来的生产者剩余与消费者剩余面积扩大。

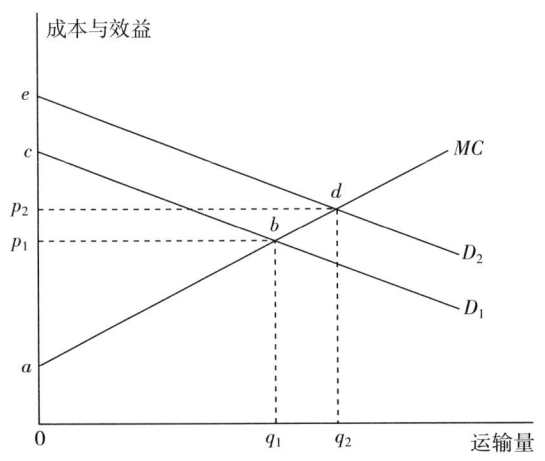

图 2-9 交通运输社会效益与外部效益的关系

第二，综合交通运输体系的外部成本问题研究。社会成本是私人成本与相应的外部成本的加总。在社会经济的运营过程中，个体的私人成本是市场经济运行体系内部化的成本，具有一定的内部性特征，而外部成本则是一种存在于市场经济体系发展外的成本，也就是经济社会发展的外部性，对于综合交通运输体系来说，就是综合交通运输体系的"空间溢出"效应。图 2-10 绘制的是综合交通运输外部成本问题的分析图，其中，MC_1 是综合公路交通运输的消费者自行承担的公路利用的相应边际运输成本，D 代表对于综合公路运输设施的市场需求量。两条曲线的交点即此时市场均衡所使用的运输量 q_1，以及运输价格，MC_2 表示综合公路运输体系引起的交通运输者个体需要承担的私人成本，以及由其引起的成本但需要其他的非交通运输直接参与者承担的外部成本。从图 2 – 11 可以看出，当考虑外部性时，市场所需要的交通运输的总体市场需求量要小于不考虑外部性时的市场需求量。若交通运输体系的价格制定部门把运输价格定位于 p_2 时，则可以把综合交通运输体系的外部性问题内部化。假如不能把综合交通运输体系的外部成本合理地内部化，那么整体的社会福利效益将会降低。

总的来说，在把综合交通运输体系的外部性收益与外部性成本都考虑在内时，运输量的最佳水平是 q_2，均衡价格也是 p_2。

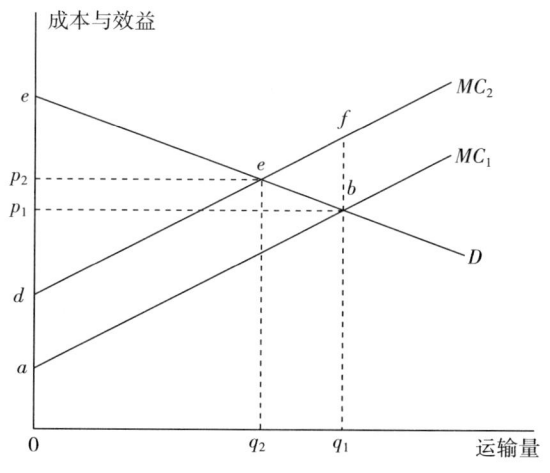

图 2 – 10　交通运输外部成本分析

三、经济理论

（一）外部性理论

外部性是指群体或个人利益受到其他一群人或单个人的决策和行为影响的情况。1890 年马歇尔首次提出了"外部经济"的概念，1920 年庇古运用现代经济学的方法系统研究了外部性问题，对"外部不经济"的概念和内容进行了扩展补充，初次研究了企业或消费者对其他企业或消费者的影响。

交通运输业表现出极强的外部性特点。交通运输业在带动原材料、产品、人口聚集和扩散的同时，带动了区域的整体产业发展，不仅包括消费和就业机会的增加、地区间商品流通的加强，还提高了人们的平均生活水平、拉动了经济发展等，它所产生的利益远大于人们对运输的需求所产生的成本，是交通运输业发展正外部性的具体表现。在负的外部性方面，交通运输业的发展，比如公路、航道建设等都是对区域环境进行一定的改造，或者通过交通运输带来相应产业转移，会对区域的环境产生一些负面影响，同时交通运输业中存在的延时、交通事故等都在一定程度上干扰了社会发展。

（二）城市空间扩散理论

城市空间结构和形态与城市区域内部各个社会经济要素流在时间和空间上从它的发源地产生，经过一定时间后扩散到其他城市区域，导致当地自然景观或人文景观的变化，这个过程便是城市空间扩散。首次提出空间扩散的是瑞典学者哈格斯特朗，利用计量分析方法对空间扩散进行了研究，他认为，各种要素流从发源地产生后在扩散的途中，经过阻力的作用遵循距离缩减原理进行扩散，空间扩散还具有一些特定的空间效应，比如近邻效应、等级效应等。城市空间结构扩散过程中呈现出一定周期：①初始阶段—增长中心的出现。一个城市平衡发展是不可能的，城市内各个区域的资源配置就会首先往优势比较集中的区域聚集而使当地的经济高效发展，这会导致区域内部结构发生变化，即形成增长极。②扩散过程—边缘区出现。城市增长中心固定下来后，在集聚基础上城市又进一步向外围地区扩散，带动边缘地区的发展，随着扩散作用加强，边缘区有可能发展成为次级核心，即形成核心—边缘模式。③巩固阶段—点轴模式扩散。在区域发展过程中社会经济要素一般聚集在"点"，并由线状基础设施联系在一起，形成不同的要素"轴"，轴线上集中的各种要素对周围区域有着扩散作用，得以推动区域经济发展。④饱和阶段。扩散达到顶峰，在现有条件下就不再扩散了。

（三）可持续发展理论

可持续发展理论源于1962年一个海洋生物学家莱切尔·卡逊（Rachel Carson）对鸟类的关怀，之后从"增长的极限问题"的讨论中得到启发，进而提出可持续发展的概念。可持续发展（Sustainable Development）亦称"持续发展"，于1972年被提出，是一种重视未来长远发展的经济增长模式。1987年，世界环境与发展委员会在《我们共同的未来》的报告中，第一次阐述了"可持续发展"

的概念。1992年6月在联合国环境与发展大会,来自世界的178个国家和地区的领导人通过了《21世纪议程》《气候变化框架公约》等一系列文件,明确把发展与环境密切联系在一起,使可持续发展走出了仅在理论上探索的阶段,响亮地提出了可持续发展的战略,并将之付诸为全球的行动。可持续发展鼓励经济增长而不是在进行环境保护时舍弃经济的发展,而是要在经济发展的同时兼顾增长的数量和质量。可持续发展要求改变传统的以"高投入、高消耗、高污染"为特征的生产模式和消费模式,实施清洁生产和文明消费,以提高经济活动中的效益,节约资源、减少废物。从整个经济社会的角度来看,人类应该共同追求的是以人为本的自然—经济—社会复合系统的持续、稳定、健康发展。

可持续发展从根源来说就是资源分配问题,由于资源的稀缺性,人类发展中面临着如何正确分配全球中有限的物质资源的重大问题,这不仅涉及当前人类发展与后代进行资源分配时,要考虑的时间、地区、人口间的资源配置最优化问题,同时也要始终坚持需要、限制、平等的理念。当前全球经济发展中,发达国家通过资本积累和便利的交通运输,将一些破坏生态环境的高污染、高能耗产业向较为落后的发展中国家转移,发展中国家的经济落后和发达国家资源消耗的矛盾日益激化,这成为人类发展中面临的重大问题。发展中国家亟须提高经济增长速度满足其需要,发达国家则应在不破坏他国的资源环境的前提下保持经济持续增长。限制因素包括人口、环境和资源,可持续发展应该在保持这些限制因素合理发展的基础上进行,不应超过资源限度,以资源耗竭为代价。平等既是实现资源利用中的时间平等,也包括区域和人口间的平等。

第三章　中部农村中心集镇

第一节　中部农村中心集镇发展内涵

一、城镇化发展概念

我国的城镇化空间发展呈现出城市—农村的渐进化过渡空间结构,包括城市、城郊、城市—乡村结合部、小城镇、农村,城镇化的过程体现了由城市到乡村的连续变化的过程,小城镇是农村人口与经济集中的体现,也是城市用以辐射农村的据点。它是城市与农村相互作用的交集,是经济、社会、文化等各要素的交接地带,同时也突出体现城乡矛盾的尖锐。

根据1989年颁布的《城市规划法》,全国城市划为3个等级。市区和近郊区非农业人口50万以上为大城市,20万以上50万以下为中等城市,不满20万的为小城市,后来又增加了100万以上为特大城市。而改革开放以来,伴随着工业化进程加速,我国城镇化取得了巨大成就,城市数量和规模都有了明显增长,原有的城市规模划分标准已难以适应城镇化发展的新形势要求。2014年,国务院发布《关于调整城市规模划分标准的通知》(国发〔2014〕51号),由于我国城镇化正处于深入发展的关键时期,为更好地实施人口和城市分类管理,满足经济社会发展需要,将城市规模的划分标准进行了调整(见表3-1)。

表 3-1　2014 年最新城市规模划分标准

城区常住人口（人）	类别	详细类别
20 万以下	小城市	Ⅱ型小城市
20 万~50 万		Ⅰ型小城市
50 万~100 万	中等城市	—
100 万~300 万	大城市	Ⅱ型大城市
300 万~500 万		Ⅰ型大城市
500 万~1000 万	特大城市	—
1000 万以上	超大城市	—

资料来源：《关于调整城市规模划分标准的通知》。

镇是以非农业人口为主的，具有一定规模工商业的居民点。根据我国规定，镇是由县管辖的基层行政单位。一般为县政府所在地或工商业贸易活动为主的小城镇居民点，相当于乡一级政权。1984 年国务院批转民政部《关于调整建镇标准的报告》中规定："县级地方国家机关所在地应设镇；总人口在 2 万人以下的乡、乡政府驻地非农业人口超过 2000 人的，可以建镇；总人口在 2 万人以上的乡、乡政府驻地非农业人口占全乡人口 10% 以上的，也可以建镇。少数民族地区，人口稀少的边远地区，山区和小型工矿区、小港口、风景旅游、边境口岸等地，非农业人口虽不足 2000 人，如确有必要，也可设镇。"大中城市在外围设置一些既有就业岗位，又有较完善的住宅和公共设施的卫星城镇或区，它们为分散中心城市的人口和工业而新建或扩建，且具有相对的独立性。或是一些离市中心相对偏远的组团式城市，这些地区的人口规模不大，经济发展也相对落后，具有小城市或镇的典型特点。由于小城镇是小城镇道路网系统规划设计研究的载体，是本书研究的基础和前提，且建制镇所囊括范围比较广，所以有必要对小城镇这一概念进行界定。

本书所提到的小城镇有三层含义：一是最新城市规模划分标准中的Ⅱ类小城市，即城区常住人口 20 万以下的小城市；二是建制镇的概念范围内常住人口大于 5 万的镇；三是指大中城市周边且相对独立的卫星城镇或组团。

二、农村中心集镇的类型

我国的小城镇由于起初的形成和发展方式不同，所以也由此形成了不同类型的小城镇。交通规划领域侧重于从交通区位角度考虑，从城镇发展空间尺度出发，在宏观、中观和微观层面对小城镇进行分类；而城市规划领域多是基于小城镇的形成发展模式和空间演化的机制过程来考虑，从小城镇发展区位出发，将其进行分类。而本书结合这两个领域的不同方面，将小城镇进行大致分类：

1. 优势发展型小城镇

位于大中城市周边，具有优势明显的交通区位，借助大中城市的辐射带动力而发展形成的小城镇。这一类小城镇的特点鲜明，对就近的大中城市有强烈的依附力，大多是借助于大中城市的交通要道与之形成联系，进而围绕这一主要道路横向扩张，发展方向也具有明显的向心性。很多此类小城镇由于受到周边核心城市的作用而有较快的经济发展速度，人口增长很快，城镇也相对现代化，其中大部分扮演着核心城市的辅助角色，为核心城市提供农副产品及工业发展用地，有时也承担着分流居住人口的作用，比如长江三角洲、珠江三角洲、北京等大中城市周边的小城镇。

2. 带状发展型小城镇

这类小城镇多是沿对外轴线发展，主要由于其所处自然环境的限制，一般的山地河谷型都为此类。由于周边地区没有优势经济增长点，而且有明显的地形限制，并且这类小城镇的对外道路也往往是沿地形轴延伸，所以就造成了小城镇的发展模式为沿对外道路轴线发展，向发展轴线的两侧有限制的横向拓展。由于发展的需要，城镇积极向外扩张，而经济的增长点大部分依赖于这一轴线，最终形成呈带状发展的模式。这类小城镇的土地利用杂乱，内外交通交织，由于先天原因发展较为落后。比如位于西南、东南丘陵地带的小城镇。

3. 独立发展型小城镇

由于交通区位优势不明显，相对独立，缓慢发展而形成的小城镇。这一类小城镇在我国传统发展模式下自发形成，对外力的借助较少，大多是因为商业的作用由传统农耕村落而逐渐发展起来，他们的土地利用形态尚未成形，社会经济发展起步较晚，没有突出特色的经济增长点，发展速度也较慢，村镇中保留着大量的传统社会特点，人口增长慢。比如中西部等相对偏远地区的小城镇。

三、农村中心集镇的主要功能

随着改革开放以后经济体制改革的深入和城乡二元户籍制度的放松，农村中心集镇在土地价格、劳动力资源、管理成本等方面具有绝对优势，使以乡镇企业为主导的农村中心集镇率先发展起来，吸纳了众多来自农村地区的剩余劳动力，其作为人口"蓄水池"的功能日益凸显。2014年3月16日,中共中央、国务院印发的《国家新型城镇化规划(2014－2020年)》,提出了"促进各类城市协调发展,优化城镇规模结构,增强中心城市辐射带动功能,加快发展中小城市,有重点地发展小城镇,促进大中小城市和小城镇协调发展"的要求。

随着城镇化进程的加快推进,农村中心集镇在新型城镇化中的地位及作用日益突出,农村中心集镇将以城市群为空间载体,实现功能由"生产型"向"服务型"的转变,服务农村中心集镇社区居民、服务城市功能疏解、服务"三农",部分距离大城市较近的农村中心集镇,在大城市辐射及扩散功能下,日益成为大城市的卫星城,承接了大量来自大城市的功能疏解及产业转移;部分相对独立、地处大城市辐射范围之外的农村中心集镇,依托自身特色资源及区位优势,实行差异化发展战略,大力发展优势产业,成为商贸、旅游等特色型农村中心集镇;部分地处偏远农村地区的农村中心集镇,则日益成为区域内公共服务中心。地区资本的集中使农村中心集镇转变为一个经济中心,通过经济中心的聚集和扩散效应带动了本地区及周边地区的社会经济发展,主要功能如表3－2所示。

表3－2　农村中心集镇的主要功能

功能名称	阐释
联结协调	一方面是联结大中小城市,将农业副产品、生产原材料以及产品在两者间进行运送;另一方面是联结广大农村,从城市中引进技术、人才、资金、信息,扩散产品,使城乡工业建成各具特色、协调分工的格局,促进城乡第一、第二、第三产业协调发展
集聚	随着经济发展,农村剩余劳动力大量聚集,人口集聚推动了社会生产的进步,促进经济的快速发展,形成经济的聚集效应;随着人口和经济的发展,人们对水、电、通信、交通等基础设施的需求也不断扩大,基础设施也出现聚集现象
辐射	①吸收性辐射,即农村中心集镇吸收农村剩余劳动力从事第二、第三产业的生产;②带动性辐射,即农村中心集镇通过公司扩张或联营作用将生产空间转移至农村,带动农村产业发展和技术升级;③信号性辐射,农业和家庭手工业对农村中心集镇的产品供需变化做出反应,通过生产方向和计划的调整,不断适应市场对生产成果的需要
自我循环	农村中心集镇的自我循环功能包括发展生产、搞活流通、改善生活和保护生态

四、农村中心集镇发展的基本规律

农村中心集镇的发展也遵循着一个社会不断演变的客观规律。

(一) 规模经济规律

农村中心集镇的发展与所在区域表现为形式与内容的关系。在农村中心集镇的发展过程中，其总体发展规模与速度取决于区域的发展状况，只有在农村中心集镇发展的规模速度符合区域经济的发展要求的前提下，才能促进区域的积极发展。

(二) 空间作用规律

农村中心集镇的布局主要反映的是在区域空间上经济因素的分布。所以，农村中心集镇在发展过程中受到地理因素和区域经济的双重影响。农村中心集镇的发展需要紧密联系区域内的大中小城市，积极融入所在的区域，进而形成大中小城市等级合理、分工明确、联系密切的城镇空间网络结构。

(三) 阶段有序规律

事物发展的本质是量的积累与质的突破，在农村中心集镇发展主要表现为阶段有序的发展规律。农村中心集镇的发展在经历了数量累积之后造成了质的突破。具体来说，农村中心集镇是由农村集市发展而成的，一般是在乡集镇的基础上发展起来的，很大一部分乡集镇又是由农村定期或不定期的小集市演变而来的。目前农村中心集镇在发展中一部分升级为中小城市，另一部分则转变为普通农村社区。

第二节 中部农村中心集镇发展的历史进程

一、城镇化发展历史

我国城镇化进程始于1978年，中共十一届三中全会做出了将全党工作重心转移到社会主义现代化建设上来的战略决策。1979年前后国家制定并落实了一系列政策，下放到农村的干部、职工以及上山下乡的知识青年逐渐返城，城镇人口大幅度增加，特别是大城市的人口增长较快。随着农村改革的不断推进，乡镇企业开始活跃起来，推动着中国城镇化进程在复苏之后逐步发展。1978年，中国城镇人口为17245万人，占总人口比重为17.9%，1984年，城镇人口达24017万人，占总人口的比重为23.0%。在这6年间，城镇人口增加了6772万人，占总人口比重上升了5.1个百分点，相当于从1952年的12.5%提高到1977年的

17.6%长达25年的水平。1984年党的十二届三中全会以后,我国确定了以城市改革为重点的经济体制改革,城镇化水平得以不断提高。这一年的1月和10月,中央分别颁布了《中共中央关于1984年农村工作的通知》和《国务院关于农民进集镇落户的通知》,第一次明确肯定并支持小城镇的发展,允许农民自带口粮进城务工经商并进城落户。中国小城镇沐浴在改革政策的春风之中。相关政策的颁布和落实,为中国第三产业和乡镇企业的发展注入了生机和活力。据统计,在1984年到1991年,全国第三产业人员数量由17329万人增加到20129万人,年均增加265万人。同期乡镇企业职工由5208万人增长到5728万人,增加520万人,年均增长75万人。国家民政部于1984年调整了20世纪60年代以来的城镇建制标准,1986年又调整了设市标准,全国城市数量迅猛增长。全国建制镇的数量由1983年底的2968个增加到1984年底的7186个,1年间增加了4218个,增长了142%,到1991年底更上升到12455个,8年间增加了9487个,增加的数量是1983年的3.2倍。全国设市的城市数量由1983年的300个增加到1991年的475个,增加了175个,增长了58.3%。市镇人口从1983年的22274万人增加到1991年的31203万人,增加了8929万人,城镇人口占总人口的比重从21.6%提高到26.9%,提高了5.3个百分点。1992年,邓小平"南方谈话"和中共十四大召开之后,我国确立了社会主义市场经济体制的改革目标,城镇化的进程再次加快。1998年10月,党的十五届三中全会通过的《关于农业和农村工作若干重大问题的决定》中第一次提出"小城镇大战略"问题。在随后通过的《中共中央国务院关于促进小城镇健康发展的通知》中,该战略被进一步具体化。党的十五届五中全会深入探讨了关于积极稳妥推进城镇化的目标,并指出推进我国城镇化的重要途径是发展小城镇。之后颁布的《中共中央、国务院关于促进小城镇发展的意见》具体阐述了这一思想。在"十五"期间,党和政府把积极稳妥推进城镇化建设列为重点研究的课题。到2001年,九届人大四次会议通过《国民经济和社会发展第十个五年计划纲要》,把城镇化战略提升到与科技兴国战略、可持续发展战略、西部大开发战略同等重要的地位上,中国的城镇化发展跃上了一个新的阶段。在这一阶段,中国不同地区、不同层次的城镇化水平都有较快的发展,城镇数量迅速增加。全国建制镇的数量由1991年底的12455个增加到2000年底的20312个,增加了7857个,增长了63.08%。全国设市城市数量由1991年的475个增加到2000年的663个,增加了188个,增长了39.58%。市镇人口由1991年的31203万人增加到2002年的50212万人,增加了19009万人,增长率为60.92%，城镇人口占总人口的比重从26.9%提高到39.09%，提高了12.19个百分点。2014年3月中共中央、国务院发布了《国家新型城镇化规划（2014—2020年）》。明确指出我国正处于城镇化深入发展的关键时期，强调了城镇化对经济社会发展的重大意义，更强调以人为本、推进以人为核心的城镇化。2016年第十二届全国人民代表大会第四次会议上李克强总理提出，"十三五"规划要实现1亿左右农业转移人口和其他常住人口在城镇落户，到2020年，常住人口城镇化率达到60%、户籍人口城镇化率达到45%。目前我国常住人口城镇化率为53.7%，户籍人口城镇化率只有36%左右，不仅远低于发达国家80%的平均水平，也低于人均收入与我国相近的发展中国家60%的平均水平，还有较大的发展空间。

二、输出型发展阶段

1978年我国开始实行改革开放，东部沿海地区由于政策扶持和优越的地理条件，经济得到了迅猛发展，中国整体经济也处于持续上升状态。由于城市的持续带动作用，农村城镇化也得以发展，东部沿海的经济与区位优势吸引着中西部大多数资源要素的流出，我国出现异城镇化现象。这是由于区域发展不平衡所引起的一种劳动力流动的现象，指农村剩余劳动力在本行政辖区外从事非农产业生产。改革开放促使大城市以及沿海地区城镇经济迅速发展，中部地区农村剩余劳动力和资源要素被这些优先发展的地区所吸引而外流，但我国特有的户籍制度限制了农村人口的自由流动，因此异地转移的人口多以"农民工"的身份存在，不能有效进行市民化转化，享受城镇人口的福利待遇，由此形成了特殊的异地城镇化现象。

中部农村中心集镇发展的不均衡除了受地区气候、地貌等外界自然环境的影响，改革开放以来实行的发展政策也是造成这种情况的主要原因。改革开放初期，中国的首要任务是实现资本积累，因此大力发展工业是当时的重中之重。由于大中城市的交通、原料、劳动力都处于优势地位，因此国家的资金投入明显优于农村地区；另外，沿海地区由于产业发展基础良好、交通区位优势明显等特点，成为国家优先扶持发展的地区，而广大的中部农村地区由于政策和资金双重不足，造成了农村剩余劳动力大量流入沿海发达地区，更是造成了自身农村中心集镇发展的严重滞后，农村地区由于交通闭塞、设施滞后、资金匮乏、产业缺失而更加贫困落后。

三、提升型发展阶段

20世纪90年代后,中国的经济社会发展开始出现资源和环境压力,中部地区农村中心集镇发展的要求开始转变为以质量提升为导向,在地区经济规模扩张积累的同时提升农村中心集镇发展的质量。

中部地区农村人口向中心集镇转移,而中心集镇人口则继续向县城城区转移。农村中心集镇由于缺乏有力的产业支撑,对于农村剩余生产力的吸引和容纳能力都很局限。农村人口向中心集镇迁移的主要动力是居住环境、教育资源等,仍缺乏有力的经济增长动力,整体发展态势较为缓慢。

当前中部农村中心集镇发展还处于规模扩张的阶段,普遍存在政策扶持和产业支撑不足的问题,如何寻找新的驱动力是亟须解决的问题;同时资源环境威胁不断积累,中部农村中心集镇的发展要在我国初始阶段粗放的发展模式中不断做出改进,重点提升城镇化发展的质量(见图3-1)。

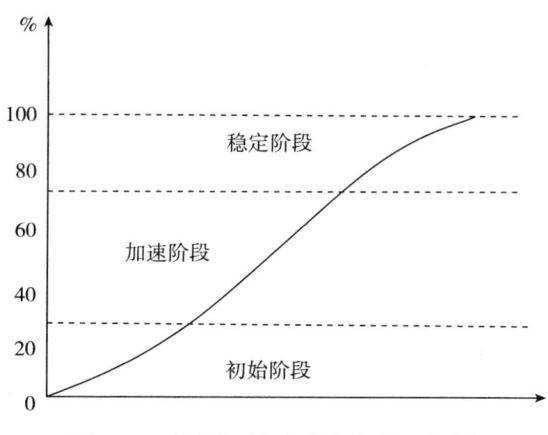

图3-1 诺瑟姆的"城市化过程曲线"

第三节 中部农村中心集镇的发展模式

一、新型城镇化发展的动力机制

影响我国城镇化发展的主要因素包括产业结构、要素资源流动、经济增长及政府宏观调控。

（一）新型工业化是新型城镇化发展的基础机制

一个地区的经济发展结构及总体水平主要取决于该地区的产业结构。在我国城镇化的规划发展中，仍需不断调整优化产业结构，以产业发展推进城镇化进程。新型工业化作为以信息化带动工业化、以工业化促进信息化的工业化道路，对新型城镇化的发展产生显著的影响，新型工业化的发展能够引起产业结构的系列变化，进而影响到就业结构的变化，并作用于城镇化进程，吸引大量的劳动力资源流入城镇。

（二）收入和福利水平的提升是新型城镇化发展的核心机制

地区经济繁荣的扩散作用会带动整体产业的进步，提供更多就业机会，带动其他产业的繁荣，加快城镇化发展脚步；人口和资本的大量流入又进一步促进经济有序增长，两者间相互作用、相互影响。城镇化发展必须坚持以人为本的发展理念，以提升全体社会成员福利水平为前提。

（三）公共需求是新型城镇化发展的保障机制

新型城镇化的发展中只有保证基本公共服务均等化，满足社会公共利益的需要，才能促进其健康发展。公共需求不仅满足了社会总体利益的需求，也加速城镇化发展的内生需求，促进潜在消费市场转变为现实消费市场，加大城镇经济发展的力度。

（四）生态环境保护是新型城镇化发展的长效机制

中国的经济发展必须重视生态健康，推进城镇化的过程中也必须始终贯彻生态发展理念。中国过去的城镇化发展侧重于产业升级和经济发展，未能考虑发展的可持续性，如果在新型城镇化的发展中没有贯彻生态文明的理念，就无法构建生态宜居的城镇，城镇化仍处于传统城镇化进程中，很难形成经济、生态和社会效益综合发展的模式。因此在新型城镇化建设时必须坚持生态环境保护，推动新型城镇化的绿色协调发展。

二、农村中心集镇发展模式

20世纪80年代，费孝通先生通过对苏南、温州、珠三角地区农村中心集镇发展状况考察，提出了苏南模式、温州模式和珠三角模式，之后关于农村中心集镇发展模式的研究逐渐兴起，众多学者结合不同地域的特点，又相继提出"耿车模式""晋江模式""民权模式""孙耿模式""襄樊模式"等，进一步凸显了农村中心集镇建设的地方特色。事实上，每一种发展模式都需要随着发展环境的改变做出相应的调整。例如 20 世纪 90 年代末，新苏南模式的产生，浙江地区农村中心集镇"块状经济"的出现，珠江三角洲地区"专业镇"的盛行，甚至一些经济发达镇在"强镇扩权"方面改革的探索等，都预示着农村中心集镇发展开始逐步走向集群化和专业化的道路，成为支撑区域经济发展的重要力量。全国农村中心集镇发展模式可分为以下几种基本类型：

1. 工业带动型

工业型农村中心集镇是指以资源、技术为依托，以工业为支柱产业，通过大力发展工业企业，形成"以工促农、以城带乡"的发展模式，促进本地区经济的发展和实现人口的就地转移。将工业带动型的农村中心集镇根据地区发展基础进行划分，可以将其分为两类：一类是在城镇原有工业基础上进行规模扩展以及技术优化而进一步发展，使原有产业规模不断扩大的同时带动了其他周边产业的发展，形成了相应的产业集群，在这种基础上形成了人口聚集，形成了中心集镇；另一类则是完全由新型技术或新型发展动力带动的产业发展，主要是由于当地的资源、区位或者其他因素引起的乡镇企业的同时大量兴起，造就了相当规模的工业产业集群，进而促进了第三产业的发展。乡镇企业相对集中连片发展促进了农村中心集镇的发展。具体表现为：

（1）加强了农村中心集镇的基础设施建设。乡镇企业为产业发展以及产品运输的便利而不断扩建和完善基础设施，实际上也是完善了农村中心集镇的建设，形成了配套的发展基础保证。

（2）促进农村中心集镇第三产业的发展。农村中心集镇的乡镇企业和劳动力的聚集，使商业、交通、金融、信息以及文教卫生等第三产业发展随之产生，对农村剩余劳动力吸引力增加，促使农村中心集镇的集聚功能不断完善。

2. 市场带动型

近年来，商品流通职能的释放引起农村中心集镇的兴起。农村中心集镇各具特色的商品通过发达的信息技术及物流系统实现了密切的市场交换，市场的繁荣催化着农村经济不断进步，在科技、信息、资金、服务、基础设施等方面的配套设施建设也不断优化，通过这样的互促互利的关系带动了整体农村地区的发展。农村中心集镇发展以非公有制经济为主，从商品分散、服务产品单一演化为各项服务配套设施齐备的集镇。随着各类市场中商品和人口的流动加强，农村中心集镇不断出现。

农村中心集镇中的市场是实现内部与外部、农村与城市连接的纽带,也是整合产品资源、扩大市场知名度的基础。市场的建立和规模不断扩大,农民能够及时有效把握市场信息,农副产品的销售得到保障,收入更加可观。

3. 外资带动型

这类农村中心集镇一般具有优越的地理位置,靠近经济中心,或者沿海沿江,可以依靠外部市场引进先进技术,发展加工贸易,推动农村中心集镇的发展。改革开放打破了贸易壁垒,人们利用侨乡优势,吸引大量侨资和外资,发展外向型经济,可以推进中心集镇的经济发展。

4. 农业产业化推动型

农业产业化是通过优先发展农业主要特色,以具有特色的农副产品打开市场,在信息技术、运输条件以及政策支持方面提供发展保障,以农业为主进而带动其他第二、第三产业的发展,吸引劳动力流入,形成中心集镇。这种模式的主要特点是以市场为导向,人力和资金等要素集中、城市转移的资源吸引力很强。农业产业化的实质是以农副产品加工业为依托、实行种养加、产供销、农工商一体化经营的生产经营组织方式。农业产业化使农村剩余劳动力不再流向离家乡较远的地区,而在自己居住的管辖区合理聚集,提高了城镇化水平,农村中心集镇开始走上集农业、农产品加工业和非农产业一体的发展道路。农业产业化推动型的典型代表为"襄樊模式"。襄樊立足于市情、县情以及镇情发展实际,统筹规划、扬长避短,充分发挥农副产品的资源优势,大力发展农副产品加工业,通过农业产业化经营来推动农村中心集镇建设进程。

这种发展模式的优点有:农产品加工产业的聚集可以使生产企业从产源地取材,缩小物流和组织交易成本,提高竞争优势;农户们通过与企业的紧密合作,使产品质量和产量大幅提升,销售途径和收入得到保证;农业产业化促进农村剩余劳动力的有序转移,不断提高农村中心集镇的城镇化水平。

5. 旅游带动型

随着改革开放不断推进,居民收入水平的提高,人们不再满足于日常温饱问题,旅游便是人们休闲娱乐的首要选择,在饱览祖国大好河山、历史古迹的同时还可以感受各具特色的民族文化、风俗习惯。很多农村中心集镇便以此为契机,结合自身资源,走旅游开发路线。这类农村中心集镇分为两种:一种是以开发自然景观为主,另一种是以开发人文景观为主。

这类模式主要是通过丰富的旅游资源,发展当地的旅游业,依靠旅游业产生的连锁效应,推进农村中心集镇发展。据测算,旅游业每直接增加1个就业人员,社会就能增加5个就业机会,旅游收入每年增加1个单位,当地GNP相应地增加4个单位。因此,旅游业发展带动了当地交通、住宿、餐饮等一系列服务行业的发展,为农村剩余劳动力提供了更多的就业岗位,推动人口聚集,加快中心集镇的蜕变脚步。

6. 交通枢纽型

随着经济的不断发展,城镇化水平的不断提升,信息传播范围的不断扩大,以及市场流通需求的不断增加,基础设施特别是公路、铁路的建设进程在不断地加快。这便催生出了一批位于铁路、公路等交通干线或是处于多条交通线汇集地的枢纽型农村中心集镇。历史上很多农村中心集镇的繁荣都是依靠交通要道来实现的。当今社会的发展是以分工和商品交换为基础的,交通干线对中心集镇的出现产生导向作用,交通条件成为影响农村中心集镇发展的关键。

这种模式的农村中心集镇,由于具有重要的地理位置和交通优势,因此有交通便利、物流客流量大、信息流动广泛迅速等特点,能推动第二、第三产业的不断发展,其中对现代物流业和新型工业的推动作用尤为明显。与此同时较为快速的物资运输能力,使农副产品、手工业制品交易市场更加活跃。这类农村中心集镇通过物流业的发展,带动第一、第二、第三产业的共同发展,从而促进集镇各产业的综合发展,随着影响范围的不断深入和扩大,最终将成为该地区的客流、物流和信息流中心。

7. 综合发展型农村中心集镇

综合型农村中心集镇的主要特点包括:人口密集、区域面积大、交通便利、产业种类多样,但尚未在区域中形成主导产业,经济总体发展水平不高。这种类型的农村中心集镇产业包括旅游、交通枢纽、乡镇企业等,在发展过程中必须寻找合适的主导产业,努力协调好人口—资源—环境之间的关系。

综上所述,中国农村中心集镇的发展模式具有以下特点:

(1)多样性。中国地广物博,影响中心集镇发展的因素也不尽相同,只有依据不同地区特点制定不同的发展模式,才能保证其发展中实现经济的优势互补与健康发展。

(2)区域性。上述提到的影响因素中,只对具有相似条件的中心集镇发展具有借鉴意义。在确立中心集镇的发展模式时,要综合考虑地区的区域性和地域性,不能照搬照抄,也不能抛弃良好的经验借鉴。

（3）联动性。发展主导产业，带动其他产业综合发展。在经济基础和区位条件较为优越的地方，其主导产业一般选择投资额大、资本密集型的第二产业，随后建设商贸街和综合型大市场，依靠主导产业的发展带动第三产业发展。在经济基础、区位条件存在局限的欠发展地区，应首先发展第三产业。在农村中心集镇发展进程中，需要根据不同地区发展基础和地理条件，发挥各自的独特优势，形成各具特色的发展模式。

第四节 农村中心集镇发展影响因素

希腊学者道萨迪亚斯（C. A. Doxiadis）将人类聚居地的形成和发展归因于地心引力、生物学的力、生理学的力、社会的力、运动力、安全的力、内组织的力、控制增长的力、组织的力、地理学的力等十一种力共同作用的结果；波兰学者萨伦巴（PeterZaremba）教授认为影响城市发展的因素主要有三个：自然地理条件对城市用地发展的适合程度（如城市用地的坡度坡向、高程、地基承载力、地震烈度等）、城市公用设施和运输系统扩展的可能，以及现代城市土地利用，包括建成区内未发展的用地、环境质量低劣或荒芜废弃之地、历史遗迹、污染防护区等。然而，四川中部的丘陵地区小城镇由于其所处地理环境的特殊性，较一般城镇有更复杂多样的影响和制约因素，在此，笔者将其归纳为自然生态因素、经济结构因素、交通运输技术因素、政治政策因素、社会文化因素五个方面。城镇空间布局受多种因素的影响，综合来看，无论是城市还是小城镇，基本存在政府力、市场力和社会力三种力量，在自然环境的外部约束下形成城市（镇）空间布局。其中，市场力往往是城市（镇）发展的根本动因。除此之外，区位因素以及城郊关系是城镇发展的重要条件，也成为影响其空间布局的关键因素。

一、自然生态因素

城镇的地形、地貌、水文、气候、地质、资源等自然条件或地理特征，是城镇发展的基础条件，有时也是制约城镇空间的"门槛"因素。城镇资源往往主导着当地的主要产业和发展特色。资源和环境决定了城镇发展的自然条件，也在一定程度上决定了城镇竞争力，农村中心集镇的主导产业发展往往因为资源不同而产生差异。

自然生态因素包括：各个方面的自然因素都会影响城市的空间结构，如水文地质、土壤地貌和气候动植物等这些因素。尤其是山地和丘陵地区受自然地形的影响更为严重，可以说是对城市发展方向的主导因素。丘陵地区小城镇的自然环境相比平原地区可以说是错综复杂，地形从较为简单的长宽二维平面上升到长宽高的三维立体空间，复杂的地形和水文地质、土壤地貌和气候动植物排列组合，得到了种类多样的自然环境，丰富的自然景观与立体的城镇建设形成了丘陵城镇独一无二的景观格局。

部分位于河谷地带的丘陵城镇往往依托水利之便沿河谷一侧或者两侧呈带状布置，河谷平坝等适宜建设区也沿河流带状分布。绝大多数城镇建设的发展往往是向建设阻力小的地方开展的，比如山丘之间的平坦空地、山丘下部坡度不大的斜面、山丘低谷处的河岸等一些易于发展建设的区域。当城镇规模逐渐扩大，优良的土地基本被开发完毕后，其建设方向有以下几种：一种是紧凑地挨着已经建设好的旧区建设，选择当前条件下的最易建设用地，可能地形坡度会陡峭些许、地势起伏程度大些等较为适宜建设的地区。另一种是跳跃的建设，与已经建设好的旧区相离，寻找平坦优良距离主城较近的土地，且新旧建设用地通达性高，便于交通干道的修建，建设用地均呈小块团状分布，最终呈现出城市和山水相间互通互融的格局。城镇空间山水相依，大量丘陵被镶嵌在城镇建设用地中，这种串珠式的丘陵地区小城镇在城镇景观上具有较好的资源优势，往往易于形成山水城镇格局。

二、社会文化因素

社会文化包括社会结构、宗教、生活方式、居民的社会行为准则和文化价值观等。城镇空间布局除受到上述自然、交通、经济、区位和社会文化等因素的影响外，土地市场、规划与政治力量、城郊关系等因素也推动了空间发展。

（1）社会文化的影响。中国自先秦以来就形成了自己的城市文化。中国的大中城市，尤以明清时期的北京城为代表，形成了礼制的建城思想也就是中国古代城建的代表作《考工记》的宇宙模式，城市空间布局融入了儒家"居中不偏"和礼制尊卑的思想观念，讲究建筑的方位、等级与秩序等。而"天人合一"和人与自然共融的生态观念盛行于中国的古代村镇、集市建设上。这个思想讲究山、水、人、城的和谐统一，浑然一体。管子的城市建设思想最为出名，遵循了朴素的自然观和依从自然环境的营建法则。这个城建思想很好地体现了对大自然的尊重，不十分强调人的主导性，充分保护了自然的原生状态，同时这种思想也值得当代开发能力超强的建设队伍反思，是不是更应该保留原有的状态以减少过度开发。中部农村小城镇在古代朴素的自然观、宗族观念、儒家礼制、文人山水文化以及风水理念等诸多因素的共同影响下，形成了独具特色的丘陵城镇空间形态，并对当前城镇空间的发展产生着持续的影响。

（2）历史成因的影响，我国大多数传统的山地和丘陵集镇的用地是比较零散的，自然地形、山河等的阻隔使布局不像平原城市或城镇布局那么集中，不是城市与山水林丘相互点缀、组团发展，就是沿主要街道、河道带形布置，城镇发展也沿着一条主要街道。因此，大多数的传统丘陵集镇的用地形态呈现一种线性的空间布局。

（3）经济对其的影响。街道是丘陵地区的小城镇的核心，集聚了一般小城镇的大部分主体功能，是城镇交通、城镇面貌、居民交流生活玩乐和城镇工商业的大集合，往往街边是门市，楼上是住所，再加上小城镇有着沿街赶集的传统，将城镇生活、商业与手工业等进行高度复合，使街道的生活空间与街道空间相互渗透。然而，随着国家社会的发展，城市的结构也随之变化，新的城市功能、商业、产业逐渐形成，部分落后功能被淘汰，城市结构去适应经济和社会的变革进而推动城市形态的演变。由于生产力和经济水平和技术等级的多方位提高，人类对自然的征服欲的可行性大为升高，阻碍越来越少，人类改造自然的能力大大增强，这种情况在西南丘陵地区尤为明显。

（4）人口对其的影响。点—线模式是人口聚居的最初雏形，在人口规模并未突破传统街区的容纳极限时，小城镇实质上是通过线性增加的方式形成了沿街分布的生活居住空间。城镇化进程的不断推进，城镇人口的不断攀升推动城镇用地规模不断扩大，以中部农村为例，逐步形成了带状城镇的多组团的发展趋势；而带形小城镇也发展成为多条带状结合或有中心区域的规模更大的小城镇。

（5）社会意识形态的影响。社会意识形态会影响个体或群体决策，社会意识形态约束着人们追求利益最大化，否则，个人或群体追求利益最大化的行为就可能使经济组织的活力受到威胁。

（6）制度因素包括产权制度、收入分配制度、企业组织、宏观经济政策和社会意识形态，它们从根本上影响着城镇资源配置的规模、结构和效率。城镇中人力资源、自然资源、公共物品和私人资本主要依靠各种各样的组织工具才能形成现实的生产力。产权制度的不同导致产权结构的不同,社会经济运行效率也存在差异。企业组织是通过内部管理和经营决策将人力资源、自然资源、资本投入等生产要素有机地结合起来,通过对这样一个体系的综合管理运营来实现交易费用的节省和经济效率的提高。

三、交通运输技术因素

交通条件的变化是城镇空间演化的重要因素,如城镇发展的初期具有沿主要交通干线轴带发展的形态特征。无论是过去、现今还是未来,交通一直是人类生活的重要组成部分,距离短到上班买菜,长到求学旅游都是需要交通的。城市之间、城市与小城镇之间、城镇之间的联系,交通都是重中之重的因素,然而丘陵地区本来就不比平原交通便捷,所以交通更是中部农村小城镇尤为匮乏的,交通联系是城镇得以发展的重要因素和纽带,因此该地区往往会形成沿路或沿河布置的小城镇。而在丘陵地区的城镇迫切渴望交通的诉求下,其沿道路疯狂地发展延伸,再加上复杂的丘陵地形,因此呈现出多样的发展形态。交通工具的改变,缩短了人们的日常通勤距离,也改变了远途出行的可达性和便捷性,不同的交通运输时代形成了不同的城市空间结构。在我国古代水运是最为发达和普遍的交通手段,大量的运输靠水运承担,陆地运输由于没有快速且承载量大的交通工具,所以在整个运输中的占比很低,致使当时一些滨海滨河的城镇繁华一时。现代的工业革命带来了新的交通工具,汽车、火车、飞机等为陆地和空中运输打下了坚实的基础,城镇发展的重心随之转移,出现了新的交通枢纽,有公路交通枢纽、铁路交通枢纽等,比如我们经常听说的"火车拉来的城市",繁荣了很多内陆城镇,重心逐渐向陆路转移。当然,工业化也带来交通运输方式的改变。以前以车马为主要的运输方式交通流量较小,街道的尺度较小,居民的通勤距离也较短,所以城市的规模都不大,城市呈紧凑形态。而在机动交通为主的现代城市,居民的通勤距离大大增加,城市空间在无限生长蔓延。

四、政治政策因素

城镇和乡村都是国家领土的具体组成部分,城市的发展会自下而上地推动国家的发展,国家的发展会自上而下地带动城市的发展。国家政策会对城市的发展起到指导性作用,国家从大局出发,在战略方向、城市定位给出政治或军事等要求,对城市发展进行具体方向的支持或者约束。

（1）在古代，无论国内外的城镇大多是出于政治、宗教和军事诉求和需要而建设的，主要建筑有城堡要塞、宫殿庙宇等为核心的古代城镇，推动了整个城镇沿此中心展开，形成由内向外的、自然生长的格局。现代的城市规划法规和规划审批制度也是国家或地方在法律层面上对城市建设从宏观到微观的发展进行指导和约束。川中丘陵小城镇本身较为闭塞，所以合理运用规划控制的手段对城镇的发展进行宏观干预，类似于茫茫大海中的灯塔，给予其明确的指引，促使城镇空间结构正确合理地发展建设，少走弯路。

每个地方的城市规划大多是对当地的量变式的发展给予控制和引导，而国家大的发展战略很有可能催生城市的质变，例如国家机关的搬迁，新的铁路高铁线路的开通，行政区划的重新划分，都会极大地改变相关城镇的兴衰，如小城镇因为重大变革短期内迅速扩张发展。国家政策政治对于城市建设发展的影响是多方面的，事物之间总是有联系的，一个小的变化会引起一个大问题。充分了解政策便于合理制定发展规划和优化城镇空间策略。

（2）当今全球科学技术飞速进步，世界的发展在本质上是地区间的技术博弈，自然和人口资源的稀缺使生产率成为当前关注的重点，只有通过技术进步提高劳动生产效率，才能增加区域竞争力，因此技术也决定了城镇的发展潜力。一定技术条件下，城镇区域的生产力、生产要素的需求量和城镇聚集的最大规模都是有限的。随着技术的进步，城镇生产力得以提升，对社会的需求、城镇规模、运行效率都实现了长足发展。不同的技术对资源的吸引和聚集的作用不同，因此城镇的发展方向也会产生相应差异。

技术进步在提高城镇的承载力的同时也改变了城镇的经济结构。交通、运输、通信技术的普及运用，优化了城镇的相对区位和资源要求，使原来处于发展劣势的产业转变为优势产业。

五、区位因素

狭义的区位指一个地区经济地理位置的优劣性和通达性，即某地区交通要素的相对优势。广义的区位还包括其他诸如劳动力、技术、资金等要素在空间地理位置上相对于其他地区的便利度以及所处区域经济、市场环境的发展程度或完善度。

区位是影响农村中心集镇发展的重要动因之一。首先，区位的好坏决定了农村中心集镇与外界往来的可能性，区位条件是否优越影响着农村中心集镇接受外来辐射的强弱程度；其次，区位良好的农村中心集镇更容易吸引知识、技术等优质的软性资源；最后，区位条件较好的农村中心集镇在实际发展中会得到更多的政策支持。今天，区位仍然是影响农村中心集镇发展的重要因素之一。这一因素是由于自然、交通、经济等原因而使城镇在土地利用上产生分异的一种综合机制。

同时农村中心集镇的区位优势只有在保持交通运输和通信不断发展的情况下才能维持长期的竞争优势。

六、区域经济因素

经济的发展是城镇空间形态变化的根本动因，功能—形态互适机制是城镇形态演变的主要机制。城镇的发展不仅仅是资源和人口的集中，而是要求以产业为基础的经济发展。如果某个地区资源丰富，但缺乏合理的劳动力流入及其他外部条件的支持，那么仍难实现生产和经营的产业化和专业化。区域经济因素主要包括资本、产业结构和市场机制等衡量要素。要想保证城镇的合理有序发展，必须首先区分公共资本和私人资本。公共资本包括交通、通信设施、草坪绿地等基础设施和消防、公安、环卫、城镇管理等服务设施。公共物品的规模、质量及其空间结构决定城镇功能状况，从而影响其发展规模、速度及方向。私人资本主要是指私人建筑、机器设备等实物资本及可利用的货币资本，既是城镇化发展的关键所在，也是促进城镇人口参与产业发展的基本动力，城镇化的发展取决于聚集数量、质量、行业及空间分布。

第五节 农村发展理论

一、城镇空间结构理论

（一）圈层结构理论

冯·杜能在1826年发行出版的重量级著作《孤立国》中，较为系统地提出了圈层结构理论，他最开始只是分析农业生产方式和农业种植特征的时间演变和空间布局，深入研究后他发现距离农业中心区域的一些城市展现出了一种由中心向外围而形成的圈层布局，这一特征在以后的学术研究中简称为"杜能圈"，实质上产生这种现象的根本原因是级差地租。日本著名学者 Kojhna（2000）在长期对区域空间结构领域深入研究之后提出了具有极大学术影响力的梯度推移理论，这一理论是在圈层结构理论的基础上进行了一个比较受学术界认可的拓展。该理论的核心观点是产业的跨区域转移基本上是跨越不同区域或者层级之间进行由高到低的有序转移的，当相对发达区域部分产业因为人力成本、级差地租等因素从而造成产品的生产成本过度上涨时，这些相对收益下降的产业转移到圈外则能有效地降低成本，提高投入产出比。我国学者肖清宇（1991）较早地对圈层结构理论进行了研究，指出区域的圈层通常是由中心城市向边缘城市有序配置模式的理论介绍。此后，国内不少学者跟进圈层结构理论，并将其运用到具体产业的空间布局研究中，如张金萍等（2012），曾建明（2013）等。圈层结构理论在 20 世纪的发展过程中，其主要的核心力量是级差地租的作用，这使工业与农业等相关产业由核心区域渐次向外以圈层的态势推进，而 21 世纪以来由于公路、铁路以及交通工具等交通设施的改善，城市中空化、郊区化则对圈层结构理论形成了较为新颖的分析模式，城市形成和发展过程中更加注重城市功能，功能核心区向外围不断以圈层态势持续地拓展。

（二）增长极理论

"增长极"的概念源于物理学中的磁极，一般是由主导部门和有创新能力的企业在某些地区聚集、发展而成的经济活动中心，这些中心有生产、贸易、金融、信息、交通运输、服务和决策中心等各种功能，恰似一个"磁场极"，能够产生吸引和辐射作用，促进自身及其他部门和地区的经济增长。经济学家通过对区域经济发展的特点进行分析，指出经济的增长不是均衡的，这种不均衡既表现在时间上，又表现在空间范围内，经济社会的总体发展首先出现在一些强度不同的极点上，增长极点上的经济发展再通过辐射带动作用向外扩散，最终影响整个经济发展。增长极产生的作用主要表现为：规模经济、聚集作用、技术创新与扩散、资本集中与输出。增长极理论对于中心集镇发展的指导意义在于，要求在发展初期选择具有潜力的城镇或地区作为突破口，对这些极点地区进行大量的资金投入和相当的政策扶持，极点的经济发展必然带动相关产业的发展，造成了农村剩余劳动力的流入，进而会带动周边地区经济增长。增长极理论认为经济发展初期应以极化效应为主，后期则应以极点地区的扩散效应为主。

极化效应指主导产业的迅速增长通过吸引人口集中而促进其他地区和产业经济日益上升的过程。增长极的发展是由于区位的独特优势引起了主导产业和创新企业的聚集，通过产业的发展提供了更多的就业机会、增大了规模效应，吸引着周围地区的劳动力、资金、技术、原材料等资源要素，迅速扩大了增长极的经济实力和发展潜力。主导产业的投资呈现出强烈的乘数效应，不断强化了极化效应。主导产业和创新企业的聚集使周边地区的交通、医疗、教育、餐饮等服务业和非生产性行业都得到了空前的发展，吸引了人口集聚，造成了区域总体人口数量的增长，最终引起极化效应的不断深化。极化效应通过这样的乘数作用使增长极和周围广大区域之间的差异不断拉大。但增长极的这种极化效应也不是无限增长的，企业发展存在着适度的经济规模，只有在适当的生产规模下才呈现出边际成本降低的现象，一旦生产规模超过合理的经济范围时，企业的边际效益呈现出下降趋势，投入的越多反而企业的收入减少；增长极的发展也存在适度规模，区域经济发展主要依赖于整体的资源环境总量，一旦增长极引起经济和人口的集中程度超过环境和资源承载力，就会引起地区的外部不经济，引发诸多城市问题。

扩散效应是指在增长极的推动作用下，由于对周边区域的人口资源有相应的聚集功能，但增长极本身的地理及资源条件是有限的，因此距离增长极较近的区域就成为发展过程中的首要选择，成为缓解增长极人口、资源、环境压力的必然选择。增长极扩散效应的原因主要包括：

（1）增长极的不断发展对能源、区位、人口都产生了新的要求，周边地区由于靠近极点，在交通资源等方面存在优势，对区域生产商品化及加工工业的布局和发展都产生良性促进作用。增长极的规模与扩散效应间存在密切的正相关关系。

（2）增长极外部规模不经济和产业结构是一个不断更替演化的过程，这个过程并不是跳跃的，而是渐进发展的，因此生产中会出现向产业层次和技术层次相对较低的企业的"外溢"作用。

（3）政府通过政策措施促进区域经济的均衡布局而强化扩散效应。

增长极理论的缺点在于它过于追求产业空间上的集聚和产业间的关联效应，对于增长空间的演化机制则没有进行深入考量和研究。增长极理论为欠发达地区的增长极确定、加快城市发展都提供了一定的理论基础。在发展农村中心集镇时可以通过经济、行政等举措建立增长极，借助极化效应快速发展增长极，使之成长为产业、贸易中心，然后通过扩散效应推动周围落后地区的经济发展。

点轴开发理论是在增长极理论上进行的延伸拓展，主要重视"点"（中心城镇或经济发展条件较好的区域）增长极作用的同时，还强调"点"与"点"之间的"轴",即交通干线的作用。该理论认为随着重要交通干线的建立,人流和物流总量迅速增加,生产和运输成本降低,形成了有利的区位条件和投资环境。交通运输条件优化是降低产品成本、提高企业竞争力的关键,因此将增长极建立在发达的交通枢纽上,是推进区域经济不断提高的必然选择。

(三)核心—边缘理论

核心—边缘理论是用以阐述城镇经济空间结构演变模式的一种理论,这是区域空间结构理论发展演化过程中的不平衡发展理论向平衡发展理论过渡的一个比较漫长阶段。核心—边缘理论的一整套体系是由弗里德曼的理论(1966)提出的,并在学术界获得了较大的关注的理论。该理论主要提出了核心区域(一般是指工业发达、资本集中、人口稠密、技术水平高和区域经济增长快的城市和城市集聚地区)和边缘区域(包括乡村、落后地区和一些资源相对较为匮乏区域)之间的关系,较为系统地论证了核心区与边缘区是一种依赖的关系,这两者有机地组成了一个完整的空间系统,促进区域经济的发展。这一理论也称为发展中国家分析空间经济的主要工具之一。此外,弗里德曼的理论充分利用熊彼特的创新思想建立了空间极化理论,其研究指出地区发展实质上可以被视为由最为基本的创新群最后汇聚成大规模创新系统而连续积累的过程,从而持续形成大城市系统。城市系统通常具备实施创新活动的资金、人才以及相关设施等条件,有利于创新成果的生成。据此认为,城市的核心区是具有较高创新变革能力的社会活动集聚区,在整个经济社会发展中处于支配地位,而对应的外围区一般依赖核心区的发展而发展,与核心区一起组成一个相互联系、较为完整的空间系统。核心—边缘理论对于我国区域发展问题的研究开展具有较高的实践意义。因此,相关学者根据自己的研究需要将其应用到经济社会发展的各个方面,极大地丰富了该理论在中国经济发展中的应用实践与理论探索。

二、城镇发展理论

(一)城乡二元结构理论

城乡二元结构是发展中国家向现代社会过渡过程中由于城乡差别引起的独有特征。美国经济学家阿瑟·刘易斯在荷兰经济学家伯克的研究基础上发展了二元经济结构理论,并构建了相关模型。模型内容包括:①城镇化与工业化统一,工业部门与城市统一;②传统经济中出现的城市经济代表经济发展的起点;③资本与新思想集中发展城镇工业部门,不断扩张城市工业;④城镇发展来源于资本快速积累和城市工业利润;⑤城镇工业部门扩大提供更多新增就业机会,就业人口的比例取决于工资水平,就业是伴随资本形成而不断扩大的;⑥城镇发展促进农业工业化规模化和产业化,保证工业与农业发展中技术、资本、制度等趋同发展。

1968年哈里斯和托达罗通过对发展中国家城乡失业情况进行研究,提出了城乡人口流动模型。模型的主要内容包括:

(1)农村就业机会的增加不能从根本上解决城镇失业问题,劳动力迁移的主要动力不只是就业岗位的增加,而是收入水平的相对优势,城市平均收入增长比率仍处于优势地位,这仍旧吸引着大量农业劳动力的聚集,他们会受到工资水平的吸引而放弃农村就业机会,城镇失业情况反而会不断恶化。

(2)政府为了保障城市居民的生活水平一般会施行最低工资保障等政策,而农村地区保障措施的缺失仍旧会引起农业劳动力的流出,农业剩余劳动力向城市不断地流入会导致失业率增加。

(3)人们一般会根据所接受的教育对自己的收入进行不同的预期,一般来说农村地区劳动力受教育程度与工资预期间存在正相关关系,如果不分地区地强调增加高等教育,将很难实现工资的梯度变化,使失业问题加剧。

(4)扩大农村就业机会,缩小城乡就业方面的不平等,工资预期、失业期限的预期、迁移成本都在很大程度上影响劳动力的迁移。单纯依靠工业扩张解决发展中国家的失业问题是不合理的,应大力发展农村经济。

解决城镇失业问题仅仅通过提高就业率是不够的,如果出现这种情况,当城市平均收入增长率逐步提升,超过一定范围,并且远远高出农村地区收入增长率时,那么农村劳动力依然会大幅度地流向城市,当供给大于需求时将导致失业率依然大幅度提升。

如果对政府的政策进行改善,对工资水平进行政策引导,通过限制城镇最低工资保障以增加补助,那么这对农村劳动力会有很大的吸引力,其结果将导致农村劳动力大幅度流向城市,失业率依然大幅度提升。

改善教育的投资结构,当政府加大力度引领教育投资,通过扩大教育基础设施来不断提高农村教育层次,那么当教育程度逐步提升高时,农村劳动力能对工资有更高的预期。如果对我国任何地区实施同等的教育水平而不设置差异的话,那么结果依然会导致就业率的下降和失业率的上升,因此政府要重视教育问题。

对于农村的发展建设而言,对工资水平的预期是决定因素,而对于劳动力转移而言，迁移成本也是一个极为重要的因素。当农村劳动者向大城市转移时，需要对很多因素进行综合考量，这包括收入差距、消费水平、晋升前景以及是否可以适应城市的就业率。因此，要逐步改善发展中国家的失业问题，仅仅通过工业扩张的方式是不可取的，与此同时，农村经济也需要齐头并进的发展建设。托达罗也提出了一个观点，当城市创造更多的就业机会时，反而会导致失业问题的逐步上升。他提出仅仅发展城市经济，忽视小城镇的建设，并不能全部解决当今社会现存的经济问题，因此"城尾村头"的小城镇也是国家重点扶持建设的对象。

舒尔茨提出，"农民在处理成本、收益和风险时是精于计算的经济主体"，他也强调教育和人力资源开发的核心地位，在城乡二元结构改革中发挥了不可替代的影响力。

（二）社会主义新农村建设理论

社会主义新农村建设理论发展历史悠久，在早期的农村建设时就有学者对它进行了模式探讨，这也为之后学者的进一步研究奠定了基础。20世纪50年代社会主义新农村建设得到了进一步发展，得到了很多学者的共识。改革开放以后，其同样也被几个中央1号文件重点探讨。它的形成源于历史的变化，学者和政府对农村发展都进行了深入探索。2005年10月，中国共产党十六届五中全会正式提出建设社会主义新农村的历史任务，并规定了新农村建设的任务目标。这是农村建设理论的又一大飞跃，引起了学术界广泛的关注。我国的基本国情是人均资源少，虽然我国国土面积广袤，位居世界第三，但是我国的人均资源在世界的排名中严重靠后，再加上由于落后的农业化与工业化，农村的土地面积多却被荒芜了，几乎没有发挥出作用，导致农民越来越不愿意留在农村，在人烟稀少的落后地区越来越多的人外出务农，城乡差距逐渐扩大，学者们在收集大量资料、实地调研了大量的落后地方后，对我国新农村建设规划提出了不同的观点。现今，有几种比较主流的观点：①林毅夫教授提出，加大投资力度，进而能够对劳动密集型产业起到促进作用，进一步提高农民收入，刺激就业率上升，推动需求上涨，缓解过剩劳动力。②温铁军教授提出"农民合作"这一理论，他认为团结农民，对市场的建设具有很大的成效，在长期的发展进程中，农村人口占比十分巨大，对工业创新能力的提高帮助不大。③郑立新教授则认为，借鉴韩国"新村运动"的历史发展，强调村庄建设，有助于推进农村公共设施发展。④陈锡文教授提出，首先要确保农民的物质经济需求，基于政治上的权利。

虽然理论各种各样，但他们都能够对这些观点有一致的看法：第一，提高农民收入，推进现代农业发展进程，促进农村经济结构转型升级。第二，提高对农村的财政支付，重点建设基础设施。第三，增加农村公共产品的供给力。第四，加大工业和对农村的引领力量。从发达国家吸取经验与创新技术，提高科技创新能力，以新兴产业为发展重点，推动工农业结合。将以工促农的理念充分渗透，强化工业和城市的引领作用，密切联系城市与农村发展，推动城市化进程建设，提高城市人才逐步向农村转移的比例。

第四章　农村中心集镇综合交通运输的发展

第一节　农村中心集镇综合交通运输的发展

一、综合交通运输的发展

近年来，随着城市规划理念的进步和建筑技术的提高，为了优化城市交通设施的服务质量，满足更多旅客的出行需求，在经济发达的国家，以城市综合交通为主导，集商业、办公、酒店和居住等多功能于一体的"城市交通综合体"成为城市交通建设的热点之一。这种融合城市综合交通与商业服务等多种城市功能的综合发展模式，使市民日常的出行、购物、工作、休闲等各种城市活动可以在同一建筑体或建筑群中得以实现，满足了出行者和消费者的多样化需求，提高了居民的生活质量。分析国内外多个城市交通综合体的实际案例我们发现，城市铁路客站是城市交通综合体最常见的功能载体，究其原因，一方面是城市铁路客站的客源优势：火车站是城市对内、对外交通的结合部，往往汇集了大量交通流、信息流、货流和客流，具有形成城市商业中心的潜力；另一方面是城市铁路客站的空间优势：城市火车站往往具有一定的用地规模，存在大量可开发、再利用的空间，具备发展城市交通综合体的潜力。其中，德国柏林中央火车站、日本大阪车站、日本京都火车站都是这类开发模式的典型代表。以城市铁路客运站发展起来的城市交通综合体在交通功能上，通过整合对内、对外多种交通方式，形成综合便捷的交通体系；在城市功能上，具备购物、办公、休闲、娱乐等多种功能，形成一个功能多样的"微缩城市"；在土地利用上，通过地上、地面、地下空间的整体利用，提高土地的利用效率。

二、我国城市交通综合体的差距

近年来，我国城市现代化不断提升，铁路建设不断推进，在交通功能方面，形成了综合立体的交通体系，实现了铁路和各种交通工具的高效整合，使出行的旅客不必出站便可实现各种交通工具间的"零换乘"，如我国近几年完成建设并运行的成都东站、北京南站、郑州东站等，这些车站普遍集城市高速铁路、普通铁路、地铁、城市公交、长途汽车、出租车等多种交通方式于一体，大大提高了旅客的出行效率，是我国目前在城市铁路客站建设进程中的典型代表。但是，与发达国家的城市交通综合体相比，我国的铁路客站建设还存在着明显的差距：在功能结构上，以交通功能为主，少量商业设施为辅；在服务质量上，只能享受车站的交通服务，对旅客出行的需求考虑较少，为旅客提供的服务质量较低；在土地利用率上，我国常见的铁路客站以站房为主体建筑，一般不超过三层，土地开发密度和容积率低，造成铁路资产的闲置和浪费。结合国内外的建设经验可将其原因归纳为两个方面，一方面是我国铁路客站的建设在功能的认知上没有突破交通功能的局限，另一方面是铁路用地的开发没有完全实现以市场需求为导向。

第二节 集镇交通发展特征

小城镇的交通与其发展历史有着密切的关系。一般小城镇城区的布局会因其地理位置的不同而具备不同的特点，例如一些城镇是沿河而居两岸小镇发展起来，连接两岸的桥梁就是城区的主要交通干道。但我国大部分小城镇都会有过境公路从城区穿过，这受到了早年城镇发展政策的影响。在经济尚未发展阶段，受"要致富，先修路"思想的影响，交通对于城镇的发展至关重要，交通的通达程度、便利性在一定程度上决定了城镇的发展水平，过境公路的建成便能有效带动沿线的经济，城镇的发展也就围绕着过境公路呈带状发展。但是，随着经济和社会的发展，城镇区域规模不断扩大，道路两侧城区的交通往来更为频繁，导致过境公路同时还要承担城镇内部交通,交通压力增大,通行效率降低。

另外,小城镇一般都是由小的镇区、集镇发展起来的,发展之初并没有进行科学的规划,这导致镇区土地利用方式混合,居住区和商业区交错混杂,道路狭窄,但这些老城区却是城镇的中心区域,商业、文化、娱乐等都集中在这里,车流量、人流量大,因此交通拥堵多发生在老城区的交通要道;新城区的发展则是围绕老城区不断向外扩张,新城区的道路虽然宽阔,但是处于城区外围,并不能有效缓解城区的交通拥堵问题。

一、城镇客运交通的特点

1. 从出行目的来看

出行目的一般分为生存性出行(上班、上学、公务、回家或者回程等)和非生存性出行(探亲访友、文化娱乐、购物等)。通过对小城镇居民出行调查分析后发现,生存性出行(上班、上学、公务、回家或者回程等)一般占到出行总量的87%,而非生存性出行或者说弹性出行的比例则比较小,一般只占到13%。居民出行方式的选择与出行目的以及出行距离的远近有关,在基于出行目的的出行方式的选择调查中发现,生存性出行的出行方式比较固定,而非生存性出行的出行方式的选择则更为灵活。

2. 从人均出行次数来看

人均出行次数是居民出行能力和出行需求的直接反映,最明确地反映了居民的出行强度,它与城市的人口、经济、社会的结构和发展水平、城市的规模等密切相关。通常情况下居民人均出行次数受城市规模的影响最为突出,两者之间成反比关系,一般大城市的居民人均出行次数为1.64~3.0,而中小城镇的居民人均出行次数为2.45~3.5,高于城市居民人均出行次数,其中城镇居民的午间出行次数明显高于大城市。城镇居民人均出行次数大于大城市的原因是相较于大城市,小城镇的城区面积小得多,出行距离短,出行所耗费的时间也更少,出行也更容易产生。

3. 从出行方式来看

作为城乡之间地区过渡的城镇,一般用地规模小,土地利用混合率较高,城区面积较小,居民出行距离较短,因此出行方式主要以摩托车、自行车、步行为主,其中摩托车、自行车的出行比例为30%~40%,步行的出行比例最高,占一半以上,公交车的出行比例是最低的,不到10%。镇与镇之间的出行主要依靠

第四章 农村中心集镇综合交通运输的发展

城镇公交和摩托车来实现。人们在选择出行方式的时候通常会考虑便捷性、经济性、快速性、安全性、舒适性等因素,不同的出行方式可以满足人们不同的需求(见表4-1)。

表4-1 不同城镇出行方式对比

出行方式	特点	出行距离
步行	最常用的出行方式。优点:路线自由,较少受其他交通方式的干扰,独立性好,出行成本低,主要适用于短距离出行;缺点:消耗体力,受天气状况影响	1千米以内(或15分钟以内)
自行车	出行比例有所降低,但仍是重要的出行方式。优点:体积小、机动灵活,价格低廉,无污染,出行距离比步行要长;缺点:受到地形、天气、体力的限制	距离变化幅度较大,从1千米到10千米,通常都在3~4千米范围内
摩托车	增长迅速,已成为主要出行方式。优点:既能像自行车一样机动灵活,又舒适、省力;还具备不亚于小汽车的动力性能,价格适中;缺点:安全系数低,环保性能差,较难控制,适用人群范围较小	适用于中长距离出行
小汽车	私人小汽车的保有量迅速增加,且在未来一段时间仍保持上升趋势。优点:舒适性能好,动力性能高,适用人群广,受限制条件较少;缺点:价格较高	适用于中长距离出行
公交车	城镇中的公共交通通常为远距离出行,主要服务于县域、镇域以及城乡之间,城镇内部的公共交通出行比例较低。优点:出行费用较低,安全性和舒适性能好;缺点:机动灵活性较差,难以实现门到门的服务,需要同步行、自行车等其他出行方式相结合	适合城镇的中长距离运输

二、城镇货运交通

货运交通出行受城镇货物的供需情况、城镇内部的货源方位、货场大小等因素影响。与城镇客运交通相比,城镇货运交通的出行比例较小,但却更为复杂。

(一)城镇货运交通的组成

城市货运交通的组成部分主要包括:

1. 货运交通参与者

货运交通的功能主要是运输货物,因此其参与者不但包括货运交通活动的直

· 81 ·

接参与人群和间接参与人群（如交通管理者、参与货车路径安排的相关人员、承运人、货主等），还包含所运输的货物，包括农林牧副渔等上万种物品。

2. 货运交通设施

城镇的货运交通设施包括货运道路、货运停车场、货物装卸设施、货物流通中心等。货运道路即城市道路，是完成货物运输的重要通道，对于维持城镇货运的正常运转有着至关重要的作用，同时也决定着城镇物流的规模和发展方向，不同功能的道路承担着不同的交通流量，货物交通的主要载体包括货运干道、进出城镇的交通主干道、次干道；货运停车场指的是停放、维修、保养货运车辆的场所，可以集中分散停放货车，改善城市的交通环境；货物装卸设施服务于货车的临时停放和货物集配期间的装卸作业，包括货物集散点周边的装卸点、专门的货车停放设施、路边停车以及路外停车等；城镇的货物流通中心不如城市的齐全、规模也较小，主要存在形式是货运站场。

3. 货运交通工具

城镇的货物交通工具基本上是货运车辆，包括拖挂车、重型货车、中型货车、小型货车、微小型货车等。虽然货运车辆的出行比例远低于客运车辆的出行比例，但是货车车辆控制性能较差、质量大、体积大、车速慢、加速度小、对环境影响大，对于城镇交通的影响不可小觑。

（二）城镇货运交通的分类

小城镇的货运交通主要包括过境货运和工矿企业的原材料、城镇居民日常生活用品、农副产品、交通枢纽点的货物转运两大类，城镇货运交通的出行具体主要分为三类：

1. 过境货运交通

过境货运交通与其所在城镇的地理位置和经济发展水平相关，通常过境货物的流量与城镇的经济发展水平成反比。一般小城镇内部的货运流量小于过境货运量，对于此类城镇，应在城镇外围设置相应过境货运交通服务网络，避免对城镇内部的日常交通和生活造成干扰。

2. 对外货运交通

城镇对外辐射的能力决定了其对外货运交通出行的情况，作为所在经济区域内具有承上启下功能的各级城镇，一方面联系着城镇中心及周边农村区域，另一方面与其他城镇、城市相联系。城镇的出入货运量与其在区域经济中的职能成正比。

3. 内部货运交通

内部货运交通是城镇内部的货流周转，通常运输的是日常生活、生产以及与基本建设有关的物资，并且主要以小型货车来完成运输。

（三）城镇货运交通的特点

1. 对外货运交通占大比重

小城镇的货运交通组成里，过境货运交通和对外货运交通是主要部分，通常占90%，小城镇内部货运交通仅占10%。但在未来小城镇的内部货运交通量将会随着城镇社会、经济以及产业的发展而增加。

2. 大量的客、货运交通混行

客车、货车的行驶性能存在较大差别，相互混行不但影响相互的运行效率和交通秩序，也存在安全隐患。

3. 小货车出行比例高

从小城镇内的车型构成比例上看，小型货车的出行比例高于大、中型货车，出行比例仅次于小客车。小型货车更能满足城镇内部少量、多批次的运输需求。在未来，随着城镇化的不断推进，城镇人口的聚集和城镇规模的增加，城镇贸易往来将更加频繁，城镇货运的周转量将会增加，对于城镇的交通将会产生更大的压力。

第三节　城市交通综合体功能研究

一、城市交通综合体功能

国外关于城市交通综合体综合功能的开发以日本最具代表性，便利的交通、众多的人流、商业的延伸，使商业、金融、旅游、办公、文娱以及居住等纷纷进驻车站，而且面积远远超过了车站的交通功能部分，是日本的铁路客站最为突出的特征，如日本的京都车站、名古屋车站、大阪站和小仓站等，这些车站具有高度的综合性，从交通到日常服务再到商业办公，涉及人们生活的方方面面；《站城一体开发——新一代公共交通指向型城市建设》中介绍了何为以轨道交通为基础发展的"站城一体开发"，并将站城一体开发分为两种类型的开发模式，即以枢纽站为中心的高度复合、集聚型开发和轨道交通建设和同步沿线型开发，通过多个实际案例对其功能结构和布局进行了介绍。最后书中针对推进"站城一体开发"的运营方法展开,对日本的相关制度进行了梳理,并对中国等国家导入此种开发模式提出见解。

在欧洲国家,柏林中央火车站是欧洲城市交通综合体的典型代表,主要包括交通、办公、商业以及公共空间等功能,其给人的第一感觉仿佛是一个庞大的玻璃宫殿,尤其是晚上的时候,整个建筑体流光溢彩,灯火通明,因此被誉为世界上最漂亮的火车站。国内关于城市交通综合体功能相关的研究成果主要集中在期刊、论文等学术资料中,研究内容主要包括空间组织、交通组织、功能组织、剖面及耦合组织、一体化组织、整体设计等方面(见表4-2)。

表4-2 国内关于城市交通综合体功能研究一览表

研究对象		作者	研究内容或解决方案
空间组织	入口空间	胡映东(2014)	入口空间所承担的人流来源及去向各不相同,建筑体不同位置的入口空间所承担的功能角色也有所差异
	公共空间	杜延青(2013)	遵循整体控制、动态适应的原则,整合整体空间,促进铁路综合体功能协同实现
	立体空间	李斌(2005)	采用SID开发模式,统筹考虑下层空间与上层空间的公共商业项目安排及垂直交通组织,使人流从物业下层空间便能在内部纵深做垂直方向的输送
	外部交通空间	马海杰(2013)	外部廊道性交通空间、外部疏散性交通空间、外部特色化的交通空间、外部交通空间舒适性
		沈中伟(2009)	适应性空间及衍生的新功能空间,在快速换乘的情况下实现不同功能空间的高度复合
	复合空间	杨陈润(2012)	对城市交通综合体空间结构绩效进行研究,分析交通综合体的属性、空间结构以及空间结构绩效
		钱才云(2010)	将城市、交通、建筑等诸多功能的空间进行叠化组织,实现复合型城市公共空间立体化发展
		李继春(2011)	以人性化、衔接性、经济性为原则,建设高度人性、舒适、便捷的公共复合空间
	地下空间	刘曼曼(2013)	对城市综合交通枢纽地下空间功能布局模式进行研究
		束显等(2009)	受"功能、结构、形态"三大影响因素,不同类型的城市铁路综合体应根据各自区位特征进行规划设计

续表

研究对象	作者	研究内容或解决方案
交通组织	黄敏恩（2014）	"交通枢纽、顶尖功能、景观地标"，视城市铁路综合体为一座精细化的立体微缩城市，将城市立交桥和人行天桥室内化，快速疏导人流
	王晓丹（2013）	对城市综合体交通与城市交通的整合设计进行研究，分析其公共交通、私人交通、步行交通与其他交通
	王雷（2013）	高铁综合体与城市交通、非交通等复合功能的一体化设计
	陈学民（2012）	综合体内交通与城市交通换乘一体化，实现"零换乘"
	李胜全（2011）	对城市交通综合体的发展模式进行研究，分析其范围界定、功能结构和交通组织
布局组织	郭凯（2012）	对城市高铁站核心区域的功能布局进行研究，主要分析高铁站周边地区开发成功的必要条件、功能构成、空间利用方式与土地开发强度等
	管悦（2011）	对轨道交通枢纽综合体的建筑设计进行研究，对其功能组织和空间布局的特点进行理论分析
	朱胜跃（2011）	对传统的综合客运枢纽从功能布局与交通组织的角度进行探讨

二、城市交通综合体与城市的区位关系

分析国内外城市交通综合体的演变，从其与城市中心的关系上可以看出，城市交通综合体可划分为位于城市中心、位于城市边缘和位于特定区域（如机场、港口）三种区位不同的铁路客站（见图4-1），由于周边城市发展和建设的水平不同，因此对发展城市交通综合体的功能类型和规模有不同影响。

（一）位于城市中心

位于城市中心的铁路客站往往发展较早，经历了城市单中心发展阶段，那个时期所建设的铁路客站现多已发展成为城市的中心城区，周边用地开发较为充分，各种业态发展较为成熟，如北京站、成都北站、郑州站等。这类车站向城市交通综合体的转变主要依靠在原基础上改建或原地重建，如日本京都车站、法国

里尔车站等。由于受用地和地理位置的限制，中心区的铁路客站在与其他交通工具和城市功能的结合上，呈现出独有的特征。

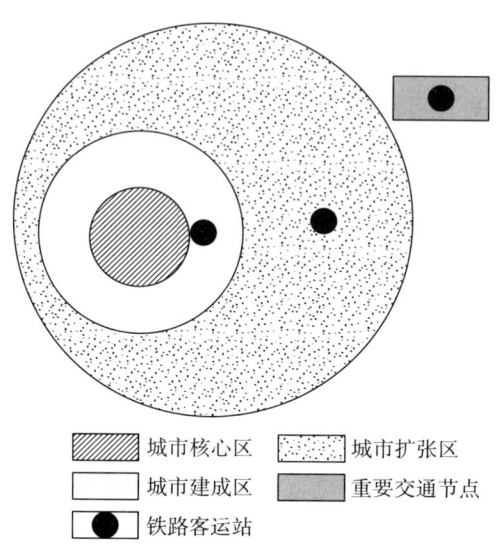

图4-1　城市铁路客运站与城市区位关系

1. 综合交通受到一定限制

由于用地限制，其周围往往已经形成了固定的交通路网，不易与对外交通，如长途汽车站、新建的市郊铁路等衔接。但是，这类客站与市内交通，如地铁、公交、出租等交通设施可以便利地相结合。

2. 功能整合具有独特优势

由于位于城市中心，周边土地利用成熟，人群稳定性强，在与城市功能的复合上具备了有利的条件，办公、商业、休闲娱乐、酒店、居住等都具备较高的可实现性，为城市铁路客站向城市交通综合体的转变创造了更高的可能。

（二）位于城市边缘

位于城市边缘的铁路客站往往是在城市多中心发展时期，通过利用铁路客站带动所在区域新的经济增长极而发展起来的，这类客站往往是近几年为了适应城市发展需要而进行新建的铁路客站，如北京南站、成都东站、石家庄新火车站等。这类车站往往受其地理位置和城市发展空间的影响，呈现出不同于城市中心型交通综合体的特点。

1. 利于组织综合的交通枢纽

由于远离城市中心,周边土地开发水平和路网建设程度低或尚未开发,用地条件受到的限制较少,有利于建设集多种交通方式于一体的综合交通枢纽。

2. 具有特定的城市职能

由于位于城市边缘,这类城市交通综合体往往被赋予了拓展城市新空间、带动区域经济发展的职能,其内部的综合功能不仅服务于交通站点内部的流动人员,更多的是服务于依托枢纽站建设起来的商务平台和城市新社区,对成功周转交通人流,满足新城区潜在的消费需求都有着重要的作用,其中德国柏林的中央车站就是这类城市交通综合体的典型代表。但是,这类城市交通综合体在开发的初期,往往会因周边城市发展水平的限制,而难以形成丰富的城市环境和日常型的城市活动。应该结合城市发展的战略,充分发挥功能复合的集聚效应,带动人流、物流、信息流、资金流的注入,率先发展核心区,进而触动周边区域向城市区域中心发展。

(三) 位于特定区位

特定区位的铁路客站主要是指接驳于其他城市重要交通节点并与之相结合设置的铁路客站,这类客站由于是近几年开发的类型,主要以高速铁路、机场和港口为主,其中以机场较为常见,如里昂—圣埃克苏佩里机场火车站、上海虹桥综合交通枢纽等。

由这类铁路客站发展起来的城市交通综合体,其高端性往往较为明显,在功能、空间上的融合也与之相适应。在综合功能方面常常与酒店、会议、会展、高档写字楼为主的商务性功能、高档商业等高端消费类功能相结合,如迪拜机场的免税店。

三、综合交通运输功能表现

(一) 道路网布局承担着城镇生长轴线的功能

一般来说,小城镇用地空间形态的发展主要有圈层生长和轴向生长两种生长模式,两者一般相互结合,共同作用。圈层生长通过中心生长点向外辐射产生生长动力,不断地以圈层扩展的形式推动小城镇向外扩展,是一种中心辐射式的封闭生长模式,这也就是中心地理论的中心地。但是,中心生长点向外的辐射生长动力会存在衰减,离中心生长点越远动力就衰减得越大,所以中心生长点存在一个辐射范围,从而限制了圈层的生长,如果想要继续向外发展,则必须寻找或建立一个新的中心生长点。轴向生长通过其向外伸展的生长轴线获取生长动力，由外在的生长点通过轴线对小城镇产生吸引力，促使小城镇沿轴线向外扩展延伸，是一种轴线吸引式的开放生长模式。这种生长模式往往有多个外在的生长点，所以也就会有多个生长轴线，沿生长轴线演化为生长带，新的生长点不断产生，旧生长点的吸引力也会发生变化，从而引导小城镇向外扩展变化。由于圈层生长模式是一种相对封闭的生长模式，所以它无法提供源源不断的生长动力，必须借助外在生长点来提供向外扩展的外在动力，两者相互结合，共同作用，由单一的生长模式变为圈层轴线式的生长模式，共同促进小城镇的发展，而小城镇的用地空间形态也就呈现出沿轴线延伸—轴线间填充—再次沿轴线延伸—轴线间再次填充的周期性变化。在这种生长模式下，生长轴线也就在小城镇用地空间形态的变化中发挥着至关重要的作用。生长轴线需要具备两个特点：一是对外开放性，二是外在联系性，也就是说，生长轴线必须能够向外延伸又能连接外在生长点。综观小城镇的组成要素中，只有道路最符合生长轴线的功能要求。道路网系统可以向外无限延伸，提供物质交流的通道，又能连接外在生长点，对小城镇产生外在的发展吸引力。

（二）道路网布局引导用地空间布局

从小城镇内部用地的空间布局来看，道路网布局通过交通可达性这一地块属性对地块价值产生影响，从而引导不同类型的用地布局。例如，工业仓储用地多布置在对外交通方便的地方，周边多为交通性道路，而居住用地多布置在内部生活性道路周边，商业服务业用地则多结合居住用地进行布置。虽然交通可达性对地块的价值产生了很大的影响，但是不能一味提高地块的交通可达性，哄抬地价。如果道路网密度太大，地块就会被分隔成很多小块，道路间距过小，道路交叉口数量过多，一方面会对土地的利用开发产生影响，另一方面则会极大地降低道路的通行能力，造成道路网资源的浪费。但是也不能规划过小的道路网密度，那样就会造成土地价值的下降，减少土地开发使用效益，而且道路交叉口过少，道路网的连通性就会极大地降低，对居民出行造成不便。所以说，一个合理的道路网布局会直接关系到小城镇用地空间的布局，对土地开发使用造成影响。

第四节 中部地区综合交通运输特征

一、城市交通综合体的特征

分析国内外多个城市交通综合体实际案例表明，城市交通综合体在功能上、空间上和用地上具有以下特征。

(一) 功能多样性

城市交通综合体的功能多样性主要表现在交通功能的多样和城市活动功能的多样两个方面。交通功能的多样，主要通过整合城市铁路、轨道、公交、出租车、长途汽车、小汽车6种交通工具，充分协调城市对内和对外交通，通过合理的空间组织和流线疏导，实现快速集散的作用；城市日常活动功能多样性主要通过将城市商业、办公、居住、酒店、广场等不同的城市功能引入综合体内部，使之形成多样化的城市整体，为各种城市活动的开展提供场地和设施环境，将交通综合体"城中之城"的优势发挥得淋漓尽致（见图4-2）。

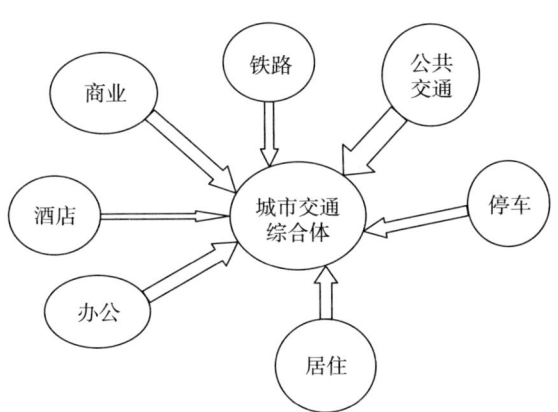

图4-2 城市交通综合体功能多样性示意图

(二) 空间复合性

城市交通综合体不仅是城市功能的多样融合，更是城市空间的高度复合。一一般而言，城市交通综合体内包含了城市交通、换乘、商业、居住、办公、公共开放等多种空间体系，通过三维立体的空间组织，构成一个完整体，在城市空间结构中扮演着区域中心的角色。如日本京都车站，车站内部不仅具有基础的交通设施空间，另外还具备满足旅客多样生活的文化、商业、餐饮、购物、生态、居住等多种生活空间，旅客在不同的空间场所，可以感受到不同的城市氛围和生活气息，刷新了车站在城市生活中的传统职能和人们的传统认知。

（三）用地集约性

"多样性是城市的天性"，城市交通综合体通过对城市功能、空间的一体化整合，实现了传统的二维空间向立体空间利用的转化，在减少城市建筑密度、提高绿地率的基础上，提高了土地的容积率，使其利用率大大提高，充分展现了城市用地的集约性。多种功能复合后的城市交通综合体对用地规模和开发强度提出更高的要求，城市交通综合体通过同内部交通设施和城市功能的有效整合，提高综合体地区以及周边用地区域的土地价值和城市人口密度，并且透过综合体本身产生的触媒作用对周边区域产生经济效益，带动城市用地的集约利用，起到整合城市资源、提高土地利用效率的作用。

表4-3 国外典型交通综合体与我国交通综合体用地容积率对比

类型	名称	占地面积（万平方米）	总建筑面积（万平方米）	容积率
国外典型交通综合体	日本京都站	3.8	23.8	6.24
	德国柏林火车站	10	17.5	1.75
我国交通综合体	成都东客运站	87	22	0.25
	北京南站	49.92	22	0.44
	上海虹桥枢纽	>130	24	0.18
中国香港九龙交通综合体		13.5	170	12.6

二、区域综合交通网合理性特征

区域综合交通网的合理性是指综合交通基础设施网络子系统在发展的过程中，能够与系统性需求相互协调一致并使整个系统动态地保持整体优化，与周围环境保持协调和谐的关系。为了能够更加形象地理解其合理性特征，可从经济结构、运输结构和运距结构三个方面去理解：

（1）经济结构优化：综合交通网与社会经济发展水平相适应，促使经济产业结构持续优化，并适当引领经济发展。

（2）运输结构合理：综合交通网与产生的运输需求相适应，并在保持一定的运输服务水平上实现资源合理利用。

（3）运距结构合理：综合交通网宏观上处于一种协调、高效运转的状态，各种运输方式各司其职，充分发挥各自的经济技术特性，发展多式联运，基本符合"宜公则公、宜铁则铁、宜水则水、宜空则空"的要求。

在规划决策的过程中，特别是运输通道交通方式的选择是非常困难的问题，需要全面考虑各种影响因素综合决策，以达到系统功能合理分工，协调统一。

第五节 我国城市交通综合体建设面临新机遇

近年来，我国铁路用地的综合开发已经积累了一定的经验，如北京南站、郑州东站、成都东站的建设，成功实现了城市对外交通和对内交通的一体化整合，提高了旅客的出行效率，并取得了较好的经济收益。然而，铁路用地仍然具有巨大的综合利用潜力，可进行综合开发的铁路用地资源体量仍然很庞大。对此，我国城市交通综合体迎来了新的发展机遇：

1. 在公共交通发展中

2012年12月29日，国家为实施城市公共交通优先发展战略，发布了《关于城市优先发展公共交通的指导意见》（国发〔2012〕64号），指出鼓励公共交通用地综合开发，对新建公共交通设施用地的地上、地下空间，按照市场化原则实施土地综合开发。

2. 在铁路投融资改革中

2013年7月24日，国务院召开常务会议，要求按照统筹规划、多元投资、市场运作、政策配套的基本思路，推进铁路投融资体制改革，加大力度盘活铁路用地资源，搞好综合开发利用，以开发收益支持铁路发展。2013年8月9日，国务院发布《关于改革铁路投融资机制加快推进铁路建设的意见》（国发〔2013〕33号），要求强化企业经营管理，努力提高资产收益水平，加大力度盘活铁路用地资源，支持铁路车站及线路用地综合开发。

3. 在铁路用地综合开发中

2014年8月11日国务院办公厅印发《关于支持铁路建设实施土地综合开发的意见》（国办发〔2014〕37号）（以下简称《意见》），明确了铁路用地综合开发的原则，对既有铁路用地和新建场站用地的综合开发分别提供了政策支持。2014年9月国家土地资源部发布并开始实行《节约集约利用土地规定》，提出节约集约利用土地的手段和目的。2015年8月30日，四川省人民政府办公厅发布《关于支持铁路建设土地综合开发的实施意见》（川办发〔2015〕79号）对支持铁路建设的土地综合开发提出实施意见。综上所述，国内外城市交通综合体迅速发展。我国目前城市交通综合体在建设中存在诸多不足，且城市交通综合体的建设迎来了新的发展机遇，因此本书研究具有重要的现实意义。

第五章　交通运输体系改善促进中部农村中心集镇发展

第一节　交通运输体系改善对中部农村中心集镇的影响机制

交通运输体系对社会发展有深刻的意义，是经济建设成长的推动力和保障。国家"十三五"规划中也重点强调了交通运输对农村发展的重要意义，并提出了"继续加强县乡公路建设，逐步推进区域联网，推进交通设施发展"的重要任务。虽然由于历史阶段的差异，发展层次的区别，交通运输体系的集聚和吸附效应也会随着地区变化而具有各自的差异，但从长远来看，它确实是保障社会经济向更高阶段发展的先决力量。

一、交通运输体系建设对农村中心集镇作用机理

交通基础设施具有网络连通性，一个完善的交通基础设施网络体系可以大大降低该地区的运输成本，加速各类生产资源从经济相对落后的农村地区向经济相对发达的城市地区转移，同时也会加速人员的流动，农村人口借助方便完善的交通运输体系向城市进行转移，以寻求更好的生活环境和发展机会，这也就对一个地区的城镇化起到了一定的促进作用。前文提到，城镇化的进程表现在多个方面，本书根据研究的实际需求，从经济增长和产业结构升级这两个方面来叙述交通基础设施对城镇化进程的作用机理。

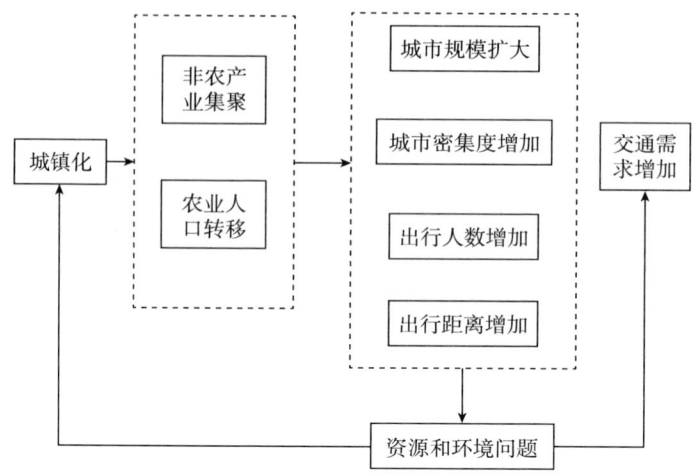

图 5-1 城镇化与交通的相互作用

在众多的理论研究中,许多学者都认为一个地区的城镇化发展水平与经济增长有必然的联系。孙晓华和孙丽萍(2014)认为,地区的经济增长可以通过收入效应、结构效应以及规模效应提高该地区的城镇化发展水平。而前文列举的文献也显示,大部分研究中交通基础设施对区域经济增长的影响都是正向且显著的,因此交通基础设施建设必然会推动地区的城镇化发展水平。作为城市基础设施建设的重要一环,交通基础设施建设可以直接带动城市经济的发展,这一观点已经得到了众多学者的认同。总的来说,对于地区的经济增长而言,交通基础设施对其的作用主要可通过降低生产成本和鼓励投资这两个方面来体现(蒋冠,2014)。

第一个因素就是降低生产成本,发达的交通基础设施可以有效缩短地区间的通达时间,使运输成本降低,从而降低各种原材料的获取价格,这对工业生产来说有着十分重要的意义。霍森(1990)研究发现,相比于交通基础设施相对较差的城镇,交通基础设施完善的城镇工业总产出要多30%~40%,其主要原因便在于良好的交通使其可以以更加优惠的价格获得原材料。同时,交通基础设施的完备可以使地区间劳动力的转移变得更加便利,交通基础设施完善的地区可以因此获得更多的劳动力资源,从而大大降低了劳动力成本,这也对地区的经济增长有着十分重要的作用。此外,比思哈克(1987)发现,对于发展中国家来说,大部分产品尤其是一些低附加值的产品,在其最终产品的价格当中,运输成本所占的比例很高,有15%~30%,发达的交通基础设施可以提高产品运输的频率以及可靠性，从而降低运输成本，增加厂商的收益。

第二个因素就是拉动地区的投资，交通基础设施的质量是衡量一个地区城市竞争力的一个重要因素。完善的交通基础设施可以完善城市的投资环境，企业也因此更倾向于在交通基础设施完善的地区兴办实业。在大多数地区发展的早期阶段，对于企业来说完善的交通基础设施比优惠的税收有更大的吸引力（克莱特利，1993）。此外，交通基础设施的建设还有利于地区吸引外资，哈里森（1999）早就证明交通基础设施对于FDI有着明显的促进作用，即一个地区良好的交通环境可以促使更多的外资进入，从而提高地区的经济发展水平。

从以上的分析中我们可以知道，交通基础设施对于地区的经济增长有着明显的促进作用，许多人都已经意识到一个良好的交通基础设施环境是一个地区经济高速发展的先决条件。同时，经济的不断增长使大量的生产要素从农村转移到了城市，因此城镇化也成为经济增长的必然结果。由于规模经济以及集聚经济的共同作用，大量人口以及经济要素开始向城市集中，所以经济增长会直接导致城镇化水平的提高（李清娟，2003）。所以，完善的交通基础设施通过刺激投资、消费以及出口进而带动地区的经济发展，而伴随经济的增长，也会吸引大量要素向城市聚集，也就使城镇中优质的生活资源越来越集中。加之我国大力推行的城镇化政策保障了农村居民向城镇的转移，从而进一步地推动城镇化进程。也就是说，一个地区的交通基础设施的建设，会在很大程度上影响该地区的城镇化进程。

此外，一个地区城镇化的发展最直接的体现就是农村人口向城镇迁移，并且以农业为基础的第一产业会逐渐向以工业和服务业为基础的第二、第三产业转变（孙晓华，2013）。而交通基础设施的发展可有效降低企业的运营成本，改善地区的投资环境，从而吸引更多的外资进入，并对科技的发展也起到了一定的正向作用，从而可以在很大程度上优化地区的产业结构。所以，地区产业结构的调整升级依靠完善的交通基础设施，而城镇化正是产业结构调整和升级的重要内容。

首先，对于第一产业来说，交通基础设施的发展最直接的表现就在于产业之间的人口转移。对于我国来说，大部分地区的农业劳动生产率水平偏低，大量的剩余劳动力都聚集于农村，而交通基础设施的发展可以有效地促进农村剩余劳动力的转移，提高劳动生产率，进而优化第一产业结构，提高社会整体的经济效益（张卫东，2015）。而随着农业劳动生产率的提高，会有大量的农村劳动力解放出来，涌入城镇，这也会成为城镇人口不断增加的重要源泉，从而进一步推动城镇化的进程。

其次，交通基础设施的发展也能对第二产业结构升级提供十分广阔的空间。交通基础设施的发展可以对地区经济产生规模效应和聚集效应。这也为第二产业尤其是工业带来了非常好的外部发展环境，能极大地促进城市的工业化发展。综上所述，健全的交通基础设施可以大大减少企业的生产成本，提升资本的回报率，从而促进竞争，提高经济的运行效率。同时，在良好的交通基础设施下，投资者会有一个很好的投资环境，此时会加大外资的进入，而资本流入的同时也会带来技术外溢和资本累积，提高企业的技术水平，改善企业的管理方式，促进产业结构的升级（亨德森，1999）。另外，工业化的不断发展又可极大地促进城镇化的进程，工业化的发展会有大量的劳动力需求，而这些劳动力也会因此大量涌入城镇当中，从而造成城镇规模的扩大。亨德森在1979年就指出，工业化的迅速发展必然会带来产业的集聚，从而形成了基本的城镇格局，也就是说，工业化是实现城镇化的重要的原始驱动。

最后，交通基础设施的迅猛发展也给城市的第三产业创造了很好的发展环境，这也为地区的城镇化进程提供了长期的动力。从整体上来看，我国的第三产业发展具备很大的潜力，第三产业的发展程度也成了衡量一个国家或地区整体发达程度的重要指标。整体来看，第三产业对于劳动力以及人才的需求是十分巨大的，这也加快了劳动力非农就业的进程，促进了城镇化发展。当一个地区的工业化水平较高时，工业对于城镇化的推动作用就会减弱，而第三产业就会成为拉动城镇化进程的新的动力（曾国平，2008）。以第三产业中的服务业为例，交通基础设施的发展会拉近各地区的实际通达距离，促进各个地区人口的流通，这也为诸如旅游业、住宿业、餐饮业等多个行业带来了巨大的推动作用。而这些行业的发展又会对城市的整体软硬件设施和人民的生活水平带来很大的提高，使城镇化的发展有了质的飞跃。总体来看，交通基础设施无论是在促进地区的经济增长，还是改善地区的产业结构方面，都可以对城镇化带来直接的良性作用。

二、交通运输体系建设与农村中心集镇经济发展的相互作用

交通运输体系建设是影响中部农村中心集镇经济发展的重要因素。它通过投资交通基础设施建设，对相关产业起到刺激作用，进一步由于乘数效应，推进周边地区共同建设；改善交通基础设施建设，能够形成良好的投资环境，增加区位优势，加快资源要素的流动；就微观角度而言，也能减少区域通勤时间，并缩减运输成本，进一步推动经济发展，提高就业比率（见图5-2）。

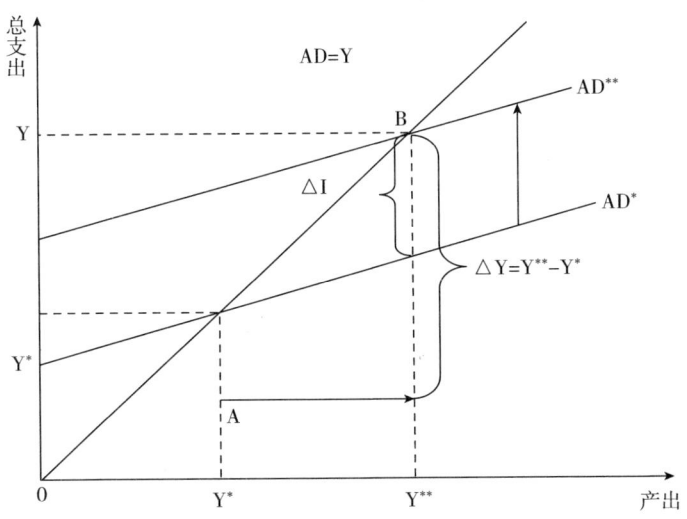

图 5-2 投资的乘数效应

（一）综合交通运输体系对经济发展的作用机制（见图5-3）

综合交通运输体系对经济影响重大，它是发展的动力和保障力量，主要表现在两方面。一是为流动的资源提供保障，综合交通运输体系的逐步转型促进了社会经济的发展。二是为商品实现创造了保障支撑。物质生产和交换的过程和运输息息相关，商品的生产过程中，许多原材料被消耗，由于资源禀赋进一步限制，使商品生产缺少了必备的资源，只能通过运输重新选购原材料。完成整个商品的生产过程，最后必须采取运输这种方式实现商品贸易环节。所以，商品创造的过程中，运输的效用无法代替。商品贸易的过程中，会产生很多不同的环节，而这些环节包括了交换、商品增值、商品流通等内容。在这种形式里，产生了不同的作用机制。从一个角度来看，表现在商品的价值产生了增值，促进经济总量提高；从另一个角度来看，商品交换也能够加快市场范围的延伸发展，对大批量商品的制造提供了有利的机遇。综合交通运输体系的产生对商品的贸易有着极大的促进作用，同时扩大了企业生产力，也完善了企业生产布局。现今规模性生产的不断扩展，原材料及劳动力流动对交通运输提出了迫切需求。但是，运输成本日益增长，运输方式种类不齐全，这些因素对企业扩大生产都造成了一定的阻碍。在这种恶劣的环境情况下，加上传统运输方式的低速度、低运量的特征，严重阻碍了资源流通，导致很多商品难以实现生产和交换的过程。而随着经济不断增长，综合交通运输体系规模化生产成为可能。

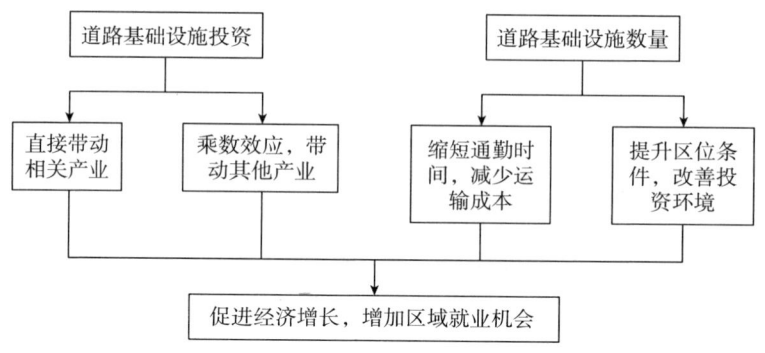

图 5-3 交通运输体系对经济发展影响机制

综合交通运输体系为利润最大化提供了有力的支撑。其采用生产效益最大化的机制进一步推进经济繁荣。它对生产效益的促进作用包含三个特点：

（1）运输对企业而言，占据生产的核心地位，其成本及效率影响企业规模扩大以及发展。综合交通运输体系运输方式是多种多样的，可以采用多种运输工具组合的方式来选择最佳线路的安排，这样对出行的旅客而言不仅增加了他们的舒适度，也能够节省更多的时间，使他们出行的方式也具有多样化的特点。通过科学技术提升的综合运输方式的组合，不仅降低了成本也提高了生产力。

（2）降低运输成本，同时可以减少企业的运营费用，能够加快资源要素的流通，提高了企业的生产力。

（3）它可以加快资源要素的互流互通，这种快速的贸易往来不仅刺激了消费，也增加了需求，进一步导致企业扩大生产规模，形成广泛的竞争局面，在这样的条件下，企业只能通过引进先进设备和管理制度，从生产力角度做出转变，进一步促进生产效率的提高。

经济系统和运输系统是一个不可分割的关联系统，两者相互作用并共同发展。合理科学的规划运输体系，有利于自然资源配置的同时促进可持续发展建设运转高效的经济系统需要更科学合理、有效的运输系统作为支撑，从而对运输系统创新发展提出了需求。不可再生资源的损耗是现在面临的难题，同时自然环境的进一步破坏加剧了问题的恶化程度。在运输过程中，运输工具产生的污染，以及资源的消耗，使废气、废水的排放给世界环保带来了难题。随着科学技术的发展，科学家研究了新的不同种类的可再生型能源，而且新型环保材料也在逐步开发,发明了新的动力系统,使环境污染问题逐步得到改善。运输是社会生产的重要的环节,与多种产业密切相关。综合交通运输体系不断进步提升,运输成本渐渐变低,使稀缺资源的配置效率逐步提升,创造出资源节约型社会。因此,优化综合交通运输体系结构,进一步提高交通运输效率,为经济可持续发展创造更好的条件。

(二) 经济发展对综合交通运输体系的机制

综合交通运输体系是经济发展的重要构成,它的演进同时也受到经济的制约,两者相互作用、协同发展(见图 5-4)。

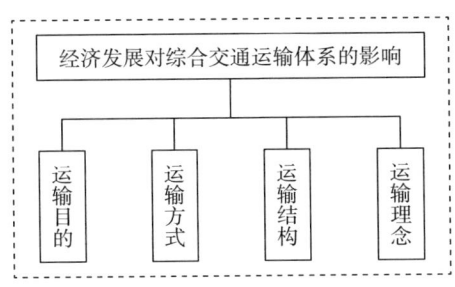

图 5-4 经济发展对综合交通运输体系的影响

对运输目的的影响。经济发展激发了物流需求,物流需求影响运输方式。由于资源要素和科学技术的制约,区域生产力受到阻碍,这既会造成产品过剩,也会有资源的使用欠缺。为了生活需要,人们会选择购买不能制造的产品,输出当地的产品。而商品的流通需要依靠交通实现,运输就因此产生了。经济发展是物流产生的原因。商品的流动,进一步推动商品增值,促进了经济总量的累积,经济总量的累积则导致生产能力剩余,进一步促进了消费需求的增长,使物流需求扩大,物流需求的类别和层次渐渐提高。这种现象是以经济发展为基础,扩大物流,并对运输的运量、种类产生了巨大的影响。

对运输方式的影响。我国的 GDP 不断增加,促进了生产技术、科技创新水平的提高。技术的进步是运输方式形成的先决条件。由于科学水平不发达,运输工具的发展经历了一段漫长的历史。早期社会,传统的运输工具对人类的出行造成了极大的不便。在社会发展初期,由于科学技术不发达,人类使用的工具十分落后。古代早期的人们出行十分不方便,仅仅依靠人力等自然力作为出行方式,因此人力也成为一种常见的运输方式。GDP 不断增加,三次产业革命的爆发,是生产技术的重要导火索，对运输方式的变革有着重大意义。所以，经济的大跃进推动了技术革命的产生，经济发展对整个社会向前发展具有很大的推动作用，不仅影响了产业技术层次，同时由于产业技术的提升带动了科学技术的进步，对运输技术的提升也有重大意义，给人类生活带来了相当大的便利。

对运输结构的影响。优越的运输方式受到出行者的偏好影响，这种偏好驱使运输结构进一步改善和提升。企业以利润最大化为生产目的，而降低成本、增加生产力是达到利润最大化的最佳选择。企业生产过程中运输是第一位的，占据了核心地位，购入原材料、选择进货渠道、销售产品，都必须采用运输这种方式作为物流的流通。因而，高效率、低成本的运输成为企业重点关注的问题。由于地理要素、自然气候、运营成本等条件阻碍，对于整个运输过程来说，仅仅使用一种运输方式难以完成贸易往来，同时对于效率的提升也无法给予保证。所以，通过多种运输方式相互搭配，进一步通过科学的设计，能够有效衔接运输方式，最终满足运输效益最大化这一目标。这解释了多式联运流行于世界的原因。因此在这种大背景下，构建协调发展的格局对运输结构的优化有着完善作用。

对运输理念的影响。原始的运输理念是以安全、便利为目标，其本质是利益最大化，忽略了环境和资源的承载能力。在可持续发展观的宏观背景下，"可持续运输"的观点重新定义了运输内涵。随着资源的逐渐减少，自然损耗日益严重，GDP 的增长促进了人口呈指数增长模式，这些逐渐威胁到人类的生存和发展。在这样的背景下，人类深刻反思了自然界存在的资源问题，逐步探索可持续发展之路。在这种经济形势下，可持续发展的理念初步呈现，逐步发展成全新的观点。此后吸引了越来越多的学者对这个问题进行了深入的探讨和研究，"可持续运输"概念首次出现在人们的眼前。从一个角度来看，可持续发展涉足社会各行各业，和运输业息息相关；从其他角度来看，交通对资源污染程度相对较大，同时又是耗能大的一大产业；运输业的可持续发展，对经济有着强大的保障支撑作用，是可持续发展的先决条件。可持续运输理念的诞生，对经济而言尤为重要。

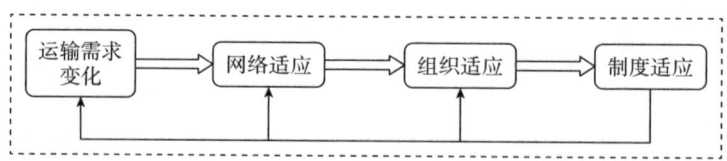

图 5-5 交通运输系统与经济的联系

（三）综合交通运输体系与经济发展相互作用的机制

经济发展促进运输体系发展，运输体系改善反作用于经济繁荣。但是，这种双向作用是一种复杂的联系，不仅表现为双向直线关系，而且还呈现出一个螺旋上升、互相作用的特殊过程。通常由于资源要素及区位因素的阻碍，有些地区很难生产出生活必需品，也有可能在产出的过程中存在着剩余。产品交换行为总是要倚靠运输来完成，资源要素、区位因素加快运输的产生。商品在贸易的过程中，自身的价值得到实现，同时在这种机制的作用下，运输需求表现出急剧增加的效应。

（1）商品价值增值，导致经济发展，进一步提高收入，收入提高推动消费，表现出对外贸易也进一步增加，因而运输需求会扩大。

（2）商品实现推动市场的规模构建。随着交换量的增多，市场规模逐步扩张。这种趋势产生了两种不同的效应：其一，企业为追求利润最大化的目标，通过运输各种方式的比对综合考量，减少运营成本扩大生产规模，进而刺激消费提高了运输需求；其二，厂商追求利润最大化开发种类齐全的品种，为实现人们多样化的需要，新市场就产生了，同时运输的需求也会进一步扩大。

（3）提高经济总的需求量，刺激百姓需求增加。引致企业提高生产能力，这种作用会使产品和人口数量提高。进一步推动运输需求的扩大。

三、交通运输体系建设对农村中心集镇社会发展的影响机制

随着区域交通运输体系的逐步开发，公路基础设施得到有效改进，为居民出行提供了高效、快捷的服务，显著地提高了出行的效率，产生了多样化的运输方式的组合形式。交通运输体系的逐步建设，促使区域内外部的扩张与发展，而这种扩展会进一步引发商贸、旅游和金融行业的兴起，不仅使区域内部的关系更加融洽，贸易往来与资源流动相对更加频繁，人们的消费和需求不断提升，外资投入增加，企业渐渐兴办，教育资源也逐渐集中在落后地区，对这些地方的经济水平带来了很大的提升，从整体全局性效应加快了城市工农业的建设。区域交通运输建设能够增加城镇的综合承载力，促使劳动力均衡地分布在产业密集地带，加快城镇化建设的速度。

（一）交通运输体系对农村城镇化的影响作用机制

交通运输体系有助于城镇布局的良好发展。在长期发展的进程中，城镇布局的问题要受到密切的重视。我国城镇化建设依然存在一些问题，突出表现为规划

不科学、布局分散，使区域结构不合理，没有从整体角度综合考虑两者建设。城镇要合理地发展，应该紧密结合交通规划。在沿线城镇构建交通运输体系，能够充分利用交通运输优势逐步转化为交通运输经济带。处于交通运输经济带内的城镇，能够摆脱规划里不良的因素约束，充分依靠交通条件的优越性推进区域发展。交通运输体系的完善推动城镇化总体规划形成，改善城市的空间结构，能够加快城市前进的步伐。发达城市的沿线可以发展为卫星城镇，不仅有助于提升城镇化进程，同时能够缓解资源不足的紧张局势。沿海农村城镇化相对常见，形成了许多城镇密集区，这些地区主要凭借初期的高速公路建设而得到发展，所以目前的城镇建设过程中需要考虑几个关键因素：要充分利用高速公路的优势，对不同的城镇建设选择与其适应的发展模式，以扩散型内涵集约发展为主，进一步增加投资力度，强化区域内部互联互通，成为城镇经济和总体发展的推动力量。对于中部地区而言，高速公路建设处在一个落后的时期，起步较晚，但由于我国经济的腾飞，高速公路的发展速度却取得了惊人的进步，对于农村城镇化的发展而言，要注意沿线公路区域发展质与量的综合考虑。同时应该吸取国外的多样化模式，依据当时地特色，采取"轴向扩展、点面结合"的发展模式，推进辐射能力较明显的中心区域逐步发展起来。西部地区由于发展条件不好，因此建设没有其他地区繁华，但是依然存在惊人的潜力，通过采取"以点为主，与轴结合"的方法，按照一定的步骤、顺序逐步推行城镇化建设。推进农村城镇化改革的程度，加强与高速公路的纽带联系，有助于发挥中心城市的集聚扩散效应，进一步在全局范围内扩大效应，推动落后地区与发达地区齐头并进，稳步经济能力提升，形成协同发展的局势。

交通运输体系对城—镇—乡体系的构建起到保障支撑的力量，推进农村内联外通的城镇化的相互融通有助于总体布局的构建与发展。大中城市建设核心地位，农村则是发展的根据地，两者的共同建设形成稳固的社会结构体系。城—镇—乡体系把交通基础设施建立为发展的传送带，从某种角度来看具有稳固社会结构的能力。交通运输体系形成了巨大的交通网络，进一步促进了资源、发展要素的互动，同时也对落后地区的技术设施、产业布局等产生全局性效应，依托交通网络的逐步发展延伸，密集的人口流通，大规模的资本流入，先进科学技术的引进，这些外来要素的进入都会对当地城镇的各种产业结构、管理体制、消费需求产生一定的影响并逐步强化渗透。这种模式可以有助于整体的结合与功能的整合，表现为一损俱损、一荣俱荣的制约特征，最终结果是为了城镇乡的一体化的

第五章 交通运输体系改善促进中部农村中心集镇发展

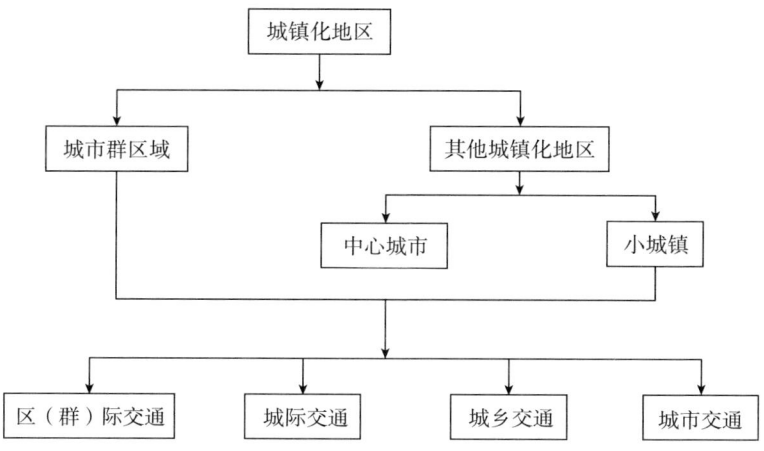

图 5-6 城镇化地区交通需求分析

发展与构建。推动农村城镇化改革的关键在于交通运输体系与城、镇、乡的融合程度，交通网络密集度越大，则城市发展的速度越快，运输体系的完善强化了农村内联外通的城镇化形成的步伐。1978年至今，我国地区发展极为不平衡，两极分化严重，农村地区处在严重的落后地位，农业发展未能实现现代化，工业化进程严重滞后，地区联系程度松散，贸易往来也是艰难，这种形势以及落后的交通条件更加导致大城市未能有效发挥扩散效应推动小城镇发展，而农村则由于规模结构合理，教育资源、医疗资源都不能满足居民的需求。但是交通的发展，诸如高速公路的完工，使连接小城镇和大中城市的条件充分具备了，小城镇可以充分利用这种运输网络，依托交通平台逐渐兴起当地的特色产业和贸易服务，同时运输通道的互通也使农村人口有更大的选择进入大城市就业，从整体上加快了我国城市建设的步伐。小城镇与大城市的互通促使乡镇企业逐渐发展，实现向工业化的转型升级，对质量的提高也有作用。城镇化的动力源泉来自经济的提升与大跃进，它的增长模式对城镇化成长的质与量起到了促进作用，是它的先决条件。城一镇一乡体系的优化推动了区域经济的发展，并促进城市与农村更好地结合。

当前社会经济一体化的趋势越来越明显，在这种良好的发展机遇下，城市群能够突破重重阻碍，发扬城乡统筹的理念，在一定程度上对交通体系的开发有着极为深刻的意义，交通运输的一体化、信息化特征日益增长，在这一发展历程里，涵盖城市群区域内中心城市、与小城镇的综合性、特色化的分层级交通网络逐渐形成,以区域一体化为特点的综合交通枢纽建设日益加快,以网络化、专业化的综合运输系统日益完善,区域内各城镇之间的距离进一步减少,区域发展水平更加均衡地分布,这为区域内城镇的建设带来机遇。最初,在强密度的网络体系构架背景下,有的地区外部运输成本比较优势渐渐减少,产业发展将逐步脱离地理空间的约束。现今,世界的潮流趋势是:科学技术的现代化物流业、日益细化的内部分工对于处在区域交通枢纽的核心位置或者说是邻郊工业区的小城镇,能够扩大物流产业发展,逐步面向大距离的大宗物流承接各类货源,也可以向城市内部的货物配送物流,在这种全面竞争的大背景下,可以充分获得比较优势,进而获取城市群的规模效益。此外,随着城市群区域社会分工的逐步扩大,交通系统需要立足于各类产业的发展需求,构建具备科学特性集约化、专业化的运输体系,采取对特定产业进行基础设施建设有利于小城镇比较优势的形成,在差异化产业战略里提升自身能力。小城镇的特色产业将得益于区域交通体系优化所带来的运输成本降低,进一步奠定特色产业在区域中的优势地位。

(二) 城镇化对交通运输体系的影响机制

随着城市化逐步发展,城市规模进一步扩大,城镇面积扩展和人口数量的提高,对城镇的资源与生态文明城市的发展而言,这是一个新的挑战。城镇面积扩展影响人们出行方式的选择。出行距离加大,出行方式的选择也因此而变化。当距离不远时,人们偏向使用公共交通;当出行里程增加,私人交通则更受人们的青睐,进而对交通的需求也逐步提高。交通作为城镇发展的枢纽,为城镇发展提供要素以及资源,保障了城镇正常的生产运行。城镇化导致人口急剧增加,交通运输也应运而生,交通发展对沿线经济产生辐射力量,加快了人员流入,诱发了新的交通需求。

在城镇化建设方向,劳动生产力逐步转移,城市的人口密集度越来越大,现有的城市面积已经不能再满足人口的需求,因此只能通过辐射蔓延式发展范围,扩张土地面积,逐步向农村发散,进而新的交通需求也随之产生。在城镇化发展过程里,对交通的需求主要来自两方面:一是出行距离和出行次数的增加;二是出行人数。当出行距离较远时,居民更加偏好乘坐私人交通,当出行距离较近时,居民更加偏好公共交通。公共交通的发展数量远远落后于私人交通量的快速发展。国际能源机构通过研究1971~2007年工业发展过程中的污染程度,并得出工业生产过程中的碳排放呈现下滑趋势,约为两成,而交通运输的污染呈现上升的趋势。同时也产生了自然环境受损、交通堵塞等各种难题。

城镇化水平相对较高的区域,资源消耗和污染的负面影响相对减少;城镇化发展相对超前的城市,资源消耗和绿色社会的负面影响相对偏低。农业人口逐步市民化,同时出行距离的增加,导致交通的距离也随之增加;倘若人口密集程度不断提升并远远高于一定的数值,其比道路通行能力数值更大,那么交通输配能力会呈线性增长。城镇人均出行距离的增长速度应该与交通速度一致,主要由于平均出行距离逐步上升。出行距离的增加很大程度上是由于社会前进的进程中产生了土地资源配置的问题,进而导致住宅区与工作区不相适应。区域内各城市之间的联系加强,形成了区域城市群,如成渝经济圈等。根据区位理论研究,第三产业与金融业等逐步转移到核心地域,以劳动力为主的工业主要转移到卫星城,强调城际间的交通要跟上城镇化发展和产业分工的趋势。现今,城市交通设施资源配置不完全,政府投入的力度不够导致城市交通建设,远远滞后于城镇化发展,进一步的需求推进了私有交通的盛行。

四、综合交通运输体系的运输方式与农村中心集镇发展

现代化的综合交通运输体系通常包括六种运输方式,采取统一规划、协同利用的原则。

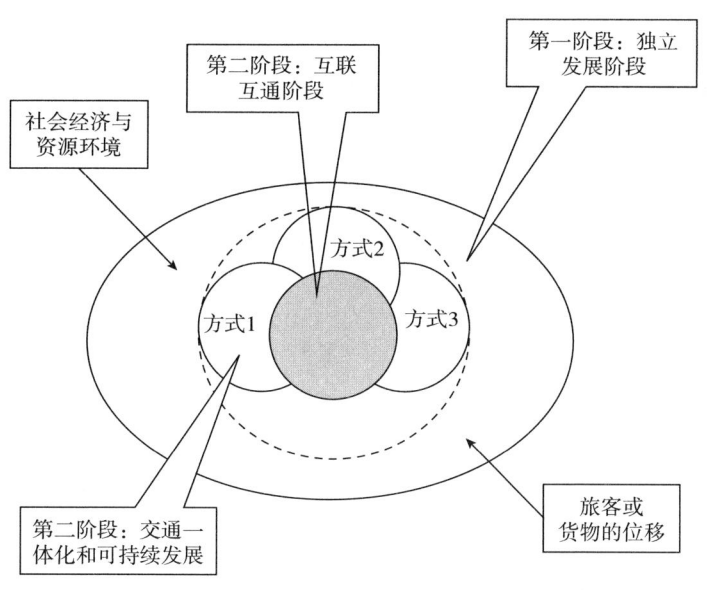

图 5-7 交通发展阶段特征

（一）公路运输与农村中心集镇发展

公路运输是在公路上运送旅客和货物的运输方式，是综合交通运输体系的重要组成部分，主要承担中、短途客货运输。由于公路运输网一般比铁路、水路网的密度更强，范围更大，所以公路运输能够实行无缝对接。在时间层次上，公路运输的灵活性相对更强，对于时间，他们的衔接更短，同时用车过程也比较方便。尤其是公路运输对客、货运量的多少具有很强的适应性，汽车的载重吨位有两种形式：200～300吨以及0.25～1吨。它们能形成独立的运输，或者不同种类的车辆组成车队运输。公路运输和其他运输方式相比灵活性更强，能够实现无缝对接模式。对于商品的零散、直达运输，具有很强的优势，是其他运输无法替代的。高速公路出入口对集镇发展有很大的促进作用，新的集镇建设区往往建设在高速公路沿线周围。公路建设是农村生产建设的必要工程，农村道路也成为公路网不可缺少的力量。在"十一五""十二五"时期又好又快的发展背景下，我国农村公路总量逐步增加，运行机制逐步加强，服务水平明显提高，结构不断优化，在农村中心集镇发展中起到巨大的支撑作用。可是，发展层次混乱、布局结构不合理、管理水平低下等现状依然存在。

表5-1 公路等级与单车燃油油耗关系（L/km）

公路等级	大型货车	中型货车	小型货车	大型客车	中型客车	小型客车
高速公路	0.4785	0.3799	0.1473	0.3382	0.2750	0.1162
一级公路	0.4870	0.3855	0.1508	0.3430	0.2814	0.1211
二级公路	0.5012	0.3999	0.1569	0.3581	0.2937	0.1301
三级公路	0.5295	0.4225	0.1645	0.3822	0.3124	0.1435

交通运输网络是城镇网络体系的保障措施以及先决条件，它的发展可以促进城镇体系的扩张，也加速了交通经济带的发展。现今，我国的交通运输网络已经形成，铁路网络在全国主干线都有通道，公路干线分布全国，各种高新技术对交通的提升也有极大的作用，交通体系的快速前进对城镇化进程的加快起到推动作用。广泛性和辐射效应在高速公路上表现尤为突出，出现了以城市形态的"摊地式"转向以"散点式"的发展模式。城镇体系的通达性与城镇布局大小联系紧密，城镇区域发展层次对交通路网设施水平等建设影响深刻，构建通达性的"核心—边缘"组结构模式。高速公路网在城市化发展的进程中逐步加快建设程度，

城市的空间布局的扩张促进了公路大范围的蔓延，地区之间的信息交流也会变得更为频繁，文化的传播和教育资源都能很快地渗透到周边区域，贸易的往来进一步促进了城市的繁荣和兴起，整体的空间布局更加规范合理，经济也在渐渐提高并走向均衡。其对城镇要素流动、城镇结构、产业联系、地方企业竞争与合作等创造了意义深刻的机制，作用于沿线站点的产业、人口迁移等方面也尤为突出。

（二）铁路运输与农村中心集镇发展

铁路运输是利用铁路设施运送旅客和货物的一种运输方式，受气候影响较小，因此全年可以进行正常工作，具备大运量、高速度、低沉本、低风险、精确性高的特点，因此运输具备了高度的连续性；在现代社会中，铁路成为了运量大、占地少的重要运输方式。铁路的修筑能够对沿线集镇的建设有拉动作用，同时也能促进自身的发展。铁路是交通运输的主要纽带，在所有交通运输工具中具有不可比拟的优点，因此它成为运输方式中不可替代的力量，占据中枢地位，它的发展是区域社会成长的先决条件。众多地区的兴起与铁路息息相关，如株洲、石家庄主要靠由铁路的经过而逐步兴起。石家庄以前是经济落后、基础设施欠缺的地区，交通的延伸对其经济具有推动力量，促使部分产业优化升级，这个省会城市茁壮发展的主要根源是交通的快速崛起。株洲的发展也是这种模式，充分利用了铁路资源的优势。以前株洲仅仅是中部地区的小镇，由于京广铁路的延伸，它成为城市的运输通道，铁路的枢纽地位促使株洲的现代化。株洲的芦淞市场规模越来越大，在中部地区占据了十分显著的贸易地位。因此，居民收入水平、经济发展层次、集贸市场、乡村工业受铁路影响大的地域发展更加迅速。促进铁路大力发展是统筹城乡发展，加快农村中心集镇实现生态良好、生活富裕、两型社会道路的先决方向。

铁路这种运输工具的兴起，提升了沿线百姓的生活水平，改善了地区公共产品的供给，解决了农村地区发展水平不均的问题。沿线中心集镇发展会受到很大影响。扩充铁路投资，扩大路网覆盖面建设，是一种以工促农、以城带乡的长效机制，交通运输能够帮助落后地区走上致富大道。开发铁路建设，不仅需要大量的资源和劳动力，同时大量消费能力也被创造出来了，就业机会在沿线更多，百姓收入也更高。开通运营铁路，成为贸易往外的重要通道，产生了巨大的资源流通，提供了丰富的就业选择，大部分贫困山区的中心集镇迅速的成长都是由于铁路的建设而造就的。

(三) 水路运输与农村中心集镇发展

水路运输是利用船舶、排筏和其他浮运工具,在江、河、湖泊、人工水道以及海洋上运送旅客和货物的一种运输方式,在我国综合交通运输体系中地位显赫,作用也是越来越重要。初期集镇的形成依靠水运发展,得天独厚的水资源运输优势成为农村中心集镇成长的力量。科学技术不断进步,船舶标准化逐步增加,吃水不断加深,集镇向下游出海口方向推移已经十分正常。清代前期,京杭大运河被逐步开发,沿河沿湖的贸易也在逐步发展兴盛,在这种大背景下,江南商品的贸易往来越发频繁,市场也越来越兴旺。清朝之后,沿海传统手工品没有货源,市场地位不稳,严重影响了江南棉布业,导致江南部分棉布业小城镇很快萎缩。清代大运河区域的小城镇,主要有两种类型——江南与江北。在长江以北,凭借水运的优势加快了商品贸易往来,消费的需求增长对沿江地区商品经济的活跃形成一股力量,推动沿江小镇逐步兴盛。这些小城镇的发展经历了漫长的演变,在明代时期,逐渐进化成具有大规模的小村落。经历了历史和文化的熏陶,小村落也逐渐壮大起来,吸引了更多的人口汇集于此,在清朝开始兴起了城镇化的形式和格局。明代造就的小城镇,市场特征渐渐凸显,经济越来越兴旺。体现出水运对我国农村中心集镇发展具有深远影响。

我国内河航道设施与先进国家相比差距还是很大的。2011年底我国拥有内河航道通航里程12.46万千米,其中二级及以上仅占总里程的3.5%,不及美国内河等级航道的1/10。我国水运网络布局相比发达国家而言并不紧密,航道等级不高,基础资源利用率不强,且过河与通航建筑物对船舶的航行造成了巨大阻碍,导致了船舶运输不畅通,降低了运输效率,等级航道是阻碍河运发展最大的障碍,就某些方面而言,限制了以水运为主的集镇的发展。

(四) 航空运输与农村中心集镇的发展

航空运输是通过直升机、飞机及其他航空器运送人员、货物、邮件的一种运输方式,其特点为快速、机动,是现代旅客运输特别是远程旅客运输的首要选择。目前,航空货运量日益增多,航空运输的地位显著提高,采取航空运输的选择趋势明显。而且,在农业生产中,飞机运输地位也是越来越显著,成为现代化农业的标志,在运输中发挥着重要影响力,对农业经济和作物的影响效益也特别大。社会在不断进步的过程中,对科技技术的要求也是越来越迫切。农业现代化的发展已经成为一种势不可当的趋势,在农林牧业种植的过程中,对航空技术的需求也日益明显增加。2012年,全世界通用飞机约有36万架,美国通用飞机数量 22.3 万架，在世界的占比超过六成。航空事业的快速发展，对国家和农民的收益作用明显，极大地推动了农村经济增长，加速了农林牧业的现代化构建，具有不可磨灭的效益。2012 年，中国全行业通用航空生产作业飞行 51.7 万小时，比 2000 年翻了 9 倍之多。其中，其他通用航空作业完成 40.81 万小时，比上年降低了 1.2%；工业航空作业完成 7.71 万小时，比 2011 年增长 36%；农林业航空作业完成 3.19 万小时，比 2011 年降低 3.9%。

表 5-2　2000~2012 年通用航空飞行时间

分类	2000 年	2005 年	2010 年	2011 年	2012 年
通用航空飞行时间（小时）	48707	84859	391135	502731	517037
农林业航空作业	22922	25428	29619	33158	31873
航空护林	3927	6508	7748	9211	7453
播种造林	4060	1929	1419	2010	1315
工业航空作业	25785	36514	65430	56682	77075

资料来源：《中国统计年鉴》。

在农业生产过程中通过飞机作业方式，是其他运输工具无法比拟的。在农业生产的不同时期里，气候因素影响很大，特别是暴雨等自然灾害天气，其他工具不能发挥效用，飞机却能够发挥优势。突出表现在作物苗后除草，杂草生长旺盛、土壤水分多，无法采用地面机械，飞机作业是一种有效控制种植的最优选择，这种有效的运输工具对植被伤害也很小。飞机作业还有利于防治暴发性、突发性的病虫害。飞机作业机动性强，覆盖范围极其广泛，对植被农药的喷洒等都可以起到很大作用。普遍情况下农村集镇农业特色不明显，特别是飞机费用高昂，覆盖面积不是很大，不能完全利用通用航空的优势。

（五）管道运输与农村中心集镇的发展

管道运输是采取管道作为运输工具的一种长距离输送液体和气体物资的运输方式，是一种专门由生产地向市场输送石油、煤和化学品的运输方式，是综合交通运输网中特殊的组成部分。和其他运输方式相比，管道运输价格低廉、运送货物也更便捷、安全，具有大运量、平稳、连续、经济高效、占地少、费用低，特别是可以自动控制，备受人们青睐。管道运输除广泛用于石油、天然气的长距离运输外，还可运输沙子、石油、大宗货物等货物。它能够减少陆运与水运的中转环节，从而缩短运输周期，降低运输成本，提升运输效率。管道运输应逐步合理化改善：有梯度的增加口径，能够很大程度地提升运输能力；改变运输资源的多样化，促使石油、天然气、流体慢慢延伸至煤炭、矿石等非流体。

到 2013 年 10 月，我国建成天然气管道 6 万千米，原油管道 2.6 万千米，成品油管道 2 万千米，纵贯南北、横跨东西、连通海外的油气管网格局初步构建，逐步发展为中国经济和服务社会的能源动脉。总体来看，管道运输具有节能、高效、低碳绿色的优势，极大地推动了我国社会发展，意义深远。就覆盖范围而言，管道运输远远不够，对农村中心集镇产生的效益不足，对于部分农村中心集镇而言，管道运输暂时未普及，所以农村中心集镇管道运输的发展还有很长的道路要完成。

（六）城市轨道交通及其他与农村中心集镇的发展

城市轨道交通即轨道交通，表现为高时效、大运量、精确度、绿色低碳、占地少等特点。因此发展国家认为，改变城市交通问题的关键方法是加快以轨道交通为动脉的城市公共交通系统的发展。据统计，2013 年末累计 19 个城市完成投运城轨线路 87 条，运营里程 2539 千米，并新增 16 条运营线路、2 个运营城市、395 千米运营里程。包括地铁、轻轨、单轨、有轨电车、磁浮交通、市域快轨，分别为：2074 千米、193 千米、76 千米、99 千米、30 千米、67 千米，分别占总里程的 81.7%、7.6%、3.0%、3.9%、1.2%、2.6%。我国城市轨道交通正处于一个极为有利的宏观局面，但由于地域经济的差异，轨道交通建设也不是很完善，但是能够有效缓解人口压力较大地区一方交通。城市轨道交通与农村中心集镇虽然联系暂时不紧密，由于其自身因素，对于农村中心集镇而言，轨道交通的建设暂时没有需求，不过公共交通和基础设施的建设可以逐步完善并进一步提高。

第二节 交通运输与中心集镇的相互关系

中心集镇综合交通体系是个开放的系统，它与社会经济系统之间有着密切的联系。首先，交通需求是一种派生性的需求，它是社会经济活动的反映；其次，交通系统供给水平对社会经济活动产生逆向影响，引导中心集镇用地格局按照内在规律发展，制约或诱导经济发展及圈域的开发。而中心集镇综合交通发展战略规划过程中首先需要分析论证的两个基本问题,即交通系统与社会经济系统之间的关系以及交通系统的内部关系,加以重视和研究两者的关系,则会形成良性的循环作用。

一、中心集镇交通系统概念及内涵

综合交通运输体系是市场经济发展到一定阶段,在科技创新和制度创新的作用下产生的一种现代交通运输组织形式。实现这一运输形式的目标是减少客货运输的中间环节,提高运输的组织管理水平,实现各种运输方式的无缝衔接,提高运输效率,降低运输成本,实现合理运输。综合交通体系应具有如下特性:

(1)多元性:中心集镇范围内,居民出行距离长、出行目的多重化,依靠单一的交通运输方式往往难以完成出行活动,需要综合多种运输方式的组合来达到收益多元化的出行目的。由此可见,中心集镇综合交通体系中各运输方式的协调发展,便捷的衔接系统是中心集镇居民日常生产、生活高效实际需要。

(2)多层次性:由于中心集镇本身的开放性、多层次性,因此都市圈的综合交通体系也具有不同层次交通系统的内涵。例如,中心集镇交通体系不但包含其中各城市交通、各城市间城际交通联系,还包括圈域内部与外部其他区域的对外交通联系。

(3)互补性:现代综合交通体系的发展目标就是要实现客、货流的快速、高效、便捷位移,且环境界面友好。这就需要发挥各种交通运输方式的优势,取长补短,互为补充。

(4)阶段性:现代综合交通体系的发展就是借助科技和制度创新手段,将各种模式的交通设施和工具有机、系统地组织为统一的整体。综合交通体系的成熟程度直接表现为各交通运输方式系统的组织化程度,而这一程度的高低显然受到科技、政策的影响,因而具有显著的阶段性。随着科技的进步、政策制度的演变,综合交通体系的形式和内容也不断地发生着变化。

二、交通系统是中心集镇城市间联系的载体

在中心集镇形成和发展的过程中,如何规划和建设好交通系统,以强化城市间的联系,是首先需要考虑的问题。这些交通系统包括圈域内中心城市与功能城市间联系的大运量快速通道、对外联系的交通干线、圈域内城镇体系交通网络骨架以及综合交通枢纽等。

(1) 城市间的快速通道缩小了中心集镇的时空范围。中心集镇内快速发展而又功能各异的沿线城市，人流、物流的数量与日俱增，形成巨大的客流量和货流量，提高运送速度，直接意味着缩小时空距离。大型企业根据城市的功能分工可以把部分工厂分设在不同的城市，因此人们可以工作和生活在不同的城市。中心集镇发展轴上大运量的快速通道尤为重要，鉴于各种交通运输方式的特性差异，在上述轴线上所表现出的功能也有所不同。应当发挥各种交通运输方式的优势，系统整合以形成综合交通运输通道，例如水运、大运量铁路适于中心集镇大宗货运；而高铁、高速公路、城市快速轨道交通以及支线航空则宜于承担中心集镇的客运任务。

(2) 交通网络的量架是城镇体系规划的最重要内容。在对中心集镇体进行规划时，交通网络骨架对区域城镇的分布起决定性作用。中心集镇内部的各城镇都有明确的职能分工，相互之间有着千丝万缕的联系。良好的交通系统使中心集镇成为一个有机高效的整体，使区域经济获得长远的发展空间，综合交通运输除了应发挥集聚功能、扩散功能和枢纽功能三大功能外，还应注意它对中心集镇的形成和发展所起的引导作用。同时，一个完整的包含铁路、公路、水运、航空在内的相互协调的综合交通运输系统是形成中心集镇不可缺少的条件。

三、中心集镇经济与综合交通系统相互关系

(1) 经济是中心集镇交通系统发展的基础支撑。中心集镇交通系统的发展离不开国家和地方财政的投资，只有稳定、合理的投入才能保证中心集镇交通基础设施科学、持续地发展。通常这一支撑力度可以用"国民生产总值"和"交通投资额占整个国民经济总投资额的比例"两个指标予以反映。

(2) 经济是交通发展的最终推动力。由于发展阶段和水平上的差异，各中心集镇对其交通运输基础设施的需要和要求也不尽相同。通常发展成熟的中心集镇，其组织化程度相对较高，因此专业协同化明显、圈域内客货交流频繁、对外辐射作用显著，这就需要中心集镇具备较为完善的交通基础设施和运输服务能力，以维持中心集镇的经济活动，保障经济效益的实现；反之，若中心集镇交通运输基础设施发展不当，也将成为中心集镇经济增长的重要障碍。因此，可以说中心集镇经济发展与交通运输建设密切相关这一事实使人们在拟订中心集镇发展战略规划时必须考虑与综合交通运输规划相协调。

第三节 交通运输体系改善对中部农村中心集镇经济的影响

一、交通运输与区域经济互动的关系

（一）交通运输与区域经济关系

交通运输业是区域经济系统的一个子系统。经济系统是一个开放的动态整体，交通运输业承担着区域内外物质、人员、信息等的流通。交通运输业与区域其他经济部门比如工业、商业、农业等相配合形成了区域经济系统，作为子系统，交通运输业为各系统发展提供运输服务，而其他子系统发展也有着运输需求；同时，区域经济系统的开放性决定了区域同外界间商品、人员、信息等的流动需依靠交通运输来完成。区域交通运输在空间上是由车站、港口、机场等的"点"和公路、铁路、航道等"线"相互连接形成的网状结构，区域内任何位置也因与这"点"和"线"有不同的地理距离而有着不同的区位条件。不同的经济部门对交通的依赖程度不同，但一般来说原料获取地、产品销售地与厂家之间的距离是厂家选址的重要考虑因素，区域交通空间结构直接影响着对交通运输依赖较强的经济部门和企业的布局，因而交通运输条件是投资者是否加大区域经济投入的重要考虑因素。因此，交通运输与区域经济是相辅相成、相互影响的。交通运输发展程度取决于区域经济发展水平。如果区域经济发展水平较低，与外界人员流动、经济活动的联系较少，那就没有交通运输建设的需求和条件；但如果区位经济较为发达，与外界的经济联系较为紧密，这就需要有相应发达的交通运输业来保证区际经济联系。因此，区域经济的发达程度与交通运输业建设的完善程度是相适应的。

（二）交通运输与区域经济发展的适应性内涵

交通运输业必须适应区域经济发展的需要。交通运输与区域经济发展的适应性结果既受制于交通运输自身的发展脉络，同时也脱离不了所处经济环境施加的各种影响。交通运输与区域经济协调发展的过程大致有三种类型：滞后型、超前型和适应性发展阶段，两者之间的适应性应是交通运输行业各子系统与区域经济

发展的各子系统相互协调一致，并具备持续发展的能力，也可以理解为，在一定的区域经济发展阶段和发展水平背景下，交通运输业与其相适应的能力。其内涵主要体现在以下几个方面：

（1）与区域经济发展的阶段和水平相适应，与区域经济发展的进程相适应，与现代化、城市化和可持续发展相适应。

（2）与资源优势相适应。区域综合交通网络建设必须符合该区域的资源（包括环境资源）分布状况，必须与该区域的资源环境、人口分布、产业基地和厂矿布局、经济带的总体趋向相适应。

（3）与社会经济的总体发展战略相适应。区域综合交通运输体系建设必须与社会经济发展战略相适应，同时能够做到引导生产力在地域上的合理展开和分布。

（4）与区位相适应。交通区位实质上是一种"交通资源"，一个区域的交通网络建设应该与交通区位的等级及其分布相适应。

（三）交通运输与区域经济协调发展的内在统一机制

交通运输与区域经济间存在密切关系，相互作用并形成正反回馈，促进双方协调发展。实际上，交通运输与区域经济协调发展的内在统一机制就是两者相互促进形成的正反馈环的作用机制。交通运输业发展水平的提高对区域经济有促进作用。首先，作为区域经济系统的子系统，交通运输业功能的增强能加强区域内外的经济联系，通过降低运费、提高可达性来优化空间经济结构和提高经济发展的空间效率，增强区域经济开放，降低企业生产成本，提高比较优势，实现产业转换升级。其次，提高交通运输水平有利于增强区域集聚效应和扩散效应，使区域内经济活动分工协作更加明显和集中，强化主导产业，有利于产业集群的形成，此外，区域经济的集聚能增强区域规模经济效益，带动主导产业的上下游产业的扩大发展。再次，交通运输水平的提高还能提高区域区位优势从而吸引投资，以区域特有资源发展新的优势产业，促进区域经济系统整体发展。区域经济水平的提高能促进交通运输业的发展，首先，区域经济系统整体水平的提高表明经济活动的活跃，表现在人员、货物运输活动的增多，因此交通运输需求增大，对交通运输发展提出了更高要求；其次，区域经济水平的提高表明经济实力的上升，为满足经济发展水平，会加大对交通运输发展的投资，从而进一步促进区域交通运输水平提高。

二、促进经济增长

经济增长是目前英国社会面临的巨大挑战之一,在这当中城镇客运交通有着重要的地位,人们日常上班、寻求教育和医疗服务、休闲娱乐活动以及购物都离不开交通,这对提高人们的生活质量起着至关重要的作用,同时也提升了人们的消费水平。后文将提出关于城市及郊区交通可持续发展的范例,分析解决问题的方法。企业的利益来源于更高效的物流、产品和服务进入新市场的渠道、优秀的生产力以及吸引大量劳动力的能力。同时,采用能够减少员工出行的灵活工作模式同样会让企业获益。据有关资料表示,英国国内员工在请了几天病假后工作效率反倒提高了30%(英国国家电信与商务旅行网,2006)。而且,交通运输业本身就会提供大量工作岗位,近期资料显示,英国全国约有170万个与交通相关的岗位(交通部门,2010)。此外,城镇客运交通还可以通过促进旅游业来支持经济增长,发展旅游业的同时提高服务质量完善城镇交通体系,使城镇客运交通拥有更强的可达性和便利性,吸引大量旅游人流。英国政府一直致力于提高社会公平和流动性,办公、教育与医疗设施的可达性,以及解决贫困儿童问题,这些都对人民生活的改变和社会流动性的提高有着深远影响,最终表现为经济的增长。

卢卡斯(2003)表明,寻找工作的人当中有2/5表示交通不便利是他们找不到工作的最大障碍,同时1/4的人表示交通成本是他们找不到满意工作的最大问题。

社会排斥局(2002)研究表明,在16~24岁的年轻人当中,有6%的人因为交通不便而放弃接受培训和教育;城镇郊区和那些有学习障碍的年轻人们,大多认为交通成本是他们追求高等教育的最大约束。

另外,据英国国家统计局2008年统计数据表示,44%的失业家庭没有汽车,而在所有家庭中没有汽车的占22%。因此,英国交通部及其他相关部门一直致力于寻找促进经济增长并解决失业问题的有效城镇交通管理措施,以此让更多的人回到工作岗位上去。并将持续为地方政府提供相关数据,使他们能够实施可达性更高的交通规划,即定位与识别人们在交通活动中将会遇到的障碍,给予可达性较差的地区和组团特别的关注。

三、产业空间布局影响

(一)综合交通运输效率对产业空间格局的分布影响

第一,综合交通运输体系的成本对于产业空间的布局与影响具有一定作用。

运输成本很大程度上作用于综合交通运输体系的运输效率，存在于差异化的产业和相关产品的成本当中，因此，综合交通运输体系的布局对于空间产业的布局意义重大。产业格局主要由第一产业农业、第二产业工业与制造业以及第三产业服务业所组成。第二产业工业和制造业受到综合交通运输体系的影响较大，且大于综合交通运输体系对第一产业农业与第三产业服务业的影响。工业与制造业在生产与加工过程中受到原材料以及动力燃料的影响较大，运输费用在其产品的生产加工中所占的比重大，部分第二产业的产业空间格局受到综合交通运输体系的作用较大，如轮船制造业、钢铁加工制造业等。对于科技含量较高的高科技产品而言，运输费用并不是影响其发展的主要原因，其发展主要受到运输方式的便捷性、时效性以及安全、高效性的影响。所以，虽然一定意义上来说，综合交通运输体系对于高科技产品的运输过程中其运费所占的比例并不大，但是，合理、便捷、高效的综合交通运输体系的发展也会带来高科技产业的迅速发展（见表 5-3）。

表 5-3　运输效率对部分产业空间布局的影响

交通运输口岸	高速公路	机场	港口	火车站	汽车站
运输口岸邻近区聚集产业类型	高速公路郊区型服务区、出入口附近高速公路临城型服务重型加工制造业电子、精细化工、轻纺、食品、酿酒等轻工业类	临港产业园区高新技术企业	临港产业园区重型原料工业；贸易通类产业	铁路交通枢纽区重型原材料工业；大中型物流企业	汽车站附近地区中小型物流企业、劳动密集型服务业

第二，综合交通运输体系运输效率的提高有利于产业结构的优化升级。产业结构的变迁与优化升级具体是指产业结构从较为低端的阶段发展到较为高端的阶段，产业结构优化升级的主要动因在于实现所有产业的合理搭配以及彼此互补，并且从低端产业阶段转化为高端产业阶段，进一步实现产业结构的优化和提升。

（二）综合交通运输体系的效率问题对于空间产业格局的影响

在差异化的经济发展阶段，产业空间格局表现出不同的特色。在发展前期，产业往往趋向于沿港口、铁路枢纽、公路枢纽等交通要道地区布局，也就形成了经济发展的增长极点。在发展滞后阶段，产业表现出倾向于沿交通要道干线与支线延伸地带布局的趋势，这样一来，交通要道区域逐渐形成了人口集聚、产业发展、城镇集中、信息流汇集的产业空间格局形式，并构成了多产业空间层次的网络状分布态势。基于上述分析可知，某个区域的综合交通运输体系的发展，与其运输效率密切相关，运输效率在一定意义上与产业空间格局的集聚效应发挥以及规模经济外部性的发挥密不可分，并且在此基础上能够为产业的发展赢得空间。

四、工业集群化影响

交通运输促进经济带发展，工业化在发展之初主要依赖于公路交通运输，工业产品生产过程中需要大量的原材料和成品运输，公路交通运输作为最灵活的运输方式，伴随着工业化进程、路网等级和密度不断优化，龙头企业带动相关产业链条企业布局在交通条件良好的干路交通沿线附近，形成以干路交通为发展轴的经济带。交通运输促进企业与城镇之间互动，我国农村地区多数企业在发展之初缺乏合理规划，工业布局在区域范围内呈点状分布，阻碍了工业化与城市化之间的联系。主干路网的合理布局有利于农村地区工业集聚发展，在空间上实现工业园区与集镇的产城融合发展。交通运输促进区域间经济合作，区域之间的经济联系程度是区域竞争力的有效表现，交通运输是确定区域间经济联系程度的重要因素。国家城市群规划中确定打造 20 个城市群，因此加强城市群之间的联系，交通运输的优化与完善必不可少（见图 5-8）。

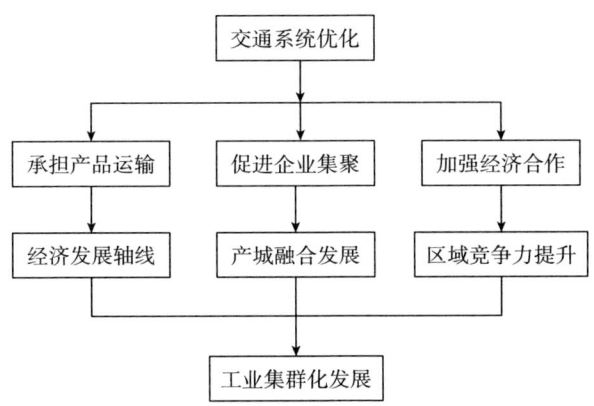

图 5-8 公路交通对工业集群化的影响机制

第四节 交通运输体系发展对中部农村中心集镇社会发展的影响

一、交通运输体系建设对中部农村中心集镇社会事业发展的影响

交通运输体系建设的基础性对农村社会事业发展影响深刻,两者之间的联系密切,主要是对基础建设、医疗机构、教育等的影响。

(一) 交通运输体系建设对中部农村中心集镇基础设施的影响

基础设施建设是中心集镇建设的重要保障,如果缺少稳当的交通运输体系作支撑,即使运输需求急剧增加,其他建设也是举步维艰。因此交通建设是基础设施建设中的保障,为社会和经济的繁荣提供保障。

该影响显著表现在集镇房屋改造方面。"小康不小康,关键看住房",中国人的传统观念是将房屋视作贫富差距的标志,在中心集镇里中国人的传统观念表现更为明显。在农村,百姓十分愿意建房子,由于道路建设不完善,建筑材料运输障碍重重,再加上高额的运费,很多人望而却步。这种有效的解决措施是,修建中心集镇公路,因此农民住房改造的积极性得以释放,创造了住房消费高峰,并使其占据大部分中心集镇消费的有利地位。"浙江省中心集镇康庄工程"建设工程完善之后,约占两成的居民反映,中心集镇的房屋建设增加,21.8%的村委会认为中心集镇公路开发后改善村容村貌作用明显。如今富裕的居民对住宅的装修越来越讲究,贫穷的居民也在努力改善住宅,发展较好的农村则会集体建设布局错落有致的居民区,豪华装修的住宅,西欧式的室内设计已经成为人们追求的目标,成为了浙江省中心集镇市容市貌的一大特色。大家普遍认识到交通对中心集镇建设作用明显,但对于中心集镇建设工程而言,缺失了规划意识再加上交通建设自身的原因,导致了村庄的空心化这种矛盾的进一步出现。

(二) 交通运输体系建设对中部农村中心集镇医疗的影响

乡镇卫生院是整个中国医疗卫生体系的基础,负责所在地的医疗卫生工作,担负着医疗保健的艰巨任务,是群众百姓不可或缺的社会保障。交通建设完善与否对群众的生活意义重大。俗话说"身体是革命的本钱",没有健康的体魄,也

就没有劳动力,更没有一个社会的前进发展。交通建设对百姓是否愿意看病以及看病旅程的便利性都影响重大,对百姓的体格素质有着不同寻常的意义。因为低密度的人口、分散的居住、数目少的医疗服务点等原因,导致交通建设成为关系医疗服务水平的重要因素。中心集镇公路建设能够提高医疗服务的覆盖率,降低患者的生病概率,也使居民更倾向于有病及时就医,推动医疗服务的发展。

中心集镇居民住宅不集中,看病的路程长,往往需要花费大量时间,这导致去医院就诊的百姓更加减少。建设中心集镇公路有利于群众更愿意去医院接受看病接受服务,减少患重病的可能。特别是落后山区,因为交通不便,在这样的中心集镇,人们对看病的需求减少,小病常常都不去医院,对健康的重视程度很低;当改善道路建设的状况后,农民更加偏好于去医院定期做检查身体、治疗,这逐步提高了农民对健康的重视程度,基层卫生院的增加给他们带来了很大便利。极大限度地增加基层医疗服务人员,也使当地居民具有更偏好于有病及时就医的理念。合作医疗制度也是由于交通条件改善而逐步完善,这种农村合作医疗制度非常重要,在国家的医疗体制建设中是一项意义深远的举措,它能让普通百姓都享受到国家政策的良好待遇,居民们对这种改善民生的政策赞不绝口。对于有些城镇,医保报销不是很便利,需要前往上级城市,路费远远超过医疗的花费,这便增加了那些经济贫穷的农民的压力,加大了报销医疗费的难度。有的县市相继开通医保报销直通车,固定班车形式解决了百姓医保报销费用的问题,受到百姓的赞扬,也进一步改善了我国医疗服务的水平。无论在城市还是在农村,医疗设施是一个热门的话题,对于低水平的我国的农村医疗服务而言,中心集镇普遍采取的医疗办法为:小病不出村,大病去县城。交通建设对于医疗服务的关系就好比筷子和碗的联系,筷子不影响碗的质量,但碗不好会影响饮食的效果。

(三) 交通运输体系建设对中部农村中心集镇教育的影响

中心集镇人口的教育,其中尤为重要的基础教育是提高我国文化水平的首要手段。由于地形复杂,所以中心集镇居住不集中,学生上下学受道路的影响很大。改善交通条件,对学生出行方式的选择有很重要的意义,不仅可以减少在途时间,增加可靠性和安全性,而且学校的覆盖范围也可以不断延伸。交通条件改善为学校的合并创造了机遇,促进了教育资源的整合。

由于中心集镇公路的建设,雨雪天气对师生出勤的影响也逐渐降低。学校开设班车供师生乘坐,这种方式安全性高,同时又能够缩短时间成本。大部分偏远地区的学生采取步行跋涉,家长步行接送的方式,这种方式安全隐患十分大。但是班车的开通,使学生乘坐班车上学,家长可用私家交通工具接送孩子的方式更为普遍,高年级同学采取自行车上学的方式也日益增多。总体而言,公路的建设增加了学生的自主率与安全性。大幅度缩减学生在途时间,甚至由于雨天道路受阻造成的中断课程情况也逐渐降低。

教育经费不足、教育基础设施落后成为中心集镇教育的关键问题,这类问题不是短时间内能够改变的。但是修筑中心集镇公路,可以方便少数村落孩子在教育设施更为完善的地区上学,有效缓解一村一校教育基础设施落后的现状,促进学校相互协作的发展趋势,使那些教育落后地区的学生可以选择更好的环境学习,同时增加学校规模,吸引更多家长愿意让孩子去学习,对资金的流入也有很大作用。充足的资金有助于学校更好地投入教育设备,诸如多媒体、电脑,同时改善教学环境,优化教育氛围,合理配置教师资源,有效改善农村城镇教育落后、教育水平质量低的困境。

二、公路交通对农民生活条件影响与机制分析

公路交通建设作为基建的一个主要方向,同其他基建项目一样需要大量的劳动力资源和水泥等建材消耗。在公路建设期间,一次性投资金额巨大,将带来很多的就业岗位。为当地农民创造大量的劳务收益,促进交通沿线农村地区经济条件改善。在公路交通投入使用后,可以有效地改变沿线农村地区交通不利的问题,拓展农产品产销渠道,扩大农产品货物流通性,使农产品更及时有效地流出到市场,改善农民收入。另外,交通的改善使外界大量资金技术和消费加快流入到农村地区,农业产业化程度提高,农民的生产技能与经营理念得以加强,农产品附加值比重加大,农民的经济条件与生活方式与城市居民之间逐步缩小,最终实现城乡一体化发展(见图5-9)。

三、交通运输体系对农村中心集镇形态布局的影响

(一)交通走廊对城镇形态发展的影响机制

交通线路是物体间的线形传递方式,是物体间的物质和元素交流的主要动脉和途径。交通线路具有特殊属性,在城镇发展过程中具有扩散效应。基于环境发展等运行机制的影响,城镇形态得以进一步扩张。交通是城镇空间扩展的结构依托,是扩展得以顺利实现的手段和途径。交通线路的延伸推进了城镇形体的生长,通过城镇的交通发展轴延伸城镇用地是一种有效方式。

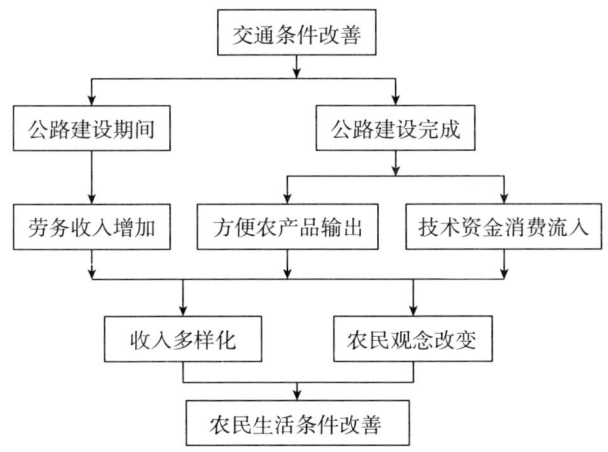

图 5-9 公路交通对农民生活条件改善的影响机制

美国学者厄尔曼提出城镇相互作用的条件：可运输性、互补性、中介机会。但是，仅仅具备这几个条件的城镇只能产生通道。走廊是比通道更高层次的物质，包含事物之间频繁的、强有力的、便利的交流和联系的形式。在工业革命以前，社会生产力低下，社会处在自给自足的状态，表现出规模小、结构不合理、数量少、关系不紧密的特点。在整体经济环境滞后的背景下，有些小城镇之间的信息往来还是比较充分的，因此容易铸就运输通道，方便企业间的贸易。影响这种交通走廊有许多决定性的因素，比如国家政策支持、完善的基础设施、科学的规划布局等，有了这些才更容易促成交通走廊的构建。如果缺少了这些必要条件，交通走廊对那些城镇发挥的机制也是有限的。随着世界经济的不断增长，资本积累越来越丰富，这种广泛的世界性贸易也加快了城镇的联系。各种资源和人力物力要素的充分汇集与流动，在网络时代的背景下信息的不断扩张，推动了城镇化的改革面貌，同时小城镇的联系不断蔓延，由镇与镇演化到镇与城，进而演化到城与国家，国家与国家的世界性范围的联系。

中外交通走廊地带城镇形态的发展历程表明：

（1）交通走廊影响城镇形态生长的方向性以及不均衡性。①交通走廊的走向是带状伸展的主要方向。交通走廊地带通常是线路密集的区域，表现为流性更高、可达性更强。以交通走廊为城镇形态生长的主要轴线对于处于交通走廊的城镇而言是一种自然的选择。城镇形态的生长包括四种方式：连片式生长、蔓延式生长、伸展轴生长以及飞地式生长。无论交通走廊地带的城镇采取什么模式,交通走廊的作用总是能够突出显现。由趋圆形变为趋椭圆形是蔓延式生长方式;伸展轴生长中交通走廊轴线方向的形态生长特别突出;交通走廊的走向对于连片生长而言是极佳的方式;交通走廊的走向是飞地方位选择的主要因素。根据这些走向的生长方式,可以发现沿线增长的趋势是各种方式的首选。通常交通走廊的通达性程度不可观测,但对沿线城镇的轴向生长起到正向作用。②城镇形态的变化与经济发展有很大的关联。交通走廊地带的城镇产生很强的关联度,因而这种内部的引力互相发挥自己的力量共同成长,城镇布局结构的扩张在很大程度上受到这种引力的作用。通常区域之间的经济联系强度与引力呈正向变化趋势,所以说,交通走廊地区的发展主要是区域经济建设的水平层次所决定的,当城镇的繁荣度越来越强,城镇的发展范围就会越来越大,覆盖的面积也就更广,受益的地区也就越来越多。

(2) 不同的交通走廊对城镇形态演变的作用差异很大。主要包括:①不同走廊对城镇形态的紧凑度影响不同。紧凑度反映了城市空间的形态,体现了城市联系是否密切。铁路交通走廊的城市联系强度大,公路走廊则相反,而高速公路通常是片状的、极度发散的城镇形态。②对于城镇格局的蔓延,交通走廊的差异产生的影响程度也有很大不同。从城镇轴线层次而言,交通走廊对城镇格局蔓延的影响有多种因素。在铁路运输同样有自己的发展特征,在铁路的建造过程中修建了很多运输站,遍布全国,这些密集的运输站如同一个个站点,也就是理论上的生长点。这个运输点是各种网络状的线路的汇集点,意义非同寻常。它不仅提供了各种运输资源,同时对城镇的结构布局和资源的吸引都起到很好的导向作用。铁路交通走廊,与生长点的线状散点分布特征相一致。自从发展了现代快速铁路运输方式,这种特点被更加强化。公路的生长点通常是位于轴线的端点处,发散的范围也是很广泛的,每种运输走廊的形态各异,因此它们产生的城镇空间布局有很大差异,对于高速公路而言,它影响着城镇范围,城镇的规模扩张也是沿轴线分布延伸。

(3) 在复合交通走廊地带,城镇的发展层次分明。社会发展的进程中,复合交通干线构建的交通运输网络,多模式复合交通运输走廊逐渐形成。运输的规划布局基本趋势也是大同小异,在整个交通体系发展的进程中,区域的发展和交通走廊有着很大的相似度,城镇的发展随着运输格局的变化而变化。具体表现在几个方面:①运输布局影响城镇的格局,与城镇空间肌理的结合度跟该交通线路在城镇对外交通中所占的比重密切相关,占比多的交通线路更容易影响城镇形态,与城镇空间肌理的结合也越紧密。②交通线路和很多方面联系密切。比如,城镇形态的影响力、交通方式以及城镇格局的结合度。通常对铁路运输和水运等其他运输方式而言,城镇形态发展的影响力不足,而且和城镇联系程度也要小得多。从历史发展的角度而言,交通运输方式的功能越来越强大,不仅便捷速度逐渐增加,同时对城镇布局产生的意义越来越深刻,公路运输逐渐发展并在城市格局的变化中占据重要地位。

(4) 城镇的实体空间布局不紧密,空间结构的变化也在随着历史的前进和社会的进步产生了很大的改变,经济的发展在城市布局改善中占有非同寻常的地位,意义也是逐渐增加。①城镇由点向面向多中心多节点演变,其线性趋势越来越突出。在工业化发展的初期,边界的障碍物对城镇规模的扩张起到了一定的阻碍作用。初期发展的过程中,人们出行只能依靠步行或者畜牧等力量,因此城镇只能呈现小范围的集中,形成零散的村落。在工业化时代,城镇规模急剧扩大。城镇的郊区化进程是由有轨电车创造的。城镇内部的交通转变,由于铁路和有轨电车的可达性都比较有限,所以城镇空间呈相对密集的发展状态。在铁路交通走廊阶段,单中心为主的特征在空间结构中表现明显。公路走廊的不断延伸,其效应产生的范围也在逐渐扩张,集聚效应推动周边地区的经济与产业兴起,因此城镇的发展也逐渐呈多元化的趋势,由最初的单个中心点升级变化,逐步形成具有多方向趋势格局的大小城市。现代化的城镇发展逐渐演变,高速公路在全国范围都有覆盖,公路干线的广泛蔓延长远地作用于城镇的布局规划,极大地推进了两者的协同发展。郊区副中心给中心区带来压力,城市蔓延和边缘城市给其带来巨大的挑战,如圣拉蒙的繁荣造成奥克兰市的衰落。固有观念上的中心渐渐消弭,而节点这一词的出现引起了越来越多学者的关注。②在城镇网络结构中,实体空间的意义越来越小,社会经济网络体系日益凸显。美国学者克里斯托弗·亚历山大在《城市并非树形》一文中指出"城市具有半网络结构,而不是树形结构"。后汽车时代的城市更趋于一种网络的结构,但这种网络结构与原先意义上的城镇结构有着巨大的差别。美国西部地区尤为突出,物质形态上的整体性和网络性逐渐减少。这些地区结构规模分散,形成相对独立的多节点结构,城市的空间结构,缺乏一种整体性,距离网络状的模式结构差距很大。从社会经济结构角度而言,它们的运行机制尤为复杂,这包括社会和经济网络体系,它们共同支撑着城市整体的有效运行。中心城市被这类经济网络体系逐步取代。从它们的角度出发,城市空间的网络结构意义不大,在新经济背景下,经济网络依然是关键条件。如制造的弹性化、分散化和内部利润最大化这些因素,对外部规模效益的关注度更为突出。

(5) 有的城镇地理位置在节点处,城镇空间的变化受交通走廊的影响很大。大部分城镇位于交通走廊的聚集地。历史逐渐发展,城镇布局的结构也有很大的变化。历史古镇镇江,由于运输方式落后等原因,但位于内河交汇的良好区位,20 世纪 80 年代,在有力的国家政策支持的背景下,长江航运被国家大力开发进而占据了镇江水运的有利地位,逐步改变了城市的生长趋势。突出显示了运河在镇江发展中的作用。

(二) 过境交通与小城镇形态演变

我国小城镇的交通过境模式多样化发展,随着资源开发与空间格局设计逐步发展起来,在历史进程中,有着鲜明的区位特色。对于不同的小城镇而言,其城镇规模、历史资源、区位优势、社会发展水平等因素具有显著的区别,所以不同的小城镇并没有一致的发展模式。和国内外特色小城镇对比,其公路过境模式方式多样化,包括切线绕行式、直穿式、分离式以及环线绕行式四种结构,研究表明,过境公路交通轴穿城式布局比较广泛,我国建制镇以上是穿心式的布局,对城镇的布局产生影响和发展(见图 5-10)。

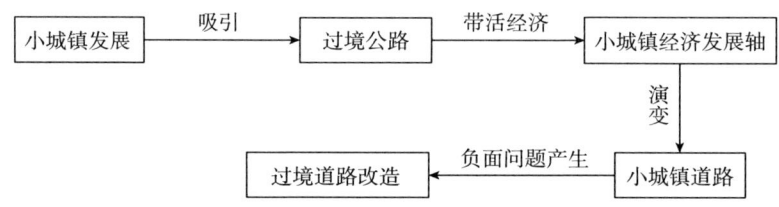

图 5-10 过境交通与城镇发展关系

小城镇和过境公路联系紧密。小城镇兴起的开始,自然资源和资本的不足导致建设范围难以扩张,而交通运输的环绕与通线,对小镇工商业的建立起到不可磨灭的作用,促进当地城镇最初形态的建立。城市的道路成了城市建设的重要公共产品,也改变了市容市貌,干净而整洁的道路,规划得条理有序,不仅对于城市住宅的规划建设有很好的导向和边界划分作用,而且也加强了城市与周边邻省的信息文化交流,加快了城市化的改革建设。但是,机动化需求的日益增加,公路穿城造成的严重问题,导致了过境公路外迁,推进小城镇地域逐步扩张,新的节点地域就形成了。在历史发展的进程中,城镇的形态格局出现了层次分明的变化,在不断扩张、延伸的引力作用下,过境公路与城镇格局之间的内部联系越来越紧密,成了城镇发展的指明灯,在区域规划格局的形成过程中占据着十分重要的地位。

(三) 对外交通伸展轴与小城镇形态演变

城镇的交通干线表现为城镇最优方向发展轴。城镇在形态结构演变的过程中,交通走廊的生长方向对其发展有重要作用,常常走廊地带是城市布局规划的核心节点。因此,城镇的规划常常是沿着交通走廊的生长而建设的,向外部交通伸展轴扩张,城镇形态更倾向于演变为带状;向外均匀扩张两条以上,城镇形态更倾向于演变为指状或星云状;如果交通伸展轴过密,并且延伸停滞呈向心型发展,显示出团状蔓延或扩张;它们具有区位条件优势,隐藏着巨大的发展潜力,这种地区往往占据城市的核心地位,是重要的交通枢纽。但是,倘若区域的地理位置不是很具有优势,与周边地区的信息交流不够充分,信息闭塞,那么这种情况下,这个区域的发展就会明显落后于那些通信发达的地方,而这些区域就会逐步在自身发展受限制的情况下向外延伸。公路和轨道交通产生很大的影响,推动中心集镇变化。

高等级公路对中心集镇产生的作用很大,主要作用的形态布局结构包括:①推进小城镇经济极核的构建。高等级公路网络的形成,逐步拉近了城镇与城镇之间的距离,使它们以及周边地区的贸易往来更加频繁,从而进一步吸引了外界资金流入,在这种有利的发展背景下,很多资本家往往会选择将企业工厂转移到这些地方,这些区域的经济也因此由于企业和工厂园区的兴起逐步繁华,进而乡镇企业工业区就这样产生了。良好的交通,促进了贸易行业和第三产业的繁荣成长。所以加快小城镇建设活动并逐步产生集聚吸附效应,对小城镇发展"摊大饼"式模式的阻碍具有极为重要的意义,能使城镇建设向着有序的方向发展,推进农村区域增长极核的壮大。②能够构建密集的城镇布局。依靠城镇用地结构、人口分布等方面,促进多中心城镇格局构建,进一步完善基础设施配置等。形成集中与分散的趋势:一部分壮大第三产业特征;一部分有助于建设副中心城镇,但同时会造成镇中心密集度不高。人们来往城镇的办法依赖于公路的基础设施完善,促进了农业、服务业、工业在空间上的分离,将密集的城市分散到疏散的区域,对城镇中心的贸易、教育、工业都有很好的推动作用,支撑着城市的发展壮大。

城市轨道交通保障区域运营工作，对城镇化发展起到巨大的促进作用。加快轨道交通的建设对城市空间分布格局具有助推作用，加快了地域内部的资源、要素的互流互通。

表5-4 轨道交通路网规模的影响因素

第一级	轨道路网运营规模							
第二级	城市交通需求				城市交通发展战略			
第三级	城市人口	城市面积	形态布局	居民收入	生产总值	财政收入	基础投资	交通政策
第四级	国家政策							

轨道交通是一种有效的辐射方式，对城市群经济发展层次具有很大差异的区域来说，具有传播内部的资源、人员、物流、科技等要素的作用，进一步影响了城市群的建设，对城市群空间布局可以起到改善作用，对城市群发展的进度层次、生态污染现状都起到很好的改善作用，能够达到城市群各种地区的内部协同发展。城市空间布局不仅是一个单纯的结构，而且是功能、经济、理念各种组合的一种综合体。

轨道交通有效缓解城市地区的不便利性，影响城镇规划建设，缩减区域土地的占地面积，可以推动城市群布局结构的升级，对城市群的可持续建设也有深远意义。轨道交通保障了一体化建设，具有重大意义，同时让城市不同区域或者联系不紧密的城镇融合为一个大家庭，加强了整体的内部交流，促进了协同合作，对产业集群的发展有导向作用，对区域经济的成长、科技创新实力的提高、城镇布局的结构优化都具有重要意义。因此，轨道交通对城乡一体化发展进程产生的作用是巨大的。

四、促进农业现代化发展

根据杜能农业区位论，农产品种植种类围绕着市场中心呈环状布置，国内学者马英忠在其博士论文中提出，农村公路的建设可以激发一定的交通运输需求，这些需求包括其他公路转移来的运输量、农业发展新增运输需求和建设之前被抑制的交通需求。交通的发展促进农业区位边界外延扩大，农业收益和生产运输效率得到双重改善。根据区位条件的不同，公路交通对农业现代化的影响表现在以下方面：在农业生产条件较好地区，进一步加强道路基础设施建设，有序推进农村公路双向车道改造，适应大规模农业机械化所要求的交通条件；在气候和地形条件较差的地区，做好通村硬化道路建设，保证农村农用机动车出行安全（见图5-11）。

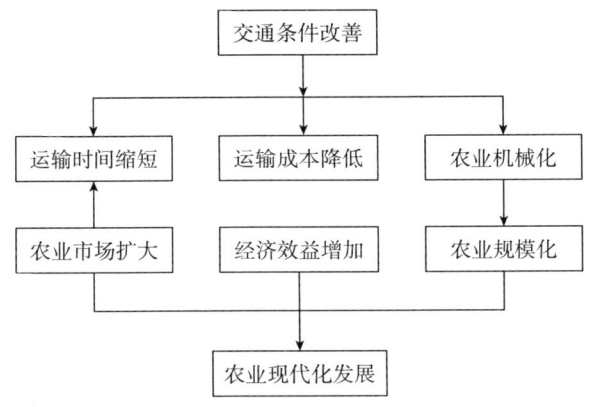

图 5-11　公路交通对农业现代化的影响机制

第五节　交通运输体系发展对中部农村中心集镇空间布局的影响

一、交通对城市区域结构的影响

（1）增加区域可达性是指从某一区位到达指定区位的便捷程度，是评价交通网络和交通区位的常用指标，可以根据区域之间的可达性进行区域划分。高速交通可以增加区域之间的可达性，从而使区域的范围得到扩展。在一定区域内特定交通系统下，评价中心城市到其他节点城市的时间测度，其计算公式为：

$$A_i = \sum_{i=1}^{n} T_{ij}/n$$

式中，A_i 为城市 i 的可达性值，表示 i 点在区域内的可达性水平；T_{ij} 为 i 城市

到区域内 j 城市的最短交通时间；n 为在区域中除选定城市以外的城市总数。A_i 的值越小，表示该城市的可达性越好；反之则表示该城市的可达性越差。

（2）增加区域内城市空间相互作用对空间相互作用的研究，主要集中在其作用强度和作用方向两个方面。描述空间相互作用的模型，主要包括引力模型和潜力模型。其中，引力模型是分析和预测空间流的一种理论，潜力模型则主要是解决相互作用量本身，表示不同群体间的相互作用的概率。常用引力模型来预测区域之间经济联系的强度。

$$L_{ij} = \frac{\sqrt{p_i \times v_i} \times \sqrt{p_j \times v_j}}{T_{ij}^2}$$

式中，L_{ij} 为两城市间经济联系强度；p_i、p_j 分别为 i、j 城市的人口总量；v_i、v_j 分别为 i、j 地区的 GDP 总量；T_{ij} 表示两城市间的基于不同交通的最短旅行时间。

（3）扩大城市腹地范围的中心城市的吸引力，使该城市的辐射力对周围区域的社会经济起主导作用。城市的辐射范围是随社会经济的发展而发生变化的，可能增大也可能缩小。高速交通是联系区域内城市间人流、物流的主要通道，也会影响城市吸引范围的大小。康弗斯（Converse，1949）提出断裂点理论，认为一个城市可以对相邻区域产生辐射，辐射力的程度与该城市的规模和到相邻区域的距离有关，随距离的增加而逐渐减弱，当两个城市间的辐射力达到相同值时会形成一个平衡点，这个平衡点就是断裂点。断裂点计算公式如下：

$$d_a = \frac{D_{ab}}{1 + \sqrt{\frac{P_b}{P_a}}}$$

式中，d_a 为从断裂点到城市 a 的距离，D_{ab} 为城市 a、b 之间高速交通的距离，P_a、P_b 分别为城市 a、b 的规模。

二、综合交通运输对城市居住选址的影响

可达性在城市交通系统与土地利用的互动关系中起到了重要作用，土地利用（居住用地、商业用地、工业用地等）的空间布局影响着出行的生成与分布，土地利用空间布局不同，各个区域的可达性水平也有所不同，区域的出行需求也有不同程度的差异，这对城市交通系统的运行有重要影响；另外，交通基础设施的供给与布局影响着该区域可达性水平的高低，可达性高的区域通常具有更强的吸引力,能够吸引更多的人流和物流,刺激该区域土地利用的开发,反过来影响城市土地布局。因此,可以将可达性看作城市交通系统和土地利用共同作用的结果。

居住用地作为城市土地利用的重要组成部分,其区位的选择也受到了交通系统的影响,而可达性正是理解居住用地与交通系统之间作用关系的关键。交通系统、可达性和居住用地三者之间的相互关系可以通过以下几个方面来描述:

(1)居住用地以及其他相关土地利用的空间分布情况,决定了居民的生活、上班、上学、休闲娱乐等日常活动场所的位置。

(2)居民的日常活动需要交通系统提供相应的服务,以实现居民的空间移动。

(3)交通系统中基础设施的布局实现了城市空间的相互联系,因此可以用来衡量可达性。

(4)可达性在空间上的分布对居民的选址行为具有重要影响,同时也促使城市交通系统与土地利用(居住用地)不断发生变化。上述分析过程可以通过图5-12简要概括。

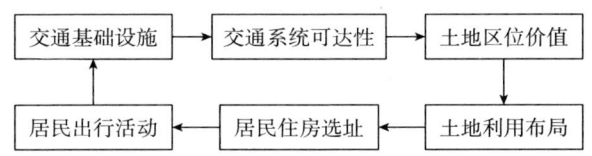

图5-12 交通系统、可达性与居住选址之间的影响关系

三、综合交通运输对空间布局的影响

(一)水路交通对城市空间演化的影响

1. 河流对城市区位的影响

人类自诞生以来便濒水而居,近水而种,早期城市大多会诞生在大江、大河、湖泊以及海洋沿岸,水对于城市而言至关重要,可以说,没有水源就没有城市。河流对于城市布局的影响因素众多,如表5-5所示,早期城市选址注重河流的供水功能,河流不仅为居民提供生活用水,更促进了以水为基础的手工业的发展,促进了劳动分工,加速了城市化。此外,河流还有防御的功能,特别是河

流弯曲处、河心岛、沼泽等地方，可以将自然河流当作护城河，为外敌入侵增加难度。随着经济的不断发展，剩余产品不断增加，城市分工的不断深入使商品贸易发展壮大，人与物的流动增加，交通在人们日常生活中的重要性逐渐提升。但是，此时内陆地区道路、桥梁等基础设施尚不完善，交通工具落后，陆路多关卡，要缴纳苛捐杂税，有时还会遭到盗贼的掠夺，陆路交通无法满足人们出行的需求，而江河湖泊是天然水道，且水路运输成本低、速度快、运量大，为居民出行提供了极大的便利。此外，河流流域是一个地理范围，在这个地理范围内生活的人们会因为河流而拥有对该地域的认同感，具有相对一致的生活方式和价值观念。在某种程度上，这种认同感也加速了人口在河流附近的集聚，促进了城市的发展壮大。当然，河道受阻也会使城市衰落。现代社会，铁路、公路等交通的发展使河流的运输功能不断减弱，但是河流对城市而言，仍有重要意义。在自然环境方面，河流及其两岸的植被带可以改善城市局部小气候，缓解城市污染，涵养城市水土；此外，在城市规划中，河流的防洪功能亦不容忽视。在社会经济方面，河流周围的滨河公园能满足城市居民对清新空气的需求；城市河流两岸多历史遗迹，其历史研究价值不容小觑；城市河流两岸环境优美，能带动房地产业、旅游业等经济发展，对整个城市经济发展起到重要作用。在交通运输方面，与其他运输方式相比，水运虽灵活性差、速度慢，但对于煤炭、粮食等大批量运输的货物而言，水运最廉价，所以仍具有广阔的发展前景。

表 5-5　河流对城市区位的影响

功能	方式	影响
供水	生活	为居民提供生活水源
	生产	为以水源为基础的手工业部门提供水源
防御	河流弯曲处	一般在河流弯曲且两岸设有防御设施的狭窄区域建立城市，高滩曲折河道因弯曲处被河水侵蚀成沉积层，难以攀爬，更有利于城市防御
	河心岛	将自然河流作为护城河，集防御与港口功能于一体
	沼泽	抵御入侵者进入
	浅滩处	易于渡河，且外敌船只到此处易搁浅
	桥梁处	河流变窄、河床稳固，容易修建桥梁
	河流交汇处	大量人、货在此集散中转
交通	航运起始点、终点	河流上游水道过窄，或有瀑布、急流等水运障碍，货物在此转运

续表

功能	方式	影响
文化	流域范围内	共同的趋向性与认同感
环境	河流沿岸	自然环境：涵养水源、净化城市环境；社会环境：满足居民对良好自然环境的需求、带动经济发展
经济	河流沿岸	环境优美，带动房地产业、旅游业等产业的发展

2. 河流对城市空间形态的影响

城市空间形态会受到河流自然形态的影响，河流往往能奠定城市的基础格局，如表5-6所示。河流穿城而过，城市大多是沿河分布的，带状的水系使城市呈"一"字形沿河两岸分布；自由弯曲的水系使城市随着河流弯曲分布；环形水系，城市会沿河建成环形；纵横交错的水系，城市呈网状分布。

表5-6 水系形态对城市空间形态的影响

水系形态类型	城市空间形态类型	类型图示
带状水系	"一"字形城市形态	
自由弯曲水系	"S"形城市形态	
环状水系	环形城市形态	
纵横交错水系	网形城市形态	

（二）铁路交通对城市空间演化的影响

1. 铁路对城市空间结构的影响

与陆路交通、水路交通相比，铁路交通的出现大大提高了区域的可达性和吸引力，引发城市区位状况的变化、加速生产要素的流动、促进城市内部及城市间分工与协作，有利于区域中心地位的提升。铁路交通是城市交通基础设施的重要组成部分,适合长距离、大运量的客货运输,对增强城市空间经济联系有重大意义。随着公路的发展,城市面积不断扩张,铁路网被包围在城市内部,使铁路对城市和公路交通的发展产生阻隔。穿城而过的铁路线分割了城市,路线两边的人流、物流、信息流等沟通变得不顺畅,阻碍了城市的发展。铁路与公路相交,易加剧城市交通的拥挤、增加人们的平均出行时间以及安全隐患,造成站场人口过度集聚、居民生活质量下降,会对城市的发展产生抑制作用。而铁路站场作为铁路交通的进出口,是城市与外界各方面交流的"窗口",对城市经济、社会的发展都有推动作用。此外,铁路站场周边地区由于优越的交通条件,逐渐成为区域开发的重点。铁路交通站场促进区域开发的同时,又造成了区域发展的不平衡,站场前面交通便利、商业发达,而站场后面不仅交通不便,而且还受到噪声的干扰,所以经济落后,这种区域差异不利于城市的发展。随着交通技术的进步,高速铁路出现了,主要通过改变区域的交通可达性从而引发区域空间效应,促进城市与区域经济的发展,进而使城市空间组织结构与城市格局发生改变。首先,高速铁路枢纽可以看做区域的增长极。速度的提高,可以改变人们的出行方式、出行时间以及时空观念,对物资、信息快递产业、商务流通等活动影响很大。高速铁路枢纽凭借其区位优势,使金融、商务以及居住等大规模城市活动在此集聚,经济活跃程度增强,推动着城市的规模等级、功能布局的升级演化,成为城市发展的增长极。其次,高速铁路的发展改变了区域的区位优势。高速铁路的建设使城市的可达性提高,进而引发区域的区位优势效应。再次,高速铁路加速了产业的集聚。高速铁路为区域带来的区位优势效应使产业在此集聚,便于接受发达地区的产业转移,进而产生产业集聚布局效应。最后,高速铁路还引发了区域空间结构的重组效应。高速铁路的出现进一步缩短了城市之间的空间距离,沿线的大城市易形成大城市连绵带,城市间的连接性也不断增强,加剧了经济活动的集聚和分散,加强了区域之间的资源、信息的流通,进而不断影响城市发展格局。此外,高速铁路线一般都建在高架桥上,节约用地,不与其他交通相交,对城市用地不会产生阻隔,有利于城市的全面协调发展。而且,由于高速铁路以实现电气化,选择高速铁路出行,将有利于缓解城市的环境问题。

2. 铁路对城市布局的影响

铁路在城市中的延伸,引起周围区域土地利用的不断变化,通过土地的不断开发、功能布局的演化产生了新的运输需求,进一步促进新的铁路战场和线路的建设。如此相互促进、相互反馈,引发铁路网结构与城市布局的不断演化。国内外城市内铁路线网相关发展演变模式大致可分为三大类：

第一类，线性结构。线性结构主要是指直线、曲线等形式的铁路线，铁路战场沿线布局。铁路交通发展早期，城市主要分布在铁路的一侧，此时铁路对城市布局的干扰比较小。随着经济的发展，城市不断向外围扩展，城市蔓延到铁路线的另一侧，此时城市发展会受到路线的阻隔。

第二类，端点结构。由于地理或路网规划等原因，城市位于铁路线（网）的末端，端点结构大致可分为四种情况：一是铁路的末端伸入城市内部，城市的功能布局围绕铁路末端的站场分布；二是铁路沿河流分布，并与城市布局配合发展，由于河流的隔断作用，铁路网受城市布局的限制比较大，进一步发展比较困难；三是铁路完全沿江河湖海岸线伸展，线路将城市与江河湖海完全隔开，此类铁路线路对城市规模发展的阻隔作用比较明显；四是几条铁路末端延伸到市区，市区中布局多个铁路站场，对城市的空间布局影响重大。

第三类，辐射式环线结构。主要指多条铁路线网在城市中心汇聚，此为辐射式，再加上环形铁路线，就形成了辐射式环线结构。一种是多条铁路线在一点汇聚，换乘方便，但是过度集中；另一种是部分铁路线在城市中心汇聚，形成多个换乘点，线路之间连通性好。此类城市功能用地高度集中在城市中心，以放射状为发展轴向外围地区延伸。

（三）公路交通对城市空间演化的影响

1. 公路对城市空间形态的影响

与水路、铁路交通相比，公路交通更灵活、便捷、覆盖面更广、可达性更高，是关系到社会经济发展、贴近人民群众生产生活的基础设施，与其他交通方式相比，公路交通对土地利用的影响更大。城市空间形态扩展一般有两种形式，即圈层式扩展和轴向式扩展，如图5-13所示。圈层式扩展指城市由单中心不断向外围扩张，生产要素不断向城市中心集聚，距城市中心越远，受到的城市中心吸引力越小。随着城市中心的不断扩大，其吸引力所覆盖的范围就越大，这种城市扩展形式也就是"摊大饼"式的扩展模式。轴向式扩展是指城市沿着发展轴呈带状向外蔓延，发展轴为其周围区域传送生产要素，形成带状城市形态，而公路便是传输生产资料的发展轴。但是，大部分城市空间扩展并不是单一的形式，通常是两种扩张形式兼而有之，轴向式扩展是一种开放式生长模式，当城市发展到一定阶段时，就需要借助发展轴为其提供生产要素，此时便会产生由城市中心向外扩散的放射状发展轴，积累到一定程度，轴线间的空间得到填充，便会形成新的中心点，中心点不断扩张，又会出现新的发展轴，循环往复不断发展。

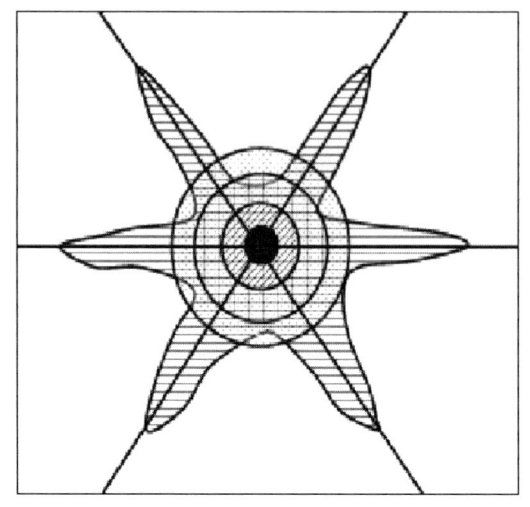

图 5-13　城市空间形态扩展

资料来源：武进. 中国城市形态结构、特征及其演变[J]. 南京：江苏科学技术出版社，1990.

2. 公路对城市布局的影响

随着城市化、汽车化的迅猛发展，为了提高公路交通的效率，城市之间修建了高速公路，高速公路是一种封闭式道路，因此对城市影响较大的是高速公路的出入口。高速公路发展早期，其影响范围较小，以其交通优势吸引资金、人才、技术等生产要素在此集聚，但由于发展时间尚短，这个"点"的辐射范围以及中心吸引力都比较小。在其不断壮大的过程中，各种资源得到最优配置，当扩展到一定规模后产生众多负面影响，产业开始扩散，以"点"为中心在沿线其他地区就出现新的经济增长点，新的经济增长点不断发展，由点成片，便形成了高速公路产业带。由于经济的不断发展，高速公路出入口周边基础设施不断完善，为城镇的出现与发展打下了坚实基础。高速公路作为基础设施、交通产业，可以改变区域的可达性、带动交通产业的发展，同时还能发挥交通产业的乘数效应，高速公路出入口处的经济增长点对其周边区域的吸引力不断增大，辐射范围不断增大，为产业的发展提供了大量的就业机会，加速了人口的集聚，同时教育、医疗、娱乐等生活设施不断完善，所以在高速公路出入口处便形成了城镇。由于高速公路出现相对较晚，在规划高速公路经济区时吸取老城区的规划经验，所以高速公路新城区对居民的吸引力更大。

（四）航空交通对城市空间演化的影响

机场对于区域经济而言，具有四个层次的影响：原生效应、次生效应、衍生效应以及永久性效应。创建或扩建航空服务设施所产生的直接经济影响就是原生效应，主要包括机场建设所带来的就业、承建公司及劳动人员的收入等，原生效应影响时间较短，机场建设结束，原生效应也就随之结束了。机场的运营带来的长期经济影响即为次生效应，包括为机场、乘客提供服务所产生的就业以及对机场周围区域带来的经济增长。机场由于其区位优势以及政策的倾斜，大量高新技术产业在此聚集，这些产业会对地方经济产生刺激和推动，即为衍生效应，其作用是长期的。机场作为一个经济增长中心，一旦经济开始增长，便会产生自我持续增强的增长机制，即为永生效应。航空交通与其他交通相比更加高效、灵活，使人们的活动区域扩大到了国际范围，航空港便是区域与外界联系的"窗口"。由于航空运输运费高、运量小，所以需要航空运输的都是高新技术产业、生物制药或者金融业等时效性强的产业。为了进一步节省时间，这些产业一般都会布局在机场周边，即为临空产业，产业规模不断扩大，形成临空产业园，成为城市新的经济增长点。因为用地、噪声等原因，机场一般布局在城市郊区，随着临空产业园区的不断发展，机场周边区域基础设施也不断完善，人口不断集聚，教育、医疗、娱乐等生活设施逐渐完善，便发展成为航空城市。

四、综合交通运输对中心集镇空间溢出效应

城市（镇）的中心作用是城市（镇）是否发达的标志，而城市（镇）的中心性又是通过交通显示出来的。区域发展的早期，交通网络不发达，物质、信息等传递缓慢，各城市（镇）差异不明显，随着现代交通体系的不断完善，地理空间的阻隔不断减弱，物质、信息等通过交通通道向中心城市汇聚，产生集聚作用，交通发达地区的城市（镇）规模不断壮大，中心作用不断增加，对周边地区的影响不断加大，逐渐奠定城镇分布格局。

交通基础设施是人类活动的载体，交通的改善会使日常工作生活更加便捷，物流、信息流更加通畅，给劳动力和企业带来巨大的吸引力，所以交通对于人口布局有着重大影响。传统的经济学理论一般假设生产要素在地理空间上的流动是瞬间完成的，因此生产要素的运输被假设为不需要花费任何成本，交通基础设施对城镇化发展更不可能会有所谓的空间溢出效应。然而，现实的经验观察却告诉

我们，生产要素与商品的运输成本不可能为零，包括公路、水路、铁路与航空在内的交通基础设施具有典型的网络性与外部性。交通基础设施对产出增长的影响不仅仅局限于交通基础设施经过的地方，还应该包括其他相邻区域，交通基础设施除了具有一般基础设施作为社会公共产品都具有的外部性之外，还存在区域外部性，其空间溢出效应的作用机制具体如下：一方面，交通基础设施具有网络属性，它们将各个区域的经济活动连成一个整体，降低了企业与居民的运输成本，通过扩散效应，使一个区域的发展带动相邻区域发展，这是一种正溢出效应；另一方面，交通基础设施会改变所在地区的可达性和吸引力，提升该区域的区位优势，加快生产要素的流动，特别是对于经济发达地区，由于其长期积累的先发优势，包括强大的科技力量、良好的制度环境、雄厚的资本力量与广阔的消费市场等，交通基础设施发展会进一步提升该地区的竞争优势，并可能造成其他区域经济的衰退及人口的衰减，对其他区域特别是落后地区的城镇化发展会产生负溢出效应。因此，在分析交通基础设施对城镇化的总效应时我们需要考虑其空间溢出效应，否则就有可能高估或低估交通基础设施对地区城镇化进程的作用。交通基础设施对地区城镇化发展存在空间溢出效应的根本原因是其所具有的区域外部性，这又与各类生产要素在不同地区的聚集和扩散紧密相连。区域经济学的理论告诉我们，在要素的空间聚集与扩散过程中，交通基础设施既是优势区域空间聚集的前提（良好的交通运输网络能促进各种生产要素注入先行地区），又是其空间扩散的条件（良好的交通基础设施是落后地区吸引优势地区要素流动与产业梯度转移的必备条件）。

五、集镇规模化影响研究

公路交通使原来小企业分散的发展模式向生产要素中心靠拢，企业对农村劳动力不断吸收，农村务工人员在集镇获得新的信息和技术，带动农村农副产品加工业发展。工业规模扩大，农业产业化成为集镇发展的经济支柱。工业的兴旺带来了人口的集聚和经济总量的提升，为集镇第三产业的发展增加了动力。第三产业的发展使集镇产业结构得到优化，集镇发展趋于合理化，规模进一步扩大，城市功能得到加强。同时，交通的完善使集镇中小企业开始二次发展创业机会。公路作为城市与集镇、集镇与农村地区生产要素流动的纽带，不仅为集镇进一步发展提供了公共基础设施支撑，而且加强了资金、技术、人才向集镇的聚集效应，为企业的二次发展提供了有利条件。因此，在集镇城镇化发展中，需采用高等级公路与邻近中心城区连接，增加中心城区对集镇的辐射带动作用；同时，需要硬化农村公路加强与周边农村地区连接，吸引农村劳动力，农产品输出。优化完善中心城区—小城镇—新型农村社区的三级城镇体系结构（见图5-14）。

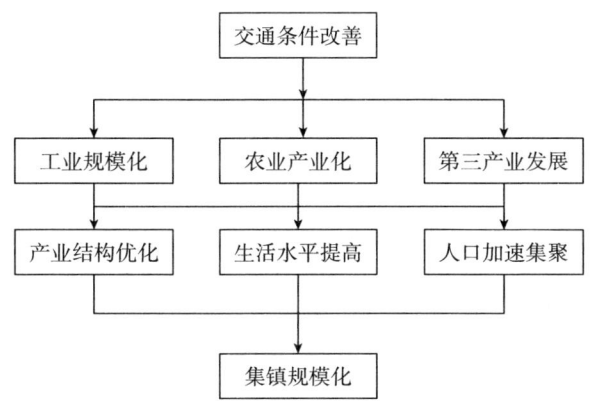

图5-14 公路交通对集镇规模化的影响机制

第六节 交通运输体系改善对农村中心集镇发展的意义

一、有利于扩大内需和全面建成小康社会

城镇化是扩大内需的关键核心点，城镇化和农村中心集镇密切相关。发展城镇化对投资和消费具有双重作用。对中国经济发展具有不可磨灭的力量。中央十分重视扩大内需的政策，突出强调扩大内需的关键点在民生问题，促进服务业发展、改善居民收入、使社会财富更趋向均衡。农村建设是我国富强发展的关键核心点，农村环境的改善不仅对当地居民生活质量的提高有很大的帮助，同时在国家政策的扶持下发展农村经济，也能够对我国城乡一体化的建设产生深远意义，加快小康社会的发展。农村中心集镇作为我国城市化改革的主要发展方向，交通

运输体系的改善对其发展有着极大的促进作用。而交通运输业作为服务业中的主要领域，在拉动国家内需、改善买方市场环境、挖掘内需的潜力以及增加就业方向和岗位中的地位极其重要，而且随着交通运输体系的日渐完善，其在经济发展中国家占据的核心地位更加稳固。

二、有利于统筹城乡经济发展

农村中心集镇是近几年才在国内逐渐发展起来的，而且其大多都集中在产业相对较为聚集以及农村集贸市场地区，因此结合这一趋势来看，要想加快农村中心集镇的发展进程，就必须大面积地改善农村地区的交通运输体系，一方面有利于加强城乡之间的联系，促使城市地区的经济发展通过交通纽带更大程度影响农村地区的发展，另一方面交通的发展也为农村地区本身的产业发展和农村地区的要素流动提供了基础保障。便利的交通使交通落后地区的产品可以更便捷地运往附近区域内需求更大的中心地区和发达地区，而且交通网的通达性不仅可以减少耗费在路途当中的正常损耗和运输时间，同时也可以降低产品的运输成本，从而使其更具有市场竞争力；相对应，城市地区的先进技术、先进设备和创新性产品也更有条件向农村扩展，并在农村实现大规模的生产。此外，从我国目前农村地区的发展来看，大量土地资源闲置，那么综合交通运输体系的日渐完善，在很大程度上将会改善偏远地区的区位条件，从而吸引开发商的进入，使农村地区丰富的土地资源得到挖掘，这将更有利于农村地区进一步与现代城市发展相接轨，改变农村地区以往相对较为封闭的状态，推进农村中心集镇发展进程，改善农村中心地区居民的生活水平。因此，综合以上优势来看，只要先行改善交通运输体系，才能够快速推进农村中心集镇发展，并逐步缩小城市与农村地区的结构差别和经济发展差距，最终实现全国范围内的城乡一体化发展。

不同的地区之间都会存在空间距离，而这种距离的形成就会导致运输的存在。时间与距离的长短很大程度上影响了运输成本。企业的运营要想取得良好的收益，运输成本是一个关键的控制因素。因此，企业的选址常常会和运输成本有很大关联。在这个角度而言，倘若在区域之间不断减少运输成本，那么各种区域内部贸易关联度就会增大，同时地域内部的贸易需求量也会随之受到影响。当一个区域的人才以及先进管理经验丰富时，并且拥有足够的资金、丰富的资源、巨大的区位优势等这些资源时，相对其他地区而言这一类地区发展会很迅速，能够形成在中原经济圈中占据主导位置的增长极，在这一类经济圈中，能够发挥吸引和扩散的辐射效益以发展自身力量,而且也可以促进周围欠发达地区成长,能够达成区域间协调发展的目标。交通运输作为载体,对增长极区域的辐射作用意义深刻。政府在进行地区规划时,可以根据城市发展等级进行资源的分类配置,特别是在基础设施建设投入的情况下,对人口密集的城市合理设置轨道交通,对乡村落后地区的周边范围加大力度建设公路干线,设置火车站运营点,推动资源的转移方向和目标。通过这种区别对待的方式建设城市和农村地区,能够更大程度地均衡地区经济水平。交通运输体系帮助发达城市的优势资源延伸到欠发达地区,逐步推进各类区域内部商品和要素的流通,进一步减少区域间的发展差异。这样一来,加大力度开发完善交通运输体系,能够大幅度地缩减企业成本开支,不仅对于企业园区的建设有着稳固作用,而且对于当地居住的百姓而言,既方便了他们的出行方式,刺激了他们的消费欲望,也吸引了投资需求的增加,进一步推动了城乡的经济发展水平的总体上升(见图 5-15 和图 5-16)。

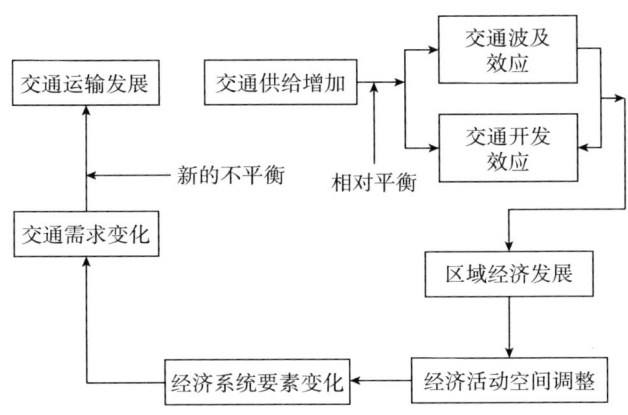

图 5-15 交通运输与区域经济发展的机制

三、有利于加快"三农"问题的解决

交通运输体系改善农村中心集镇主要体现在以下几个方面:第一,有利于农业资源在更大范围内的优化配置。市场机制自动稳定器的作用主要体现在其自身可以根据市场的供给大小,进行自动调节,从而实现资源在市场上的优化配置。而交通则在资源流通的过程中起着至关重要的作用,而对于农村地区这一点尤为

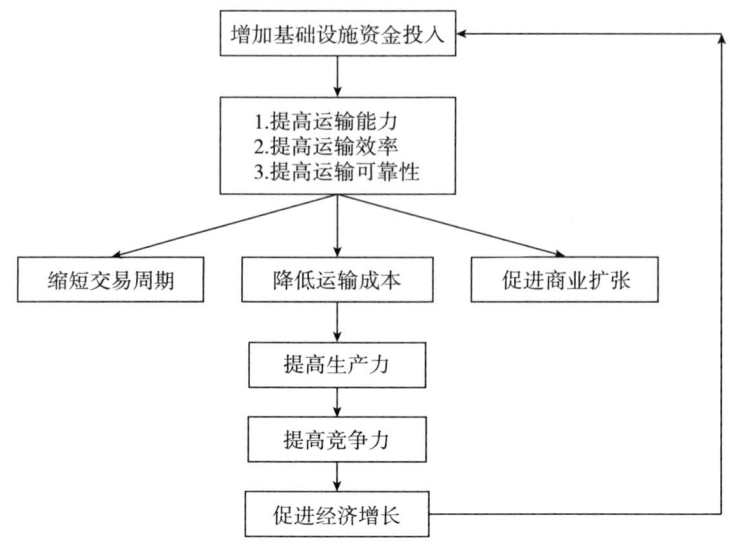

图 5-16 运输与经济增长关系

明显,因此交通运输体系的改善将大大提高资源的配置效率,从而促进农村中心集镇的经济发展。第二,有利于农村地区经济结构的调整。交通体系作为促进经济发展的主要载体,其在绝大多数程度上是与区域经济结构保持一致的。第三,有利于农村地区人民生活水平的提高。一方面,交通运输体系的发展大大改善了人们的出行方式,缩短了人们的出行时间;另一方面,交通体系的发展也促进了农村中心集镇基础设施的供应水平和劳动力的流动性,既有利于人们收入水平的提高,又有利于生活水平的改善。因此,交通运输体系的改善将在很大程度上促进农村地区的经济转型发展,更有利于创新型产品向农村地区的流通和先进技术的传播,一方面开辟了巨大的农村市场,另一方面促使农村人口向经济稍发达地区的集中居住。

城乡一体化是有效解决城市建设不均衡的主要手段。我国贫富差异悬殊,大部分原因是城乡建设不均衡,经济发展不能全地域范围地实现。因此,城乡一体化是治理"三农"问题的关键手段。人们常说的"交通先行"也就是说,只有把交通运输体系完善了,贸易和文化信息才能相互融通。因此,社会要想大步伐地前进,优越的运输网络是地区建设的首要条件。发达城市和落后地区要想更好地发展与融合,农村能够充分地吸收中心城市的资源与信息,中心城市的产业也能转移到农村落后地带,必须要构建便捷的通道。一个普遍的共识是,对于公路交通运输而言,其地域覆盖面积大的优势,能够在农村进行投资开发中进行最优交通运输选择。这些年,我国对农村公路逐步扩大了投资力度和建设力度,这种方式有效地解决了农村公路的基础设施状况,进一步推进了城市和农村贸易发展,促进它们之间的资源流动。并且农村公路的建设,对农村劳动力转移进程的加快有着显著意义。公路网络的全方位覆盖,使农村人口间各种交流也变得更加便利,文化信息的畅通使他们了解了大城市的更多发展情况,掌握了城市建设的步伐,他们也能够与时俱进地跟进社会的发展,逐步将重心放在小城镇的建设之中,也让偏僻的地区收获到更多的资源,提升经济发展的层次。这对"三农"问题的改变和企业工业产品贸易也有不可磨灭的作用。

四、有利于坚持绿色发展道路

只有有效利用区域内的自然条件,资源经济优势才可以充分突出、表现在外,进一步使区域内的经济潜力发挥到最大限度。区域内建设公路,导致对公路沿线资源的开发会受到损害。同时,加快推进运输网络的形成,可以有力改善省内公路基础设施的面貌,进一步提高交通承载力和运输能力,从而吸引外界的资金入注,当资金流入不断提高时,产业也会越来越密集地分布,人员的流失也会逐步减少。中心集镇的资源要素也会得到更加充分的利用和配置。中部中心集镇的经济资源存在很多问题,主要是经济资源开发程度过低、技术设施闲置浪费、环境污染等现象依然存在,距离国家要求的发展水平还是有很大的差距,达不到标准指标。但是,如果合理规划交通运输体系,能够有效配置和组合中部农村中心集镇要素以及资源,在各类区域内对资源进行重组和配置,充分利用运输的开放性特征,推进资源要素和人力物力在不同区域内的流通,减少在途损失的不必要浪费,从而能够更好地配置资源,走绿色发展道路。

五、有利于调整生产力布局

我国逐步开发了交通运输基础设施,渐渐提升发展程度水平,交通运输体系影响着周边地区的企业园区建设,并且对企业资本家投资的门槛和条件都产生了很大的效应,促进了投资比率和效益的日益增长。在企业建设过程中,采取最优配置对资源进行持续安排布局,能够在经济效益上取得更多的收益。在企业建设过程中,首先要关注原材料采购是否便利,产品输入输出是否便利,运输距离是否过高，运输成本是否超支等问题。这些在生产力布局里都需要重视。改善交通运输体系可以有效地解决这类问题。交通运输能力以及承载力逐步扩大，进一步扩大了运输范围，对公路沿线的生产力布局产生了极为重要的影响。企业的运输成本逐渐降低，运营成本也逐渐降低，消费市场在这种条件下逐步扩大，导致了经济效益最大化，地区生产力布局逐步走向规范的道路。所以，沿线企业生产力布局的先决条件是完善交通运输体系，这能够有效降低企业运输成本和生产。并且交通运输体系沿线条件的逐步提高，会减少区域内的运输成本，进一步有效作用于沿线地区的投资环境。

第六章　交通运输体系的改善对中部农村中心集镇发展的效应评估

通常来讲，保持交通运输网络布局与区域经济发展格局相一致，可以在很大程度上促进经济更高速的发展，即所谓的空间适应性。在工业化和城镇化的发展进程中，由于区域经济发展的阶段不同，区域经济空间格局的形成也具有阶段性。从区域经济空间格局与交通运输布局的关系来看，一方面，要想实现经济的高速发展要以交通网络更大的通达性作为条件；另一方面，区域经济的发展程度直接决定了各类资源在区域内的供需程度，而资源的需求越大，也直接决定了对区域综合交通运输体系网络的要求也会更高，因此势必要保证交通运输与经济活动在空间上的同构性。

由于各地区的产业布局不同、城市规模不同，各区域间的关联程度也不同。一般来说，产业布局、人口与城镇布局、资源分布状况是区域联系和综合运输网络布局的重要影响因素。区域经济空间格局相近的地区对交通运输量的需求较小，经济空间分布格局的差异与区域之间对运输量的需求成正比，这种关联性特征决定了区域综合交通运输体系的布局必须要与区域经济空间格局分布相适应。在经济发展的每一个阶段，都有与之相对应的综合交通运输体系布局。在经济发展处于以农业发展为主的初级阶段时，农业发展几近占据了全部的经济市场，此时商品经济发展较为落后，人口分布极为分散，还未出现发达的大中型城市，与该阶段相一致的综合交通运输体系的主要特征为：路网等级特征不明显，其运输动力多以人力、畜力、船等为主。当发展到工业化初期阶段时，商品经济已逐渐发展，但在经济布局中仍是以农业经济发展为主，第二、第三产业在经济中的占比很小，而且随着经济的发展，城市规模开始逐渐扩大，人口开始有向城镇迁徙的趋势，城乡联系频繁，与该阶段相适应的综合交通运输体系的主要特征为：水运占主导地位，铁路、公路运输并存，多种运输方式逐渐得到发展，但并不能够使各种方式的比较优势得到充分发展，形成能够充分协调的交通网络。当经济再进一步发展时，工业经济开始迅速发展，农业在经济中占主导地位的经济结构开始逐渐改变，第三产业大量出现，此时便是工业化中期阶段，伴随着产业结构的改变，人口向城镇的聚集加剧，大城市迅速发展起来，为了适应城市间频繁的联系，该阶段的综合交通网络逐步得到完善，五种运输方式自身得到巨大发展。在工业化后期阶段，产业结构逐步高级化，第三产业逐渐在经济中占据主导地位，随之而来的现代化综合交通运输体系也开始逐渐形成，并且伴随着经济越来越高速的发展和生活水平的逐渐提高，城镇化程度也开始逐渐提高。

由于各区域的发展阶段不同，区域内的产业结构转变和集聚过程中以及城镇化进程和人口的集中程度等方面表现出不同的特征。因此，在各种因素的综合影响下，各地区的经济空间格局有不同程度的差异，而交通运输体系的建设也应根据区域经济的不同进行差异化布局。

第一节 评价指标体系

一、评价指标选取原则

指标体系主要用于对目标对象进行实证研究，包括定量和定性分析，从而使对其描述更具说服力。通常指标体系的建立应遵循以下几个规则：

（一）系统性原则

农村中心集镇的发展过程包含着多重要素的系统转化，例如人口、空间、经济、生活方式和生活质量等。因此，在建立交通运输体系改善中部农村中心集镇发展的效应评估指标体系时，要综合考虑各方面的关联性，使指标体系具有层次性和非重复性，从而综合、全面地反映交通运输体系改善对中部农村中心集镇发展的促进效应。

（二）科学性原则

科学性原则主要是指，在设立指标体系以及进行指标选择时，应在科学合理的基础上，一方面要使设定的指标体系能够充分反映目标与所选取指标之间的关系,另一方面,要根据需求合理地分配各个层次的指标个数,充分考虑到各方面的影响因素,尽量避免在选取指标时存在信息遗漏或者信息重复等情况,最重要的是必须保证数据的准确性和客观性,指标的界定应当清晰、明确,有充分的理论依据。

(三) 可行性原则

经过指标的选取和数据的确定后,便可以进行指标体系的设计,但指标体系最终能否达到预期的结果,仍受到多方面因素的影响,例如数据的可获取性、准确性等。这就要求各项指标在选取时必须含义明确,计算和计量范围口径一致,同时要尽可能利用已有的或者便于搜取的信息资源、数据,保证数据的可获取性,使其利于进行量化和测定。

(四) 简要性原则

选取的指标数量、层面越多,可以为科学研究提供越丰富全面的信息,但数据采集的工作量和难度也在一定程度上增加了,更重要的是问题的分析也变得更加复杂化。因此,要想在得到预期结果的同时又能够合理地减少工作量,就要尽量减少对一些计算较为烦琐的指标的选取。

二、评价指标体系

从微观层面来看,影响居民出行方式选择的因素分为客观和主观两个方面,即客观上提供了哪些可能的出行方式及其利弊;主观上人们对出行有哪些具体要求,又愿意支付多少成本。而经济社会的发展水平,会同时对这两方面产生影响,进而影响人们对出行方式的选择。首先,经济社会发展的水平越高,人们的出行会更加活跃、更加丰富,对出行快捷性、舒适性、可靠性和私密性的要求会更高,对经济性的要求会降低,这时人们会倾向于支付更高的成本以选择舒适性及私密性更高的小汽车出行,而放弃在快捷性、舒适性及安全性上更差的自行车、摩托车出行。其次,居民拥有的交通工具量和交通工具类型与经济社会的发展水平是直接相关的。有研究表明,当国民收入每增加1%时,机动车拥有量的增加量大概在1.02%~1.95%;当人均收入达到1000~2000美元时,绝大多数人会更倾向于拥有小汽车。

根据交通运输体系和中部农村中心集镇各自的内涵、特征与涉及的领域,通过系统分析后得出,交通运输体系的改善能加快人和物的流动,而人和物的流动又能促进地方产业发展、提高人们生活水平、增加人们生活幸福感。因此,本书的效应指标体系的建立应主要包括两个层面：交通运输体系的改善程度和农村中心集镇的发展程度（见图6-1）。

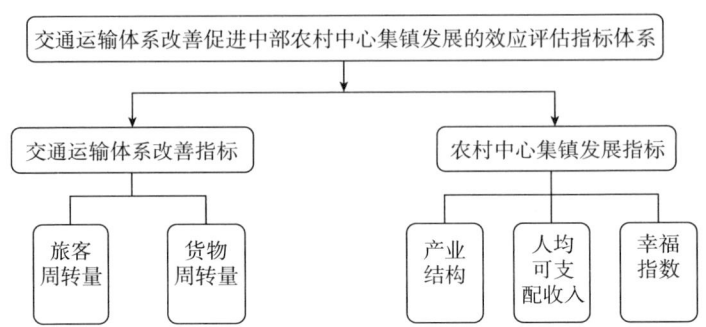

图6-1 交通运输体系改善促进中部农村中心集镇发展的效应评估指标体系

1. 交通运输体系

（1）货物周转量的指标含义与旅客周转量类似，主要用所运输的货物重量和运送的距离结合计算得到，也是交通运输系统中与GDP关联度最高的指标之一。

货物周转量 = 实际运送货物吨数 × 货物平均运距   (6-1)

（2）旅客周转量是指在某一固定时间段内，由各种运输方式所实际完成运送过程的旅客运输量，该运输量是结合旅客人数和运送距离两者的复合单位（人/千米）计算得出的。将区域内各种运输方式所完成的旅客周转量进行相加即可得到区域的旅客周转总量，这一计算与货物周转量是一样的，是交通运输系统中与GDP关联度最高的指标之一。

旅客周转量 = 实际运送旅客人数 × 旅客平均运距   (6-2)

2. 农村中心集镇

（1）产业结构。产业结构主要用第一、第二和第三产业各自在GDP中所占的比例来衡量。

产业结构 =（第一产业增加值/地区生产总值）:（第二产业增加值/地区生产总值）:（第三产业增加值/地区生产总值）   (6-3)

（2）人均可支配收入。人均可支配收入是指居民可用于自由支配的收入，是居民可用于最终消费支出和储蓄的总和。通常来说，人均可支配收入与居民的生活水平呈正向变动关系,即人均可支配收入越高;生活水平则越高;反之则越低。

人均可支配收入 =(家庭的实际总收入 - 个人所得税 - 个人社会保险费用支出 - 记账补贴 - 住房公基金费用)/家庭人口　　　　　　　　　　(6-4)

(3)幸福指数。幸福指数是衡量人们对自身生活的客观条件和所处状态的感受和体验,即衡量人们对于自身生活满意度的一种指数。

幸福指数 = 收入的递增/基尼系数 × 失业率 × 通货膨胀　　　　(6-5)

三、数据处理原则

由于交通运输体系改善促进中部农村中心集镇发展的效应评估指标的计量单位不同,指标的性质也有差别,因此,本书在研究中所建立的评估指标体系,多指标的综合汇总也是急需解决的问题之一。

(一)客观指标汇总法

对计量单位不同的交通运输体系改善促进中部农村中心集镇发展的效应评估客观指标可采用计量分值法进行综合。即要统一口径,保证每个指标的计量口径一致,因此使用计算计量分值的方法。

用 x 来表示客观指标评估值,标准化后的指标数值则用 x' 表示,因此应有:$x' = \dfrac{x - \bar{x}}{\sigma_x}$,在该式中,$x'$ 表示该客观指标的标准差;$\bar{x}$ 表示均值。

当 $x > \bar{x}$ 时,x' 为正;$x < \bar{x}$ 时,x' 为负。而指标的标准化分值为负不太符合人们的心理习惯,而且它也没有一个确定的取值范围,不便于比较,因而需要对其进行进一步改造变换。将 x 通过下式进行变换:

当 x' 为正指标时,$x'' = 50 + 10x'$;当 x' 为负指标时,$x'' = 50 - 10x'$。

将各指标的取值都进行转换后,其计量分值都会限定在 0~100 的范围内,而且这一数值与指标所描述现象在这一方面的发展水平是成正比的。将评价体系内所有指标的计量分值进行算术平均或者加权平均计算后,就可以得到该指标体系的综合得分值,该综合得分值的高低可以在一定程度上表明总体或总体的某一方面的水平。

(二)主观指标汇总法

在进行交通运输体系改善促进中部农村中心集镇发展的效应评估时,客观指标容易进行标准化处理,再进行综合汇总。但主观指标往往需要与其他方法综合运用才能进行指标的汇总,例如量值平均法。

量值平均法的操作方法非常简单便捷。具体操作步骤如下：第一步，科学合理地为每个指标设计一个或者多个相关的调查项目，然后收集相关资料，并对指标进行量化。第二步，计算所有主观指标量化值的平均值均，得到其综合评估值。

第二节 效应评估模型

层次分析法（Analytic Hierarchy Process，AHP）是美国运筹学家萨第（T. L. Saaty）于20世纪70年代提出的，该分析方法将定性与定量分析相结合，是一种多层次权重的多指标决策分析法，对问题结构较为复杂、决策制约条件较多且不易量化的决策问题较为适用。利用所得到的排序结果，对问题再进行分析和决策，达到决策的总目标。因此，层次分析法的核心问题其实就是排序问题，其包括了递阶层次结构原理、标度原理和排序原理。

AHP的优势在于可以将其他分析方法无法量化考核的因素，通过判断矩阵的形成进行比较，然后做出定量分析，将复杂的评价因素问题转变为了简单的层次结构分层问题，非常清晰地表现出了评价体系中各因素的相对重要性。

一、建立层次模型

层次结构可以极为清晰地表示各个元素之间的隶属关系和各元素的相对重要程度。层次分析的一般分层如图6-2所示。根据各项指标之间的隶属关系以及重要程度，即可构造出层次分析模型。

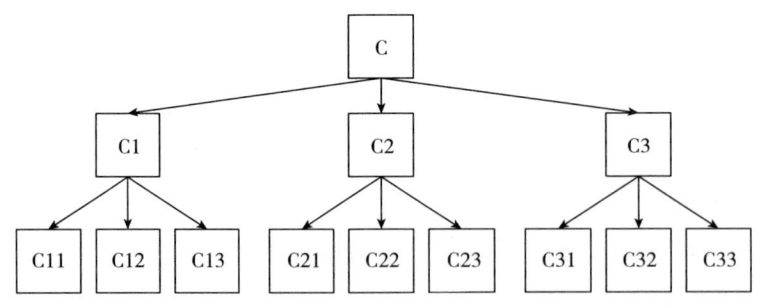

图6-2 层次分析结构模型

二、构造判断矩阵

层次分析模型一经建立,元素之间的隶属关系即被确定。层次分析法要求决策者对系统中每个元素相对整体的重要性做出合理判断。将处于同一层次的各个元素的重要性程度进行比较,其两两比较的结果可以采用 1~9 标度法给予合适的标值,构成比较矩阵 B。

$$B = \begin{bmatrix} b_{11} & b_{12} & \cdots & b_{1n} \\ b_{21} & b_{22} & \cdots & b_{2n} \\ \cdots & \cdots & \cdots & \cdots \\ b_{n1} & b_{n2} & \cdots & b_{nn} \end{bmatrix} \quad (6-6)$$

元素 b_{ij} 表示与上一层次元素相比,元素 i 与元素 j 的相对重要性的数值表现。b_{ij} 具有如下性质:

$b_{ij} > 0$;$b_{ij} = 1/b_{ji}$;$b_{ii} = 1(i, j = 1, 2, \cdots, n)$;$n$ 为判断矩阵阶数。

表 6-1 模糊评语各标度释义

判断尺度	评价规则
1	两指标相比,具有同样重要性
3	两指标相比,一个比另一个稍重要
5	两指标相比,一个比另一个明显重要
7	两指标相比,一个比另一个强烈重要
9	两指标相比,一个比另一个极端重要
2、4、6、8	介于上述两相邻尺度中间
倒数	指标 i 与 j 比较得判断 b,则指标 j 与 i 比较得判断 1/b

三、层次单排序

层次单排序是指基于单一判断矩阵,计算单一层次内各元素之间的相对重要性比重。排序计算实际上是对判断矩阵最大特征根和特征向量的计算,即对判断矩阵 B 计算 $BW = \lambda_{\max} W$ 的特征根以及特征向量。这里的 $\lambda_{\max}$ 即为 B 的最大特征根,W 即为其对应的规范化特征向量。W 的分量 W_i 是对应单元单排序的权值。

四、判断矩阵一致性检验

为检验判断矩阵是否一致,需对其一致性指标 $CI = (\lambda_{\max} - n)/(n-1)$ 进行计算。当 $CI = 0$ 时,说明判断矩阵具有完全一致性;相反,CI 越大说明判断矩阵的一致性越差。此外,为了检验判断矩阵是否具有令人满意的一致性,还需将 CI 与平均一致性指标 RI 进行比较。判断矩阵的一致性指标 CI 与同阶平均随机一致性指标 RI 之比称为判断矩阵随机一致性比例,也称相对一致性指标,记为 CR,检验系数 $CR = CI/RI$。

对于 1~9 阶矩阵,RI 为平均随机一致性指标,是由足够多个根据随机发生的判断矩阵计算的一致性指标的平均值,其值如表 6-2 所示。

表 6-2 平均随机一致性指标

矩阵阶数	1	2	3	4	5	6	7	8	9
RI 值	0	0	0.58	0.90	1.12	1.24	1.32	1.41	1.45

通常一阶、二阶判断矩阵都具有完全一致性。对于二阶以上的判断矩阵,当 $CR < 0.10$ 时,则认为判断矩阵具有满意的一致性,否则应调整判断矩阵,使其具有满意的一致性。

五、层次总排序

求出排序权值并得到层次单排序后,为了得到某层元素对于总目标的组合权重,则要用该层次排序结果和上层元素的组合权重,计算本层次所有元素重要性的权数值,即层次总排序。层次总排序需要从上到下逐层顺序进行,对于最高层下面的第二层,其层次排序权重即为总排序权重。若上一层所有元素 $A_i(i=1, 2, \cdots, n)$ 的总排序已完成,各元素的权重值相应为 a_i,与 A_i 相对应的下一层元素 $B_j(j=1, 2, \cdots, n)$ 排序结果为 b_{ij}。如果 B_j 与 A_i 无关,则 $b_{ij} = 0$,于是得到层次总排序(见表 6-3),$\sum_{i=1}^{n} \sum_{j=1}^{n} a_i b_{ij} = 1$,即层次总排序是归一化的正规向量。

表 6-3 层次总排序计算

层次 A		A_1	A_2	...	A_m	层次 B 总排序
		a_1	a_2	...	a_m	
B	B_1	b_{11}	b_{12}	...	b_{1m}	$\sum_{i=1}^{m} a_i b_{1i}$
	B_2	b_{21}	b_{22}	...	b_{2m}	$\sum_{i=1}^{m} a_i b_{2i}$
	...	...	...	...	...	...
	B_n	b_{n1}	b_{n2}	...	b_{nm}	$\sum_{i=1}^{m} a_i b_{ni}$

第三节 交通运输体系改善促进农村中心集镇发展的效应分析

一、综合交通运输体系对区域经济发展的影响

综合交通运输作为政府宏观经济调控的杠杆性领域，在实现社会经济健康运行、拉动区域经济增长等方面也具有积极作用。综合交通运输体系的基础作用在于为各类资源在不同区域、不同领域的流通提供保障。

（一）综合交通运输体系对区域经济总量的促进

区域经济理论基于中心地区相较周边区域，其交通与信息技术较为发达，且基础设施较为完善，在以商品集散和加工为主的经济中心地区发展第一、第二产业，将具有更为明显的发展优势。而区域中心的关键基础之一，就是其拥有的便捷的综合交通运输体系，具有以区域中心为核心枢纽、覆盖其周边区域全范围、高效、便捷等优点。综合交通运输体系的建设大大缓解了运输压力，从而降低了企业的运输成本，增加了经济收入，进而提高了产品或服务的市场竞争力，最终使区域经济总量增加。交通基础设施投资力度的逐渐加大，一方面有利于对原有的生产要素进行重新整合，便于实现资源在区域内的优化配置，另一方面也有利于先进技术和要素的流入，并对其进行充分利用，将在很大程度上带动产业的转型升级，并带动相关产业的发展。例如，就新知识和新技术而言，因为其创新往往是从空间中的某一点而产生的，而综合交通运输基础设施网络建设的投资力度的增加和扩张速度的加快，都很有利于通过适当的载体，迅速推进新知识的利用和新技术的实践，从而达到经济外溢效应的理想化状态。

（二）综合交通运输体系对区域市场一体化及区域产业结构的优化

交通运输体系建设是实现市场一体化发展的关键。发达的综合交通运输体系一方面有利于减少地理上的区域划分所带来的限制，另一方面也有利于减少耗费在出行或者运输上的时间和费用，从而更有利于在不同区域内形成统一市场。"市场吞噬"作用产生的条件一般是由技术进步带来的规模经济的产生，当局部

区域的技术实现大幅度提高时,就可以产生吞噬该行业厂商在技术落后地区所占有的市场空间,淘汰区域内技术发展落后的企业,从而使区域内该行业的平均技术水平得到提高,进而带动区域产业向更高层次发展。与之相对应,落后的交通运输体系将会降低或者抵消"市场吞噬"的作用,从而减缓统一市场的形成进程。所谓区域产业结构优化就是要在区域范围将第一、第二、第三产业合理分配,并不断促进各产业部门向更高层次的转变。因此,由"市场吞噬"作用而引致的市场淘汰机制,将有利于市场竞争的进一步形成,从而使市场得以完善,进而使区域内的产业结构得到全面优化。

(三)综合交通运输体系有利于促进区域生产力空间布局的位移

交通工具的增加和改良,自然会对劳动生产力产生影响:使生产同一商品所需要的劳动时间减少,并建立了精神与贸易发展所必需的交往。因此,交通运输的发展,势必会对生产力的空间布局产生巨大的影响。

我们通常认为,经济发展以及经济结构的优化实质就是在于实现资源在空间内的最优配置,而要想实现资源的转移,综合交通运输体系作为其转移的载体,它的建立和完善就显得极为重要。生产力的空间布局是一个多维系统。综合交通运输体系主要通过对区域产业布局和区域城镇布局等方面产生影响,进而影响到区域的生产力空间布局。而其对于产业布局的影响主要在于,当交通运输方式发生改变时,产品因交通而产生的生产成本也会发生巨大改变,消除了由空间距离产生的空间摩擦力,进而影响到产品的销售价格和产品的流通方向,并最终形成更加合理的区域产业格局。同时,综合交通运输体系的改善对城镇体系演进也具有推动作用。因此,综合来看,综合交通运输体系在一定程度上能够起到塑造区域空间形态的作用。

二、交通发展对城镇体系结构演变的影响

从前文可知,不同的交通发展阶段是与不同的经济发展程度相匹配的,而当城镇体系形成时,交通体系也逐渐会对整个区域内的城镇布局产生影响,只是这种影响是要经过时间的积累才会逐渐显现出来的。通常情况下,从交通发展的历史这一角度来划分,可以将交通发展对城镇体系结构演变的影响分为四个阶段,每个阶段的具体特征如下所示。

(一)水运时代

水运时代是人类社会发展的初级时代。在原始时期,人类大都会选择顺水而

居,便于饮食起居。从世界四大文明古国的发源就可见一斑。因此,不难发现,在原始时期村落以及城镇的分布都是顺着河流的流向呈带状疏散分布的。

从我国古代京杭大运河沿线城镇的发展来看,其沿线形成了以当时经济发展较为发达的杭州、苏州、扬州等几大城市为核心的城镇体系。京杭大运河沿线手工业和商业在南宋时期就已得到迅速发展,杭州市的人口已达到100多万,明清时期,运河两岸的农业也极其发达,被誉为"天下粮仓";淮安市则更是依靠其优越的地理位置,发挥着京杭大运河沿线五大中心的作用。自隋唐以后,苏州开始逐渐发展,到了明清时期已发展成为东南一带的经济和文化中心。因此,从京杭大运河沿线几个大城市的发展来看,京杭大运河对其沿线城镇的布局和产业结构起到了极其重要的作用。

(二) 铁路时代

随着蒸汽机的发明以及动力方式的变革,世界开始逐步进入铁路时代。但这个时期世界各国大量修建铁路的主要目的在于便于矿产的开发,但伴随着铁路的日益扩张,铁路沿线也开始逐渐有了新的城镇分布。但由于该时期修建铁路的主要目的在于促进工业的发展以及满足国防建设的需要,而且此时铁路与其沿线的城市、农村等联系都较少,通常都是采用封闭式的连接,因此从后续发展来看,铁路发展对其周边城镇的影响并没有非常明显。而且在铁路时代,其沿线的城镇布局本身就不合理,无论是其沿线的城镇规模还是分布密度都是非常不均匀的。

而从我国的铁路建设来看,京广铁路就是属于这一类型的,其沿线的城镇体系也基本符合这样的分布形态。北京和广州两个规模最大的中心城市分居铁路线两端,其他中小城市和城镇则在其城市周边密集分布,而沿铁路线分布的城镇,其布局则非常松散。

(三) 公路时代

在经济大发展的背景下,由于水运和铁路本身的局限性,仅有这两种运输方式已不足以满足人们的交通需求,因而交通大发展成为一种必然趋势。与铁路相比,公路的优势在于其所耗用的建设时间较短、投资成本相对较低并且回报率较高,对地方经济发展的促进作用较为明显而且作用时间也较快,与铁路反差最为明显的是与公路沿线城镇之间采用的是开放式连接,凭借这些优势,公路发展迅速迎来了高峰期。在这一时期,中小城镇开始在公路沿线逐渐密集起来,借助已发展起来的发达城市的经济带动作用,中小城镇发展速度极快,并在公路沿线呈放射状分布。

(四)高速时代

在当代,随着动力方式不断发生变化,技术创新不断推进,交通的发展速度也越来越快,而人们对交通的需求也不再停留在只是一种出行方式的需求,对其速度以及舒适程度都提出了更高的要求,到了这一时期,高速公路、高速铁路以及快速轨道交通的发展条件都已基本具备,因而使其得到了迅速扩张。高速道路的迅速发展,一方面优化了人们的出行方式,缩短了出行时间,另一方面也有效地缓解了城市地区过度集中的人力资源和物质资源。高速时代将在更大程度上扩大中心大城市的资源优势,并更有利于发挥其辐射效应,推动周边地区与中心城市的共同发展,城市产业也将伴随着日渐高效的高速通道向外扩散,从而促进郊区的迅速成长,与城市的中心区域相匹配,形成多元化的城市结构。

第七章 中部农村中心集镇地区及交通运输体系现状及存在的问题

第一节 中部农村中心集镇现状及存在的问题

一、"土地城镇化"快于"人口城镇化"

"土地城镇化"快于"人口城镇化",是中国城镇化快速推进过程中不容忽视的一个问题,也被称为"城镇化病"。近些年来,一些地方打着"加快城镇化进程"的旗号,盲目拉大城市框架,随意占用耕地、乱设开发区、扩大城镇面积。部分地区在"经营城镇"的理念下,大肆追求土地增值,获得授意,出现了多起滥占耕地和不合理拆迁的行为,导致失地农民越来越多。但是,土地城镇化的另一端却是人口城镇化的滞后,对失地农民的后续社会保障跟不上、农民工落户城镇的制度不健全等,都导致"城镇化病"的发生,严重影响社会稳定。如果任由这种情况继续发展下去,中国的失地农民数量将会不断增加,农村人口人均占有耕地资源的数量将进一步减少,危及国家的农业根基,进一步增加解决"三农"问题的难度。随着城镇化进程如火如荼地开展,城镇化推进过程中不科学所导致的城市空间布局结构不合理等问题日益显现,主要表现为以下三个方面:首先,有些城市急功近利,为了获得短期的成绩,片面追求经济效益,盲目扩大城市规模,浪费大量资源以满足粗放式发展的需求;其次,部分城市在市区规划方面缺乏系统性和科学性,城市规划不能和城市管理形成有效协作,市政工程缺乏整体统筹规划的能力，最终造成中心区功能过度集中、"城中村"和"城市贫民区"现象严重，并由此导致不同程度的人口膨胀、水资源短缺、交通拥挤、环境恶化、城市运行效率低下等问题；最后，城市与城市之间在城镇化进程中未能形成有效协作，相邻城市在形成协调发展的空间布局和分工方面欠缺，造成资源大量浪费。城镇化过程中，大量的农村人口转移至城镇工作，但是城镇中为农民工提供的就业岗位不稳定、流动性强，很大程度上影响了农民工的就业情况。与此同时，农民工还面临的一个严峻的问题是社会保障制度的滞后和不健全。最新推出的农民工工伤保险和医疗保险并不能有效保障农民工的利益，农民工的养老保险也尚未纳入统一的城镇职工养老保险范围。甚至很多在城市辛苦打拼的农民工根本没有从企业得到国家法定的保险。解决这一问题刻不容缓，当前农民工就业制度的不健全和社会保障的滞后，虽然短期内降低了城镇企业运营和城市发展成本，但是未来必将对社会保障体系构成巨大的压力。在中国的城镇建设进程中，不同的行政机构只对自己行政职能范围内的利益，或是与自己利益有关的区域进行城镇化建设管理。这样多部门的多头管制，会让问题变得非常复杂。城镇建设不仅仅是一个领域的管理，它是在市场框架的统一范围内的整体性管理。因此，城镇化的建设需要多个部门多个地区协调管理，城镇建设统一政策的规定和行使都要求各个行政机构统一执行，这样才能更快更好地向前推进。当然在城镇建设中会出现多头管制现象，也是因为客观上的限制和环境等因素的制约，其中也有行政认知不够和管理欠佳等主观原因。

二、城镇空间布局布置不均衡

目前，我国的一些小城镇尤其是多山地区的小城镇的公共服务设施和基础配套设施的建设还很不完善，特别是基础设施条件还较为落后的山区丘陵地区的小城镇。比如，一些道路规划脱离实际，路面的宽度没有考虑到利用率，过窄难以满足发展的需要和过分追求宽度和等级造成资源浪费，道路的断面设计没能充分考虑实际需要，很多时候造成了利用率不高的问题（见图7-1）。

由于中部农村小城镇布局相对分散，所以造成基础设施建设布置不均衡，直接影响了居民的生活舒适性与便利性，而且基础设施的不完善和建设水平低下也反过来阻碍小城镇的进一步发展。

第七章 中部农村中心集镇地区及交通运输体系现状及存在的问题

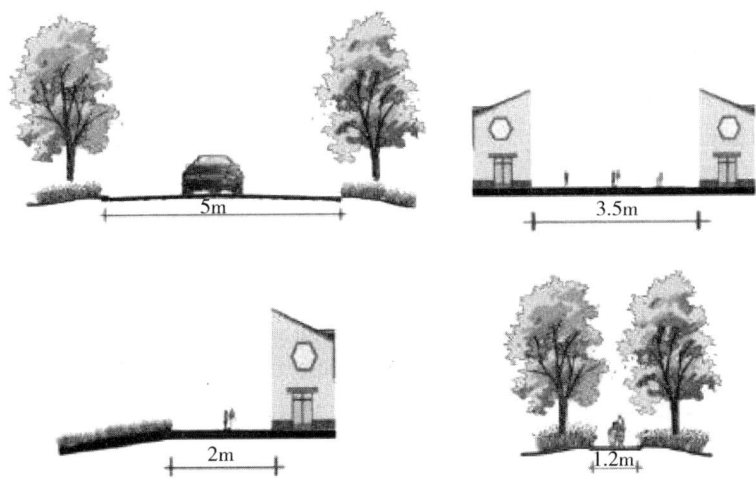

图 7-1 超标的小镇道路与乡镇道路标准

同时，由于丘陵地区地势不是很平坦，有些地带落差较大，导致外围分散的部分自来水管道难以到达；当然也缺少排水管道和垃圾收集站等基本公共服务设施，更别提科教、文体等高级一点的公共服务设施的布置了。缺少公共服务设施既给居民生活带来不便，又污染了美丽的大自然环境；这些问题给中部农村小城镇的发展带来了很大障碍，加强各项设施的合理均衡布置是帮助该地区小城镇发展的最有效方法之一。

中部农村的小城镇布局中各要素布置不均衡的缘由主要是没有一个合理的发展规划，建设没有前瞻性；经济实力差、城市链条体系中地位比较靠后，话语权微弱等。规划建设没有前瞻性：中部农村的小城镇沿着主干道路疯狂建设和发展，确实其中的便利性优势很大，如交通干道会促进小城镇经济快速地发展；物资和产品流通速度的加快，明显提升了生产效率，充分加强了集镇与周边及外界的关联性；同时也给城市地位中本来就差的小城镇的发展初期节约了基础设施建设时间和大量建设费用。但是在这样快速的发展过程中没有进行合理的规划，不注重远期的可持续性发展，是没有前瞻性的，由于小城镇长期一味地沿路发展，现已出现了很多矛盾和不利因素，如图 7-2 所示。

首先，场镇功能流线冗长且不间断。其用地布局呈线状蔓延的空间形态，当长度超过一定范围后会给居民造成诸多不便。住在城镇一端的居民与中心或另一端的联系将变得非常困难，医院、信用社及电信等基础设施的辐射力也大为减弱；超过基础设施的合理服务半径，如图 7-3 所示。

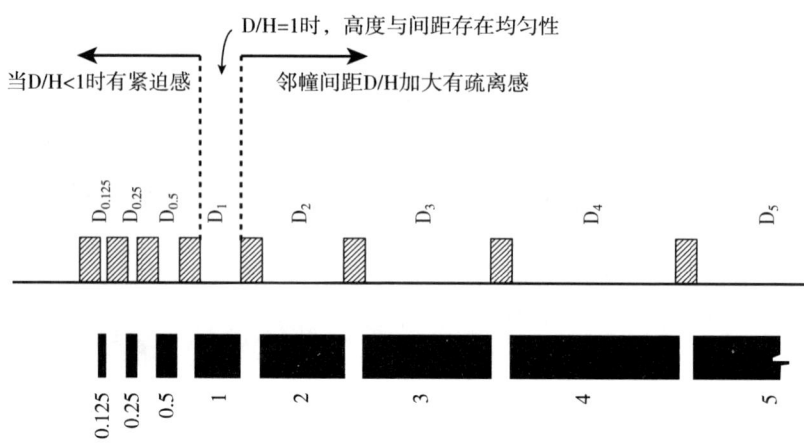

图7-2 街道空间分析及空间尺度对心理影响

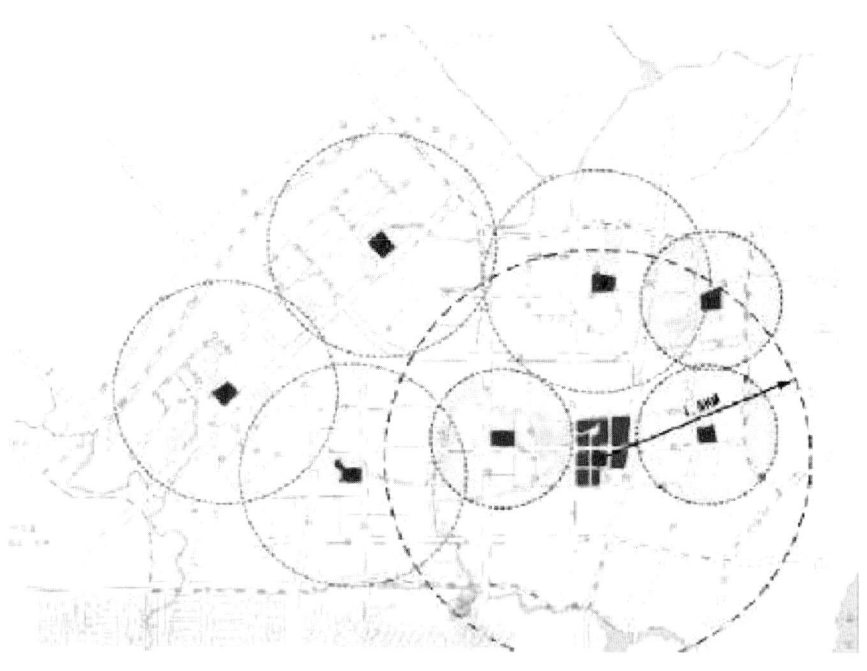

图7-3 公共服务设施及其服务半径示意图

其次,带形布置,线性设计距离大,降低了其发展的整体经济效益及社会效益,不利于小城镇集中发展和管理。过度追求经济效益:经济社会与经济动力在城镇空间演化的进程中占据了决定性地位,不同的经济、社会发展水平会对城镇空间演化产生不同的影响。工业革命以前，传统手工业和小作坊式生产由于生产规模较小，对城镇空间的需求不高，所以城镇空间的演化处于缓慢的自然增长状态。进入工业革命后，机器化大生产体制带来了资本主义工业化的大发展，也必然对城镇空间演化产生深远的影响。这一时期城镇空间开始快速蔓延，大量的工业区在城镇中出现，同时也涌现出了一批工业城镇。社会生产力发展推动了城镇化和工业化进程，从而使城镇空间发展处于一个不断变化、动态扩展的过程之中，而公共服务设施和社会资源的合理布置也受到很大的冲击。

城镇经济的发展是城镇空间结构形态演变的根本原因，伴随经济发展所引起的城镇经济结构变化，将会带来城镇空间结构和城镇基本要素及其相关资源的深刻变化。所以经济发展情况在小城镇各要素的布置中起到了比较重要的作用，不均衡的公共服务设施和不平衡的社会资源都与经济状况有关。

三、城镇空间形态散乱不规矩

由于丘陵地区的地形特点，小城镇居民自发的建设往往选择自然条件好、交通便利的地方，而居民建房绝大多数是为自身的需求，解决生活必需问题，以提高生活水平，满足自身住房刚需。自发性的建设基本没有任何用地等城市规划和建筑设计图纸，质量根本无法保证，进而导致房屋质量普遍偏低，很多住宅都存在安全隐患，如游仙区的柏林镇。大量居民随意地、自发盲目新建房屋或者加层乱搭，不仅带来安全隐患，还造成大量房屋利用率低、人居环境差，居民的生活质量下降。这导致了小城镇的空间布局形式分散，城镇形态散乱无序的分布格局。对于川中丘陵小城镇而言，这种自由组织发展主要体现在沿城镇主要生长轴线，如交通干线、河流和平谷等无序无度地增长。对本身属于严重缺地的中部农村造成了严重的土地资源浪费。并且这些现象都会给小城镇的自然环境和结构形态，以及对镇域的居住环境、自然生态环境、自然景观界面甚至往后的可持续发展带来不利的后果。

四、城镇空间密度分布不合理

交通对于各类小城镇尤为重要，中部农村的小城镇也不例外，这直接致使了主干道旁的建筑过于密集且高大。这也是在沿交通干线发展的众多优点和便利因素促使下，小城镇形成了一种特有的线状空间。这种线状空间的宽度有限，其往往只有道路宽度加上道路两侧建筑的进深，最宽处也不足百米；而该空间的长度大都绵延几千米,并且在不断地生长,有的甚至达到十几千米。空间的中心地带便显得十分拥挤,新建房屋常常见缝插针,封堵了许多通道;房屋楼层不断增加,甚至有建七八层的;而且沿街立面形式也十分混乱。与此同时,也出现了一些空置和浪费的现象。丘陵地区小城镇往往是将城镇主要的中心干道街道,集聚了一般小城镇的大部分主体功能,是城镇交通、城镇面貌、居民交流生活玩乐和城镇工商业的大集合,往往街边是门市,楼上是住所,再加上小城镇有沿街赶集的传统,直接将城镇生活、商业与手工业等进行高度复合,使街道的生活空间与街道空间相互渗透。

随着干道交通流量的剧烈增长和城镇规模的迅速扩大,过境的交通需要与城镇日常功能活动的矛盾日益突出,相互之间的干扰和影响不断显现和升级,这是丘陵地区小城镇发展过程中所遇到的普遍问题。然而在此类小城镇周边区域的建筑又过于稀疏,如江油市的新安镇。通过实际调研发现中部农村小城镇空间结构由于受到地形的制约和规划的缺失,致使该区域的小城镇很容易自发性地发展,其所处周边用地被山丘、河流切割,形成了城镇空间的分散布局。丘陵地区相较于平原土地资源比较匮乏,这种分散布局致使土地利用率下降,在小城镇资金有限的情况下,很多基础设施无法配套,这其实是对小城镇的发展起到了阻碍的作用,并且间接延缓了企业对改城镇的投资,也不利于城镇街景风貌的塑造。

中部农村小城镇密度分布不合理的原因主要有两个,一是居民自发性地沿着主干道或河流等交通便利的区域发展,蜂拥而上,导致了中心地带过于拥挤;二是由于小城镇周边区域环境优美静谧,便于劳作,导致了周边地带过于散乱,建设密度非常低,造成土地和资源浪费。城镇的磁力导致中心区域非常拥挤:川中丘陵小城镇长期只沿道路发展,且在其两侧布置了大量的商业或公共建筑,街道混合了交通、生活、公共空间等多项功能,成为整个城镇生活最主要的空间载体。流线十分混乱,极大地降低了来往车流的通过效率;尤其是赶集的时候,各种交通工具和行人交织在一起,拥堵异常严重,交通基本处于瘫痪状态,更是增加了交通事故的发生率。并且居住在道路两旁的居民生活环境和质量都很低,噪声、尾气、灰尘等对居住不利的因素对在该位置生活的居民带来严重的不良干扰。简·雅各布斯指出:"当我们想到一个城市时,首先出现在脑海里的就是街道,街道有生气,城市也就有生气,街道沉闷,城市也就沉闷。"芦原义信指出:"街道是旅客评价一个城市的标志。"

因此,城市的交通干道在丘陵地区的小城镇中有重要意义,其重要性在于一方面它是城镇交通的主要承载者,另一方面它能最大层面地体现城镇风貌。在镇区中心地带追求贴近交通干道的发展方式,形成了鳞次栉比的沿街景象,密不透风的街道立面,建筑高度与道路宽度的宽高比失调。使处在其中的人感觉到压抑无比,不仅影响了人的心情,而且遮挡住了原本美丽悠然的乡土自然景观,再加上建筑立面的风格、房间的大不统一,街面景观显得尤为混乱,毫无秩序可言,失去了小镇本该有的恬美的景观、舒适的生活状态。亲近自然的愿望造成小城镇周边土地的浪费:在小城镇建设之初人们是非常尊重自然的,实际上是一种遵循生态的设计理念,是对小城镇周边开放的自然资源予以保护,并且人与自然的关系在这里得到了质朴的体现。小城镇周边自然的地形地势和自然特征为居住环境中的人们提供了视觉上的调节和享受,所以很多居民选择在距离场镇中心不远的地带作为居住场所,既为他们提供了一种独特的自然特征,方便劳作等其他活动;又可以享受到距离不远的城镇优势和资源,使优美静谧自然环境与城镇内在的功能良好地结合,取各家之所长,但这种无组织无规划的方式很容易造成土地和资源浪费。综上所述,场镇周边居民对自然的无限亲近与人与自然环境的协调生存的愿望确实造成了城镇密度分布不合理这个事实。

五、人口密度增大,城镇交通扩张

在当前的中国,人口的增长速度明显高于城镇规模的扩张速度。在很多城镇其人口密度是非常大的,人口密度越大对于城镇生态环境所造成的压力越大,这一点是毋庸置疑的。具体而言,随着农村人口不断向城镇汇集,人们对于生活用品的需求也会急剧加大,所产生的生活垃圾及生活污水也会不断增加,如果城镇管理部门对于生活垃圾和生活污水的处理不及时或不恰当,则很容易会对城镇的水土造成严重污染。人口密度的不断增大对城镇的生态环境造成了很大压力,但是到目前为止,我国很多城镇并未有效地解决好该问题,从而在一定程度上加剧了城镇生态系统的失衡。城镇化建设与交通的建设与发展是密不可分的。对于城镇来说交通无疑是其重要组成部分,一个城镇唯有拥有便利的交通条件方能更具活力。然而令人遗憾的是,我国在长期的城镇化建设过程当中,由于交通的大力发展给城镇的生态环境造成了很多压力。众所周知,城镇中的交通建设非常容易造成尘土飞扬与水土流失,也会产生严重的噪声污染。奔驰于各交通枢纽上的汽车所排放的尾气也会给空气造成很多污染。所以说,城镇交通的扩大对生态环境的破坏也是非常严重的,是造成城镇化建设中生态问题的重要原因之一。《南京城市道路交通发展年报》中就有一项对南京市民的调查报告，调查报告显示：大约有46.78%的南京市民无法忍受目前的交通污染问题，认为应该及时进行综合治理。

六、产业支撑能力较弱

任何城镇的快速发展都离不开产业的推动作用，且与主导产业相关联的其他产业和主导产业产生集聚效应，形成规模经济，将会促使经济的快速发展，同时推动城镇化发展。

集镇更新离不开资金的投入，但投资不足，集镇建设技术力量薄弱，这是目前中部农村集镇建设面临的普遍问题。靠财政投资，县级本身财力比较有限，难以拿出资金开展集镇更新。整个中部地区对土地管理非常严格，因此土地生财的办法也难以奏效。靠银行贷款，银行怕担风险，对集镇更新放贷较少，运用市场化拓展融资投资渠道不畅，特别是建设用地征用成本过高、征地涉及矛盾多、异地搬迁困难多、调处的难度大，造成基础设施建设欠账越来越多。有的集镇缺乏产业支撑和区域特色，发展程度不高、总体规模偏小、产业支撑不够、辐射作用较弱、资源闲置率高，对转移农村剩余劳动力和提升农村经济没有特别明显的作用，经济发展水平不够快、不够优，严重束缚了集镇更新的良性推进。

第二节 交通运输体系现状及存在的问题

一、基础设施总量依然薄弱

中部农村各铁路局货运列车满足率比较低，仅在1/3左右，客运"一票难求"困境仍未得到有效解决；民航业发展水平依然不足，运输规模较低，河南省内仅有郑州、洛阳、南阳三个民航机场，远远不能满足航空业的发展需求，基础设施建设条件也急需进一步改善；全省国道、省道规模数量少，一级公路发展速度缓慢，一般干线公路技术水平不高；交通运输枢纽、城市轨道交通与交通干线之间的连接不够顺畅。各类运输方式之间不能协调配合，没有形成相应机制，运输设施规划各成一体，缺乏长远的统一筹划，运输场站发展缓慢。邮政快递基础设施薄弱。

（1）道路基础设施陈旧：道路作为城镇交通系统的基础，连通着城镇内部和外部的交通，也反映了城镇交通的发达程度。但随着城镇化的快速发展，许多道路问题显现出来：①道路网络存在缺陷。路网结构不均衡，道路与道路之间距离不均匀，丁字路、断头路等普遍存在。②老城区道路狭窄，交通流量大，交通拥堵现象频发；新城区道路宽阔，但远离中心，交通流量小，并不能有效缓解城区内部的交通拥堵。③道路功能混淆不清，过境交通与内部交通混杂在一起，相互干扰。

（2）混合交通现象普遍：机动车、非机动车、行人混行在一起，这是目前城镇交通的最基本特点，也是造成城镇交通问题的主要原因。道路本来就狭窄、拥挤且等级划分不明确，不同种类、车辆性能差异明显的车辆、行人等行驶在一起，相互烦扰严重，秩序混乱，进一步降低了城镇道路的通行效率，同时也存在较大的安全隐患。

（3）静态交通基础设施落后：小城镇的静态交通基础设施主要包括停车设施和行人设施两部分。早期的城镇规模较小，机动化程度不高，静态交通基本未曾考虑。随着经济的发展和居民生活水平的提高，城镇人口不断增加，私人小汽车、摩托车的保有量以及货运车辆的不断增加，城镇静态交通设施的问题也逐渐显现出来。停车难已是很多城镇所面临的问题，停车位已处于供不应求的状态，很多车辆不得不选择路边停车，而这种停车方式不但压缩了行人的出行空间，也让本就狭窄的城镇道路进一步缩减，通行能力减小，交通运行效率降低。另外，人行设施建设滞后，行人和机动车之间争夺道路的通行权，既影响通行效率，又存在极大的安全隐患。

二、建设资金不足，矛盾突出

资金是区域经济社会发展的血液，是经济增长的发动机，高标准的综合交通运输体系需要巨额的资金投入。尽管河南已经建立了一些投融资平台，但由于运营经验和体制机制的制约，利用资本市场融资的能力还十分有限，这也在很大程度上制约了高端交通运输体系的发展。当前交通运输产业发展存在的主要资金问题是建设资金筹集难度比以往加大。一直以来，交通运输业融资渠道单一，融资结构不合理，过度依赖银行贷款。除此之外，贷款利率不断上浮，中央剥离融资平台公司地方政府融资职能，对地方性债务实行限额控制，进一步加剧了融资困境。此外，物价不断上涨，劳动力成本一直保持上涨趋势，也进一步加深了全省交通运输产业建设资金不足的问题。

三、管理体制发展滞后，法规体系不健全

交通运输业与经济社会发展密切关联是最主要的特征，因此交通运输业不仅要与经济社会发展相协调，而且还要求发展应超前于经济社会发展。但多年来交通运输管理体制机制发展滞后，导致交通运输在很大程度上制约了国民经济的正常发展，至今体制机制尚未得到根本转变，究其原因是交通运输管理体制不合理，法规体系不健全，应急能力不足，遇到突发事件不能及时有效地进行处理。公路安全问题依然没有得到有效解决，城市道路交通管理水平较低，需要进一步加强和改进。

四、交通技术水平和信息化程度整体偏低

一系列交通问题伴随着城镇交通的发展而产生，但是相应的交通管理措施和政策并未跟上，使部分城镇交通还处于无序、混乱的状态。即便出台了一些管理政策，也只是参照或直接照搬大城市已有的政策或标准，不一定适应小城镇。要实现更好的管理效果，小城镇的交通管理政策更应该结合自身特点，量身定制，因地制宜。

近年来，中部农村中心集镇交通运输信息化建设获得了很大的进步和成效，但与东部发达地区相比仍存在很大的上升空间，不能有效满足经济社会发展的要求以及民众出行的需求。具体有以下几点：一是信息资源共享和协作不充分。业务不同，其信息系统也各不相同，没有统一的基础数据库，标准各不相同，无法进行信息共享和协调配合；省级层面的交通数据中心刚刚建立，仍然缺乏统一的规划部署，没能充分发挥支撑作用。二是信息化综合管理水平不高。目前，公路、水路的信息化平台建设已初见雏形，然而综合性的交通管理信息平台还未起步。三是应急指挥系统尚未构建，决策支持能力偏低。虽然公路、水路民众出行交通信息服务系统已取得发展成效，有效推动了整体服务水平的提升，但是公路、水路应急处理信息系统尚在筹建之中，交通运输管理综合分析平台尚未建立。四是保障体系建设滞后。三大保障体系交通信息化建设与运营安全保障体系、交通运输信息安全体系和交通运输信息化标准体系尚未完全建立起来，信息化项目建设管理体制不健全，仍需完善，信息安全保障能力较低，急需进一步提

高，信息化的建设和管理亟须制定统一准绳。

五、公共交通出行率低

城镇公交的出行率一般在10%左右，公共交通出行率低，这与小城镇长期的经济较为落后以及对公共交通建设不够重视相关，但城镇化的不断推进使交通需求不断增长，城镇公交的问题也逐渐显现出来：

（1）线路布设不合理，公交线路少，在城镇中心区域线路的重复率高，但是在城镇其他区域覆盖率又偏低。而城镇居民的出行分布是漫射形的，线型的公交方式难以满足现实需求。

（2）公交运行速度慢，等候时间长，准点率低，服务质量差，使城镇居民很少会选择公共交通作为主要的出行方式，转而选择其他私人交通出行方式，进一步压缩了公共交通的发展空间，公共交通就处于这样的恶性循环中。不但对城镇交通的可持续发展带来影响，也不利于城镇居民生活质量的提高。

六、交通运输产业在生产总值中比重偏低

在工业化进程中，发达国家的产业结构有一明显的变化特点：交通运输业在国民生产总值中的比重会越来越高，达到一定水平后就会稳定在某一区间。如美、英、德、法等发达国家的交通业在国民生产总值中的比重都曾达到或超过1/10，随着工业结构进一步向"技术集约化"发展，交通运输业的比重一般保持在6%~7%，这一数字都接近甚至超过农业所占的份额。而根据2015年《中国统计年鉴》数据分析得出，2014年全年河南交通运输业的增加值占社会生产总值增加值的比重仅为4.8%，低于全国平均水平5.64%，也远远低于西方发达国家水平。

第八章 交通运输体系改善促进农村中心集镇发展案例分析

第一节 国外城镇化发展对我国中部农村中心集镇发展的启示

一、美国南加州城镇化发展对我国中部农村中心集镇发展的启示

(一) 南加州城镇化发展现状

自19世纪初开始的一个半世纪内,工业革命在美国全范围内推广开来,大中型城市迅速发展。此时的农村城镇化以劳动力的输出和依靠其自然资源优势而带来的产业发展为经济发展的主要内容,而且该时期农村地区的生产力水平也已得到大幅度的提高,发展进程迅速。20世纪以来,美国南加州地区发展迅速,规模扩大为大都市区,辖区包括加利福尼亚州南部洛杉矶以及周边6个县、187个市,地域范围97300平方千米,覆盖人口超过1700万,地区经济实力雄厚,生产总值在世界排名第八。2010年该区域拥有高速公路14000千米(其中共乘车道1130千米),城市主干道68400千米。在公共交通基础设施方面,公共汽车拥有量为4400辆,公共交通系统平均每天运送旅客219.7万人次,其中公共汽车、地铁和城际通勤铁路运送量分别为195.2万、21.2万、3.3万人次。港口海运货物运量占全国的40%,为世界第16大经济体。而且结合南加州地区的地势地形,其城镇都是依据其绵延的地势进行分布,因此,无论是在地理、自然资源,还是在人口、产业等方面都呈现出一种多样化的特点。

(二) 交通发展促进城镇化发展历程

以发达的交通系统为依托的逆城市化现象带来了人口的逆向流动,为加州地区城镇化迎来了发展的生机,城镇良好的生态环境、完备的基础设施都是加州地区城镇化稳步推进的重要支撑。南加州地区的交通规划都是由 MPO 在各区域间进行协调之后做出的。MPO 从 20 世纪中期开始为州政府编制大都市区的交通规划,期间每个阶段所做的交通法案其侧重点都有所不同(见表 8-1)。1991 年布什总统签署的"Trans-portation Efficiency Act",进一步强化 MPO 的职能,并对其在各个领域的智能做出明确要求。这其中包括,对现有的道路网重点对其通达性和系统性进行完善,例如对现有的高速公路之间以及主要的大型城市之间,建立合理的连接线。南加州地区新增的轨道交通线重点集中在洛杉矶县。

表 8-1 南加州地区交通规划变化

时间	法案	主要强调内容
1956 年	《联邦资助公路法案》《公路税收法案》	征收燃油税和重要汽车配件消费税、建立州际公路信托基金
1962 年	《联邦资助公路法》	强调必须要由州政府和地方政府合作完成交通规划过程
1964 年	《联邦资助公路法》	强调区域交通规划,认识到"均衡轨道—汽车轮"的重要性,开始对快速轨道交通和其他通勤铁路予以关注和支持
1970 年	《联邦资助公路法》	强调多方协调,保证规划的广泛参与性
1978 年	《联邦资助公路法》	进一步强调了地方政府对综合交通规划的参与

南加州的交通规划内容主要包括交通改善计划、联合规划工作计划、交通阻塞整治计划。大都市区是美国城市发展最稳定的形式。管理局通过对水利、农业以及工业各产业的创新发展,为当地的居民提供更多的就业岗位,降低失业率。郊区人口持续向大中型城市迁移,而且呈现出就近迁移的特征。交通网络的完善加快了郊区各类物质资本输出。从南加州地区各种交通方式的发展来看,高速公路网建设成本低、便于往各地区深入的特点,使其较适合在偏远地区或者偏离中心地区的城镇密集分布,从而更便于郊区的形成发展,因此逆城市化现象开始逐渐凸显出来,中心发达地区不再是人们居住的唯一选择,反而农村地区的人口开始逐渐增长,农村生活区开始逐渐形成,越来越多的人开始选择在中心地区工作,而在郊区或者农村地区居住生活,由此,交通的发展就显得至关重要,尤其

是农村地区交通网络的建设就急需加快进程。高速公路网的不断建设完善，极有力地推动了南加州地区城市化不断由大中城市向郊区并最终向农村地区扩散的过程。交通的发展，使农村地区闲置的土地和劳动力得以更方便地发挥市场价值，吸引更多的资金投入和企业向农村地区进行投资。因此综合起来看，大幅减少的交通成本、更低廉的土地成本和更低价的劳动力成本都使企业的生产成本大幅度降低。而其航线又能避开交通枢纽中心，直达目的地，使价格更加低廉，这无疑成为短途旅行的极佳选择。农村小城镇的迅速发展，为南加州地区获得了规模和质量的共同提升。一方面，以休闲旅游和娱乐业为主导产业的小城镇迅速发展起来；另一方面，农村地区的基础设施逐渐得到完善，其丰富的自然资源和逐渐得到开发的土地资源，成为吸引诸多企业进入的主要原因，伴随着当地的产业发展，为当地其他类型的产业发展也带来了巨大的发展动力，这有利于实现农村专业化、规模化生产。

(三) 南加州交通运输促进城镇发展的经验借鉴

一是重视交通科研投入。美国交通运输部始终重视交通运输科研投入，联邦政府发挥了重要的积极作用，具体体现在：以长期性、基础性的科技投入为重点，并充分引导物质资源和人力资源向交通科技领域的流动，一方面加大投资力度，另一方面也为其未来发展提供潜在的技术动力，吸引大学等科研机构的加入，对共性问题进行研究，合理利用科技计划，给予私人投资合理导向，在整个南加州区范围内的交通类科技资金投入中，占据了极为重要的地位。2009年，美国运输部对各主要部门的科研投入在总投入中所占的比重如图8-1所示，联邦公路管理局科研投入在总投入中所占的比例最多，其次为联邦航空管理局，与联邦公路管理局相比仅相差2%，从具体投入来看相差了0.09亿美元，航空部门紧随其后，管理管道和危险材料运输的政府机构投入占据第三位，研究以及科技创新等管理局科研投入最少，仅占总量的1%。

二是重视可持续发展。从AB32法案与SB375法案对南加州地区的规划来看，其提出要在2020年与2035年分别减少8%和13%的交通温室气体排放。为了达到该目标，并满足本地区未来持续增长的人口、就业以及住房需求，《区域交通规划和可持续社会战略迈向可持续发展的未来（2012~2035）》还对可持续社区战略作出了详细研究。与美国其他地区上级政府干预下级政府的方法类似，南加州政府也在多方面都采取了一定的激励措施，从而引导地方政府所做出的发展规划与区域性的规划相一致。虽然通常情况下，上级政府都会选择充分尊重下级政府的自主决定权,尤其是对于其自身的区域规划和交通规划等,由于下级政府与上级政府相比对其区域的特色、特征可能要更为熟悉一些,那么此时上级政府的干预很有可能就会在一定程度上产生低效率,因此为了避免类似情况的出现,可以选择一些激励措施引导下级政府进行规划。

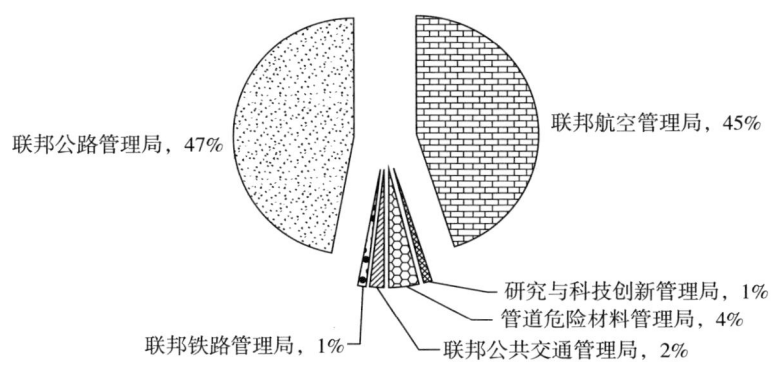

图8-1 美国交通运输各部门科研投入结构

二、德国城镇化发展对我国中部农村中心集镇发展的启示

(一)德国城镇发展

德国的城镇化发展速度以及城镇化率在世界上都是极为靠前的。德国国土总面积35.7万平方千米,总人口达到8000多万,城镇化水平非常高,城镇化率达到了96%,超过世界上90%的国家。德国的城镇布局相对合理,形成大中小城市并行发展的总体格局,小城镇一般距大中城市一小时左右的车程,人口一般保持在3000人左右。德国政府对城镇建设极其重视,并对城镇功能和发展侧重点明确定位,在规划中一方面强调功能完整和布局合理,另一方面对公共基础设施的建设制定高标准,因而吸引了许多国际顶级的化工集团以及新型企业的投资与分厂的设立。

结合德国的发展历史,其城镇的发展是多形式的,这主要也得力于其人居历史的缘故。在德国,由于受到路径依赖因素的影响,其城市体系的均衡性大多数是依靠路径的分布而决定的。而且随着中世纪的自由市营销活动,迅速地带起了人口从乡村向城市迁移的巨大浪潮。在这期间,一些自由市也逐渐壮大为德国区域以及政治上的主要组成部分。手工业、贸易以及伴随的货币交易成为这些自由市的经济支柱。自 18 世纪后半叶始，部分贵族为显示其财富以及权力，开始大兴土木，这在一定程度上促进了城市的发展，例如在该时期规划建筑的杜塞尔多夫和卡尔斯鲁厄等。在工业化进程快速推进的 19—20 世纪，工业城镇开始加入德国城市体系中，新的城市类型出现，例如杜伊斯堡、奥博豪森和埃森。这些城市都拥有大量的矿产资源。矿产主要用于工业生产，例如铸造钢铁，然后投入当时正处于快速发展的铁路建设中以及战争装备的使用上。随着工业化的快速发展，人口也随之而移动，一些工业化进程发展迅速的地区，也迅速地吸引了大量人口的迁入，从而为城市的发展提供了新动力。但是在"二战"之后，权力又被重新分到了下属联邦州。权力的重新下放进一步巩固了城市体系的均衡。1989 年后，城市体系的均衡不只在其领土历史中有所体现，也受到了福利国家制度的巨大影响。近半个世纪以来，德国始终坚持这一原则进行实践空间的规划。地方政府权力的合理分配，也是德国能够形成均衡城市体系的主要因素之一。德国的城镇发展历程中形成的较具特色的模式主要包括：

（1）可持续发展都市圈。可持续发展都市圈的主要特征是全国范围内的城市功能互补，以多级都市圈为主，很少存在仅有单一支配性中心的城市。在当时的德国，特大城市仅有柏林、慕尼黑以及法兰克福等。1995 年，德国在全国区域内确立了 11 个"大都市圈"城市。11 个大都市圈覆盖了德国几乎 50%的领土。在确定的每个大都市城市圈，无论是中心城市还是中小城镇对其整个城市圈的经济和政治都起着巨大作用。

（2）"去中心化"城镇化模式。"去中心化"最主要的作用在于缩小中心区域与周边区域的发展差距，在局部区域内实现城乡均衡发展，一方面可缓解中心地区巨大的就业压力和居住压力，另一方面也有利于推进周边地区的经济发展，因此这种均衡化的城镇发展模式，在社会的经济和城市病防治的可持续发展中起到了极其重要的作用。

（二）德国交通运输对城镇发展的促进作用

从国内外的研究可以发现，城镇发展遵循以下一般性规律：在初期通常以单独的工农结合体为主，然后向非农城镇化过渡，但是城镇化从一个阶段向另一个阶段的过渡，势必是要有通达的交通网络作为基础的。综合交通运输体系在很大程度上推进了德国的现代化发展。2002 年，德国政府颁布《德国前景》，在该文件中将德国可持续发展战略目标确定为："在当今时代需求与子孙后代生存前景之间寻求均衡发展",并推行环保型交通运输政策,将绿色交通定为可持续发展战略的主要目标。考虑到"扩大西部和建设东部"的背景,德国在交通发展方面的规划重点,主要放在权衡利弊以及结合未来发展的区域分配上,既要实现现有交通设施的效用最大化,也要考虑到城市未来的发展规模,发掘交通网络的最大潜力。综合来看,德国交通网的发展规划得以消除交通瓶颈,主要是通过建设绕城路改善居民生活质量、改善与内地间的关系从而加强沿海地区发展以及完善交通基础设施促进欧洲跨国界运输等,从而使德国交通网实现快速发展。

德国的高速公路网建设已经较为完善,公路网的运输能力也在逐步提高,为加强建设与结构薄弱地区之间的连接,重点建造了约1000条迂回道路,并对于城乡连接处的交通线路给予重点建设,从而减小交通压力。现代化工产业集群促进了德国小城镇的区域经济发展,也使其成为城镇经济的增长点。德国城镇空间结构规划最直接也是最主要的目标在于,缩减居民用在出行上的时间耗费,因而其规划重点从空间结构和用地布局两个方面对城镇的交通分布进行协调,这不仅加速了城镇对外沟通的便捷性,也促进了城镇周边用地的有效资源配置,缓解交通建设的进程。交通运输体系的发展,为要素的流动和居民的日常生活提供了必要的保障,一方面可以成为促进经济发展的巨大动力,另一方面也有利于改善市场环境,从空间上扩大市场容量,扩大市场需求量,从而推动经济发展。对于农村地区而言,便利的交通为农村地区剩余劳动力向城市地区转移提供了条件,从而更有利于我国全面建成小康社会目标的实现。

以德国的比沃小城为例,在经过了20多年的产业转型和技术改进后,尤其是环境治理,比沃小城不仅发展成为化工重镇,还成为可供人们休养的绝佳选择之一。其将曾经的露天煤矿遗坑改造成了2600公顷的湖泊,供市民游泳和潜水。

(三)德国交通运输体系对城镇发展的借鉴意义

注重交通运输的绿色发展。结合德国的交通建设来看,其绿色交通的建设并未集中于创新性交通的建设,而是通过政策引导,引导市民养成绿色出行的意识,从而改变居民的出行行为。发展低碳交通的政策主要包括:第一,利用价格进行限制,减少市民对小汽车的依赖;第二,积极研发低碳汽车技术,推广技术创新;第三,大力推进共享单车类的公共交通、绿色交通的发展,例如扩大自行车的停放空间,完善步行、自行车的交通安全措施。除此之外,政府还应该对以上政策的发展进行协调,使政策之间可以相互补充、相互推动。

三、日本城镇化发展对我国中部农村中心集镇发展的启示

(一) 日本东京郊区城镇化发展

战后日本经济经历了数十年的高速成长期,特别是20世纪50～70年代期间,人口由农村向城市流动,产业、生活、文化等多种城市功能显著集聚,进而形成了城市的密集化和农村的稀疏化。日本的基层行政单位为"市町村",经过"平成大合并"后,村的数量由981个减少为183个。当然,这并不是"村"的消失,而是通过合并被纳入周边城镇,因而数量减少。日本市和町的周边,最初以大面积农村地带为主,在合并之后,"村庄规划"从先前单独的农村规划变为了城市规划的部分,即作为城市建成区周边农业地带进行规划。日本东京都辖内的23个区面积为621.49平方千米,占东京总面积的28.4%,人口约有847万,占东京都总人口的67.4%。其中,三鹰市面积16.50平方千米,距东京都中心地区约18千米,从三鹰站乘坐中央线特快电车,27分钟即可到达东京站,是39个郊区中直接与东京都都心接壤的5个市之一。桧原村面积占东京都市町村面积的6.7%,距离东京都都心50千米左右,是东京都辖区范围内非岛屿市町村中,距离市中心最远的两个市町村之一,也是目前39个市町村当中人口最少的町村。

(二) 日本交通发展促进城镇化发展

日本自1889年开始实施市町村制度时,三鹰市正式建村。从人口的增长变化来看,三鹰村主要经历了两个阶段:第一阶段是在1923年日本关东发生大地震时,三鹰村的人口大幅度增加,增长到了5000～6000人;第二阶段是在"二战"之后,东京近郊大面积扩张,三鹰村在这一影响下,在1950年时,人口增长到了5.5万人左右,也是自此时开始,三鹰村开始转为市制。而且结合当时三鹰市的发展背景来看,无论是人口的增长还是经济的发展,交通运输体系网络的建设都起到了极为重要的作用。借助优越的地理优势,形成能进宜出的交通环境,对人口的迁入以及房产商的介入都具有很大的吸引力。另外,较为反常的现象是,郊区居民相对市中心居民而言,私家车的拥有比例要更高一点,这很有可能是由于越来越多的人开始选择在市中心工作但在郊区居住生活的方式,那么这就对交通运输体系提出了更高的要求,为了便于更多人民选择自驾的方式,更应加大城市内部与城市间的交通设施建设。随着交通的发展,政府开始利用各自的区位优势,将旅游业发展为各地的支柱产业。目前,桧原村村内的旅游业发

第八章 交通运输体系改善促进农村中心集镇发展案例分析

已经颇具规模,而且较值得我国借鉴之处在于,在桧原村生态资源的开发有着专门的机构进行严格管理,例如松园村内就专设有"都民森林管理事务所"。从数据统计来看,松园村每年接待的观光游客约有 37 万人次,这极大地促进了当地的发展。

(三)日本交通运输对城镇化发展的经验借鉴

一是构建城乡衔接、串联主要乡镇的郊区交通网络。郊区的作用众所周知,近年来也已逐渐凸显出来,越来越多的人开始选择在城市中心工作,而在远郊地区居住和生活。而完备的路网交通仍旧是进行城市郊区建设的前提。因此,郊区交通网络的建立是很有必要的,可以有效引导人力和物力的流动方向,从而在城市和农村之间建立起桥梁,推动城乡一体化发展,继而才能够发挥农业的优势并促进农村的经济发展。

二是正确发挥各地区的交通优势,将农业生产、销售等过程中的实物形态与文化的推广结合起来,更加重视农业的多形式增值途径。而在郊区的现代化农业发展区,则要加大工业带动农业发展的力度,减小因不同分工不同产业而产生的收入差异;重视对现有农业操作人员的专业培训,促进现代科学技术在传统产业中的结合;进行政策引导,激励有务农意愿的人员加入到该行业中,着力培养具有较高专业素养、专业技术的专业农民。

第二节 中国交通运输体系改善促进中心集镇发展的典型案例

一、陇海铁路对关中城镇建设的影响

近代工业的迅速发展为市政建设提供了强有力的发展动力,城镇地区开始出现了浓厚的近现代生活气息。

(一)陇海铁路建设对关中地区城镇建设的影响

在陇海铁路建成前的很长一段时间内,关中地区的交通运输仅有渭河水运和传统陆路运输,因此陇海铁路通车后,关中地区相对于周边地区的区位条件得到了极大的改善,并使关中的区位优势得以凸显出来;而且结合抗战时期关中地区

作为抗战大后方的定位,与其交通条件的改善有着密不可分的联系,交通使要素流通有了实现的可能性,从而促进城镇现代化工业的发展。这也是自陇海铁路通车以来,其沿线城市的产业结构发生了巨大的改变,而通常情况下,经济的发展并不是一个单一的进程,还往往伴随社会的发展、人口的迁徙、生活水平的提高等,因此交通条件的改善实现了整个关中地区城市数量和城市规模的双重提高。

(二) 陇海铁路对关中地区城镇发展的重要意义

从地理条件以及资源条件上来看,关中地区都是相对落后的。因此,陇海铁路的建成通车,在极大条件上改善了关中地区的区位条件,一方面加强了关中地区与中原发达地区的联系,另一方面也更有利于关中地区受到中原地区的经济辐射带动作用,因而更有利于关中地区的发展。而且陇海铁路相较于其他运输方式具有较强的运输能力,也为其经济发展提供了更强大的动力。而且,通常而言,每个地区的区位条件在很大程度上都会受到交通条件的影响,因此陇海铁路的通车,也使关中地区的区位条件在周边范围内变得极为重要。区位条件的改变,影响的不仅仅是交通和经济,也会在很大程度上影响到地区的城镇规划等未来发展。

铁路的开通,一方面可以使铁路干线周边的城市、城镇快速发展;另一方面也可以带动铁路支线的发展,因而使干支线周边城市的可达性增强,从而有利于资源在更大范围内的二次分配,实现资源的优化配置。铁路干线的通车,又抑制了某些城镇的发展,甚至使其衰落,例如泾阳、三原、大荔、宝鸡底店镇等因地理条件上的劣势,相对出现了衰落。陇海铁路的通车,使火车站附近成为各个城市的新增长点,形成新市区,交通导向性趋势极为明显,对传统的以政治权力为城市中心的结构有所突破,这也是现代城镇经济的必然发展方向。城镇之间被干线还是支线连接,其经济、地理位置的意义是有很大差别的,而且城镇是否位于交通枢纽点也很重要,例如咸阳由于位于陇海大干线和咸同支线的两线交会处,相对于处于支线的三原位置较优,因而在发展过程中逐渐取代了三原作为渭北的政治、经济以及文化中心的位置。

除此之外,铁路和周边城镇居民的关联性也是较强的。交通方式的改变,一方面改变了人们对于出行方式和时间的选择,另一方面对于人居的各方面都会产生很大的影响,例如医疗卫生的改变、旅游服务的选择、教育事业的优化选择等。由此,社会的发展程度、道德素质水平、文化的影响深远度、社会的开放程度等都会得到极大的改变。

第八章 交通运输体系改善促进农村中心集镇发展案例分析

二、菏泽高速公路发展对当地经济社会发展的影响

（一）菏泽高速公路发展现状

1998年10月"菏东高速"正式建成通车，自此菏泽地区正式告别了没有高速公路的历史，这对鲁西南经济的高速发展起到了巨大的推动作用。而且通过对菏泽地区财政支出的具体分析可以发现，其交通投资占据了极大的份额。由此，菏泽地区的交通逐渐发展成为山东省高速公路网的中心所在。

（二）高速公路建设后对当地经济发展的影响

高速公路建设对菏泽当地的经济发展起到了极大的促进作用。高速公路使菏泽地区人口较为疏散的区域紧密联系起来，把分布在各区域的相对分散的"点"连成一条线，借助优越的高速公路优势，菏泽高速公路沿线地区的发展被迅速推进，区位优势也得到了较大提升。众所周知，高速公路沿线区域的道路畅通将使交通条件得到极大改善，从而为当地的物流、横向经济联合和产业结构调整等提供便捷的流通渠道和发展平台。

周边的经济发展得到极大促进。从地理位置来看，菏泽地处山东省西南部，是山东经济基础最为薄弱的区域，是典型的以农业发展为主的大市。高速公路的建设极大地缩短了花卉产品的储运时间，从而在一定程度上促进了花卉产业发展的良好态势；加速机械设备以及农副产品的流通，提高农副产品的知名度；加快工业产品的外向化、市场化以及现代化进程，推动区域经济的全面发展。并以第一、第二产业的发展带动第三产业。在我国，公路网建设已成为交通网建设的重要组成部分，尤其是菏泽地区，公路运输的作用是无可替代的。城市高速公路的建设以及发展，已成为运输产业当中最为重要的部分，为当地实现产业运输的升级提供了一个良好的基础平台，缩短了耗费在运输中的时间，提高了运输的时效性，同时也减少了运输过程中存在的潜在风险。因此，运输业作为第三产业的发展前提，为其提供了强有力的基础保障，极大地提高了当地经济的发展速度。

推动旅游业发展。菏泽素来以文化底蕴浓厚而被人们所熟知，其书画、戏曲、武术以及民间艺术等都集中了黄河流域文化的精髓。这些富饶的文化遗产吸引了大量的中外游客。目前，旅游业已经成为菏泽当地居民的日常内容之一。参照山东青岛以及威海城市的发展，借助地理优势，可以让游客在高速公路就看到海。

带动当地经济、贸易、商业、文化等市场的发展。济菏高速建成通车以后，

极大地开发了各种要素流动和发展的市场潜力，为许多行业的发展带来了前所未有的机遇，同时也加速了人口和物质的流动。高速公路通道口的设立，使人们可以从市内便捷、快速地进入区域乃至全国的高速公路网，真正实现四通八达、方便快捷的交通运输。济菏高速对带动菏泽地区经济发展，具有极其重要的意义。

第九章 结论、展望与政策建议

第一节 结论与展望

一、研究结论

（1）交通运输对国家而言是发展的基础，也是城市发展的基础，交通发展影响整个国家、城市的发展速度，同时对人们生活质量的提高有着巨大的促进作用。交通运输既是经济建设的先行者，也是国民经济的创造力量。交通行为是社会的主要领域之一，占据不可替代的地位。综合交通运输体系包含了六种运输方式，能够形成多元化的组合运输选择，根据技术特点达到分工协作、有机结合的功能，并且成为连接贯通、布局合理的综合体，这种一体化的运输过程，促进了各种运输方式形成了"共存共荣"局面。它不仅可以与国民经济发展相适应，也能够满足生活层次更高的要求。各类交通运输工具的多元化组合，在整个交通网络体系中，自发形成了协同合作的趋势，形成了交通一体化的良好发展面貌。

（2）综合交通运输体系的形成依靠两种因素：一种是逐步提升自身发展，向经济社会提供完善的交通运输服务；另一种是社会经济系统对综合交通运输体系不断提出新需求，促使综合交通运输体系不断向前发展。所以，科学技术不断进步有助于综合交通运输体系的完善，经济繁荣成长反过来促进综合交通运输建设。

（3）农村中心集镇目标指的是：以多种交通运输方式为架构，科学地利用其中的运输方式，以达到推动中心集镇建设的目的，这是新型城镇化的需要。全面推进农村中心集镇建设，国家政策大力支撑交通运输体系改善，有助于实现城乡交通运输一体化，而且可以通过国家财政补助的形式，进一步加大交通公共产品的投入，推动城乡规划进度。

（4）农村中心集镇的发展尤为重要，在新型城镇化建设中有不可替代的地位。它是大中城市生产要素的产物，对区域产业和资金具有转移和承接作用。和发达地区比较，它的进入门槛低，阻碍限制小，与农村的生活特色也相接近，一是农村劳动力转移的重要通道。由于交通运输条件的制约，我国农村中心集镇建设不完善。导致它的发展对吸引农村富余劳动力作用较小。所以，合理制定农村中心集镇布局结构，从长远角度有效地考虑运输体系布局，全面建设产业结构，农村中心集镇要围绕主导产业发展产业链，培育和促进各具特色的产业集群发展，打造"一镇一品""一镇一业"格局，提升县域经济活力。

（5）中部农村中心集镇的发展：以产城互动、城乡统筹、文明绿色为基本特征，注重绿色环保，生态文明治理和建设，由资源消耗型、环境损害型向资源节约型、环境友好型的发展方式转变，以速度和质量并重为最终目标。走新型城镇化发展道路的根本在于，统筹大中小城镇协作发展，以工业反哺农业为依据、加大城市辐射和聚集效益，推动城乡协调发展；同时强调产城融合建设，促进城镇化与工业化共同建设；可以努力推进集约化的模式，减少城镇空间的无序蔓延的伤害，最大限度地保护和治理生态环境；以低碳模式为原图，降低能源消耗，建设良好的生态安全环境，推动人与自然的和谐发展；实施户籍、土地、保障机制的改革，推动农民工市民化；因地制宜地制定不同的发展路径。

（6）中部农村中心集镇交通运输体系的先决力量。它是采取投资交通基础设施，对相关产业起到刺激作用，进一步由于乘数效应，推进其他产业共同建设，通过创造区位条件，聚集生产要素；减少区域通勤时间，大幅度减少运输成本，提高就业率的增长。我国农村中心集镇遗留问题很多，交通运输建设就是其中之一，需要首先解决。基础设施建设不完善，资金成本投入力度不足，在一定程度上对农村中心集镇的建设产生了很大的影响。"要想富，先修路"。因此发展交通基础的意义重大，特别强调公路的建设与发展。与此同时，要长远规划，多种运输方式并举，协调科学发展。交通运输体系的建设能够有效地避免和解决很多问题，它的建设不仅加强了区际联系，同时消除区域发展差异；能够对资源要素合理科学配置，对经济可持续发展起到促进作用；既能对沿线生产力布局起到重新规划的作用,也能够改善区域的投资环境。

(7) 农村中心集镇包含丰富的意义,它的发展过程是一个人口、空间、经济、生活方式、生活质量等多要素的系统转化过程。因此,在建立交通运输体系改善促进中部农村中心集镇发展的效应评估指标体系时,要全面思考指标的关联性,采取更为条理、科学的分析,使指标体系具有层次性和科学性,体现二者的促进效应。交通运输体系改善促进中部农村中心集镇发展的效应指标体系主要应从交通运输体系改善和农村中心集镇发展两个层面来构建。

(8) 美国农村城镇化模式包含了两个核心:丰富的资源禀赋以及先进的市场化机制。美国的国土面积范围之广、人口之稀少让美国的农业拥有丰富的资源和先天优势,农业的高度规模化逐步成为支撑力量,成为农村小城镇的核心点;工业革命的兴起,在这种完全市场经济的背景下,受到追逐利益最大化的驱使,农业发展与工业技术进一步结合,进而实现量变到质变的提升。资金成本的投入推动了基础设施的建设,进一步促进了区域经济发展。德国的城镇化模式包含两点先决条件:一是强大的经济实力,实行全面的国家福利制度;二是得天独厚的资源优势,促进了农业现代化发展。在此基础上,推动交通发展规划,建立交通运输网,推行低碳发展的交通政策,既有利于可持续性发展,又能缓解城镇交通压力,促进城乡一体化,形成新的经济增长点。

(9) 农村中心集镇交通运输体系建设要以这些原则为指导:以创新体制为指导,充分发挥市场配置资源的作用;适度超前确保交通建设安全;科学高效地选拔高素质人才,并有效进行培养;大力支持绿色交通的发展。对于中部农村中心集镇交通建设,首先要制定科学合理的改善规划;强调各种运输方式的协调发展;政府国家等单位要大力推进筹资力度;提高运输的安全性和保障机制;促进运输体系的管理机制和工作的进行;构建运输多效结合的综合运输体系。

(10) 关于中部农村中心集镇存在的问题,主要包括政策误区和结构效应弱化,因此需要从整体生产力布局角度出发,科学合理规划城镇化布局,构建组团式城镇群模式,以繁荣农村城镇经济为基础,推进农村中心集镇的制度建设,不仅要从国家以及政府层面入手,同时要注重市场金融行业的调控手段,健全融资管理制度,合理设置进入门槛,强化资金安全保障机制。

二、展望

本书对交通运输体系改善促进中部农村中心集镇发展进行了比较系统的研

究，但由于资料有限、调研还有待深入，有很多地方还有待进一步研究。

（1）农村中心集镇作为一个涉及自然、社会、经济、政治、文化等方面相互交织错综复杂的区域系统，难以对其进行全面、系统的研究，深入揭示其运行规律和机制还需要进一步统计资料综合各种学科知识。本书仅从农村中心集镇经济与社会发展等进行剖析，很多方面还有待进一步研究和完善。

（2）在研究综合交通运输体系改善对中部农村中心集镇的影响时，缺少具体的数据分析和定量研究，基本上停留在定性分析的基础上，在未来的研究中要更加深入地探索和学习，完善欠缺的数据资料，结合定量分析深入研究。

（3）在撰写时理论分析部分内容较多，所占篇幅较大，相对而言定量分析比较欠缺。特别是在分析交通运输体系对中部农村中心集镇影响的效应评估中，选取了评价指标体系，构建了评价模型，但由于数据的局限性，缺乏数据量化实证分析，在今后的研究中需要进一步收集数据资料并完善评估模型，以确保评价的科学性、有效性和准确性。

第二节　政策建议

一、农村中心集镇交通运输体系改善的基本原则及思路

1. 发挥市场配置资源的决定性作用

市场决定资源配置的优势在于：通过市场机制的能动作用，使资源配置的效率在区域范围内达到最高。市场机制的主要特征在于通过市场本身的相机抉择即自动稳定器效用，保证市场的有效运行，其主要通过产品价格在市场上的自动定价和买卖双方对自身利益最大化的追求来调节经济的稳定运行。因此，如果要想使市场对资源配置的决定性作用得到充分发挥，一要减少政府对经济市场的干预，充分发挥市场这一"看不见的手"的重要作用；二要尽力实现市场的完全竞争机制，打破各领域、各产业存在的垄断，大力消除寡头市场的存在。因此，农村地区交通运输体系的改善，一定要充分完善交通运输业的竞争市场，改善目前以政府投资为主的状态，形成良好的竞争环境，实现交通资源的最优配置。

（1）强化战略发展重点，促进交通枢纽节点的发展。一方面，要注重战略

第九章 结论、展望与政策建议

通道为重点的综合交通运输体系与物流枢纽点的建设发展，进一步形成海陆空彼此联系的战略性运输通道，促进相关交通要道的建设发展，为各运输通道的建设与发展提供战略支撑。另一方面，要促进多个交通基础设施建设战略的共同发展，综合"一带一路"基础设施建设战略、长江经济带交通基础设施建设战略以及京津冀交通基础设施建设战略，形成联系内陆地区、辐射西部地区和连接沿海地区的交通要道发展战略，促进综合交通运输基础设施的快速发展。同时，促进内河航道与沿江沿海交通要道的发展，依托港口码头等运输节点，衔接国内外交通基础设施的发展进步，提升整体综合交通运输能力、物流货物运输能力以及组织装配能力。

（2）优化和提升综合交通基础设施的大通道建设。推动云南、广西、新疆、内蒙古、西藏等沿边地区大通道发展，促进连接东部的铁路、公路要道发展，促进沿海沿江地区综合交通运输体系的发展，实现国际大通道的高效结合。在国家重要基础设施要道建设的基础上，发展"一带一路"沿线国家基础设施建设，促进长江经济带水道交通发展。陆路与水路交通的发展带动沿线地区经济发展，实现东西方向的双边辐射效应，构建通道。

（3）加强物流交通网络的建设与发展。从物流网的发展来看，"一带一路"倡议构造了横贯东西南北的国际综合交通运输基础设施大通道，长江经济带构造了国内外的综合水路运输大通道，为加强物流设备与基础设施的发展提供了供应与服务设施，支撑了国际国内贸易的发展。提供有利于国际大宗贸易发展的原材料运输、能源设备运输、国际农产品运输的大宗运输物流配送体系，促进集装箱服务的发展，有利于区域内国际物流体系的配送服务与发展，促进区域内物流服务业的发展，缩减物流成本，促进物流体系发展效率的提升，进一步促进空间产业经济发展与国际国内道路交通网络的高效快速发展。

（4）强化国际综合交通运输体系建设。国际综合交通运输体系的发展，是联系国内外各交通要道，促进境内外陆海空综合交通运输枢纽的发展进步，建立在"一带一路"与长江经济带战略基础上，构建国际铁路交通基础设施、公路交通基础设施与航空、管道交通基础设施的综合交通运输网络发展。综合考虑国际地缘、政治环境与综合交通基础设施要道环节，建设联系亚欧地区、中国经济走廊、东南亚南亚的国际交通要道。完善国际大通道的综合发展机制与投资建设机制，充分利用"亚投行"和"丝路基金"等基础设施建设基金，促进综合交通基础设施的建设发展。进一步探索国内外多元化投融资模式，国家投资为主要形式促进国际交通要道的投资建设。形成依托点线片面的国际物流体系与交通基础设施运输网络,实现产业的转移与聚集,形成与周边国家共同发展的产业空间格局,有效对接国际产业,助推综合交通基础设施沿线区域的经济发展。

2. 农村中心集镇交通运输体系发展要适度超前确保安全

交通的发展节奏在一定程度上是会限制经济的发展节奏的,因此应实现交通的超前发展,作出对未来城市、经济大规模发展更有利的交通规划。因此,交通发展节奏的控制就显得至关重要。一方面要兼顾农村中心地区居民的交通服务水平的快速发展与当地的可持续发展,这就需要政府加大对农村中心集镇的交通建设的投资力度,促进交通基础设施网络的完善和运输能力的提高,同时也要做出合理规划,使对环境的影响降低到最小,实现农村中心集镇的可持续发展;另一方面要坚持把安全建设、安全发展、安全运行放在首位,坚持把"安全"放在交通建设的整个过程当中,尤其在农村地区,由于在偏远地区普遍存在受教育程度较为落后的现象,因此应当加强在农村地区安全知识教育的普及,使安全观念深入人心,确保交通运输体系的安全发展。

3. 强化农村中心集镇交通运输体系管理人才的培养

从业人员的专业素质直接影响行业的发展。针对农村中心集镇交通运输体系的建设和管理,一方面在引进人才时,要注意对人才的专业技能和专业素养的考核;另一方面,对于现在已经在交通行业就业的人员,要加强其岗位培训,扩大其专业知识面,同时对于管理层的人员来说,也要加强对其管理技能的培训,从而在人员方面优化农村中心集镇交通运输体系。

4. 积极推进农村中心集镇绿色交通的发展

"绿色发展"是当下大力推广发展的理念。农村中心集镇作为未来农村地区的主要发展方向,一定要坚持这一发展理念。因此,更应加强环保观念的普及、绿色交通的改扩建,尤其在尚有大面积未被严重破坏的生态环境的农村地区,绿色交通的建设标准更应严格执行,从而实现农村中心地区的绿色交通大发展。

二、中部农村中心集镇发展路径

中部地区相对而言并没有优越的区位优势和资源优势,例如在区位条件上,并没有东部地区作为我国国际贸易出口的巨大优势;在资源禀赋的层面,显然也没有西部地区的矿产、石油资源丰富,表面上看起来,似乎是不具备明显优势。但是转换角度,中部地区作为东西部的过渡地带,反而在很多方面综合具有东西部的特点，那么结合这一特点，中部地区的农村中心集镇发展，也应结合东部、西部的发展做出合理规划。当前，中部地区农村中心集镇的发展水平还非常缓慢，中部整体还是以要素输出作为主要的经济发展方向，缺少拉动经济增长的核心动力。因此，提升中部农村中心集镇的发展水平应从以下方面着手：

1. 狠抓经济发展，推进农业规模化、工业集聚化、服务业多样化

中部的一些地区耕地资源十分丰富，那么针对这些地区应大力推广农业的现代化发展，提高农业部门的生产力水平，同时也应对其管理机制进行完善。实施重点集聚策略，筛选出工业发展较具优势的农村中心集镇进行重点发展，地方政府应予以重点发展，给予政策倾斜和大量的资金投入，强化主导产业，并在此基础上扩展产业链，打造优势特色产业集群，从而带动就业和社会发展，增强农村中心集镇经济实力。在以第一产业为主导产业的农村中心集镇，大力进行农业教育，推进科技创新、农业推广等，不仅可以推动农业发展，而且还可以有效减少农村地区的剩余劳动力。通过技能培训和知识推广，将会使整个农业行业相关从业人员的素质得到提高。此外，也应依据不同的中心集镇类型做出不同的重点产业发展方向，例如在工业型中心集镇，可积极拓展与交通相关的现代物流和快递运输等业务；而在一些历史较为悠久的、人文资源较为丰富的中心集镇，则应充分发挥现代交通的优势，积极发展符合现代人民喜好的特色旅游服务业，积极宣传各地的自然景色景点和人文历史景点，同时也使我国悠久的人文历史得以源远流长。

2. 加强区域统筹化、潜力集镇重点化、资源集镇特色化发展

农村中心集镇的桥梁作用主要体现在其能够将城市与农村联系起来，因而农村中心集镇的建设在城镇化建设的战略部署中扮演极其重要的角色。因此，中部地区为完善城镇体系的建设，应做好城镇建设规划统筹，分区域确立发展方向和空间格局规划，优化布局，明确不同集镇的分工，从量的增加向质的飞跃过渡。结合经济发展背景，进行合理分析，筛选出最具发展潜力的中心集镇，进行重点发展，使这些中心集镇扩张成为区域内的增长极，并带动中心集镇周边地区发展。由于各个地区存在自然禀赋的差异性，因此每个地区都应结合自身的优势，制定合理的发展方向、发展规划，推进多元化、差异化的农村中心集镇发展建设。

3. 建设产城融合的新型卫星城

卫星城其实在某种程度上与城市郊区的意义与作用是相同的，区别只是在于

郊区仍是属于中心城市的区域规划,而卫星城市作为独立的行政区划,其城市建设和规划都有一定的独立性。卫星城的建设有利于疏散中心地区的密集人口,使在中心城市工作的人们向周边分散居住,从而减小城市的生活压力,一方面为城市居民生活条件的改善提供了一定的空间,另一方面也可有效防止大城市的无限扩张,而且卫星城的建设在一定程度上也是为中心城市服务的。20世纪50年代起,我国上海、北京等大城市也启动了卫星城建设,由于缺乏科学规划引导及产业支撑,不少卫星城演变成为有人无业的"睡城"、有业无人的"空城"或无人无业的"鬼城"。在新型城镇化加速发展、城市群成为城镇化主体形态的大背景下,只有坚持"产城融合"的理念指导引领现代卫星城建设,处理好"建城"与"兴业"的关系,才能真正实现中心城市与周边中小城市的良性互动局面。

(1) 坚持以人为本,深刻结合产城融合的核心理念。所谓产城融合主要是指产业的发展和转型升级要与城镇建设或者城镇的发展水平相结合起来,产业的发展水平直接决定了经济的增长速度,也直接影响了城镇建设的投资力度和配套设施建设等,即所谓经济基础决定上层建筑。产城融合最终的目标是要变以往土地城镇化的模式为人的城镇化,从而建设新型城镇化。因此,从根本上来讲,就是要实现人、城市、产业三者的均衡发展。人口城镇化最主要的目标在于实现居民生活质量的提高,而生活质量提高的根源则在于经济的发展,因此应首先以产业发展为主,为城镇建设提供足够的资本动力,有效改善城镇人居环境,吸引更多人口向新建城镇聚集,从而为产业发展、城镇建设提供循环动力,实现真正意义上的产城融合,实现经济发展、社会发展、生态环境以及居民生活的有机统一,建设产业集聚、功能完善、生态环境美好的现代化新型城镇。

(2) 突出有序推进,探索产城融合的卫星城实现路径。产城融合是一个逐步推进的过程。如果说城市的发展是一种自下而上、自发进行的过程,那么产城融合更多的是赋予了政府引导城市自上而下发展的职责。因此,在产城融合的发展过程中要注意以下几点:①必须注重规划的作用。每个区域科学合理地发展规划一定要打破传统意义上故步自封的态势,充分利用各资源,借助交通建设的优势,实现资源在全区域的优化配置,并且规划也要结合各地区的资源禀赋、发展特色和自然条件等因素,切实做出适合城镇未来发展的合理规划,达到各方面规划的有效衔接和深度融合,实现多规合一,保证卫星城(新城)动态、健康和可持续发展。②要坚持试点先行,加快建立一套产城融合的试点模型。遵循因地制宜、分层分类的原则:第一步,产业先行,积极构建与地方特色及区位特点相匹配的产业体系。第二步，应完善城镇服务功能，提高卫星城的公共服务水平，将其建设成为生活便捷的宜居之地。第三步，要积极推进城乡统筹，努力构建产业协调、规模得当、服务齐全、职住平衡的产业新城，让城乡居民可以在不同的空间单元就近落户，更好地生活和就业。最后，还要坚持量化考核指标，积极探索一套产城融合的指标系统。应充分借鉴国内外先进的发展经验，针对与产城融合有关的人口集聚程度、产业规模大小、用地效率高低以及区域城市功能的匹配程度等方面，努力形成一套可量化、可监测、可修订的指标系统，通过量化指标考核及时发现不足，及时改进。

4. 专业特色镇

从西方发达国家的小城镇建设来看，大部分都具有一个共同特点：特色突出。很多的西方发达国家都是采用这一途径解决了城市化进程中的发展瓶颈，从而以经济的发展带动小城镇各方面的推进，例如城乡差距的缩小、失业率的降低、城乡一体化的建设等。部分特色小镇甚至发展成为区域乃至世界范围内的经济高地，如美国格林尼治小镇，凭借独特的区位优势，在 174 平方千米的范围内集聚了 380 家对冲基金总部，其掌控的资本足以对整个美国金融业产生巨大的影响，也是因此被称为"对冲基金小镇"。自改革开放以来，特色小城镇建设战略在我国部分地区大力实施，使一大批在产业、文化和建筑等方面有着鲜明特色的小城镇涌现出来，如龙港镇的印刷、虎门镇的服装、桥头镇的纽扣、乌镇的建筑等，这些特色小城镇在推动县域经济发展、缩小城乡发展差距等方面发挥着重要作用。国内外发展经验表明，小城镇要想在激烈的城市竞争中取胜，必须坚持特色小城镇建设与发展战略，打造特色小城镇。

（1）发扬自身条件，打造特色产业小镇。根据当地的自然资源禀赋、环境综合承载力、发展规律以及比较优势，确立相应的特色主导产业发展方向，合理规划产业结构以及布局，形成特色鲜明的主导产业，并逐渐发展起与主导产业相适应或者配套的一整套产业体系，从而为特色城镇的发展拓宽道路。加快政府职能转变及体制机制改革，为特色产业发展营造良好的经营环境。强化对城镇有特色、有竞争力的主导产业的发展，并给予适当的政策倾斜，引导政府资金和私有资本向特色产业流动，并由此在城镇间构建优势互补的产业发展格局。

（2）传承历史文脉，打造特色文化小镇。历史文化往往凝聚着城市的精华。而随着我国近代以来城市的大发展，许多位于中心城市或者城市边缘的古建筑或者旧城街道都未得到有限的保护。因此，当下应当把城市历史风貌的保护提上日程，尤其是正在开发的地区，更应把历史古迹的保护放在首位，把文化的传承放在重要的位置。但也并不能因此而放缓城镇的发展进程，而是要把历史文化的保护与经济的发展或者是新城的建设相结合，实现其统一发展。而在新城的建设中应注重与原有城镇风貌的协调性，运用传统的工艺以及建材等塑造出不仅具有当地的地域文化特征而且具有时代感的城镇形态。

5. 打造综合型小城镇

《国家新型城镇化规划（2014—2020 年）》指出，"远离中心城市的小城镇和林场、农场等，要完善基础设施和服务，发展成为服务农村、带动周边的综合性小城镇"。一般而言，远离中心城市的小城镇大多属于农业型小城镇，难以接收到来自中心城市、都市圈及经济带的辐射作用，而且由于大多数的农业型小城镇规模都比较小且布局都相对较为分散，经济基础也很薄弱，即便受到附近发达城市的经济带动，但由于没有相应的配套措施，也很难使经济与发达城市接轨并发展起来。但这些小城镇大多处于广大的农村腹地，在连接城乡、服务"三农"以及推进城乡一体化建设等方面都起着极其重要的作用，其产业结构、基础设施、公共服务水平的高低直接关系到"三农"问题能否妥善解决、新型城镇化能否顺利推动、全面现代化的宏伟目标能否实现。

（1）发展现代农业，夯实发展基础。农业现代化是支撑城镇化和信息化发展的基础力量，是保证农民收入较快增长的有效途径。现代农业的发展，首先要把绿色环保放在首位。因为随着生活水平的逐渐提高，人们对于安全、环保产品的需求越来越大，所以将此作为未来农业的主要方向是具有很大的发展空间的，因此我们一方面要善于从以往几百年的农业生产中总结经验，另一方面也要合理地结合现代的农业技术。其次，要在经过农民的同意后实现集约式发展，鼓励农民进行规模化生产，可以将农村地区现有的分散经营进行适当改善，将先前各农户自主进行小规模经营的状态加以改变。再次，注重品牌农业理念，品牌效应作为一种隐性资产，也应得到大家的充分重视，建立完善的品牌建设激励机制，鼓励、支持包括企业、专业合作社、个人等在内的农业市场主体积极注册商标，从提高人们生活水平的角度加大宣传力度，虽然从传统的经济发展结构来看，第一产业并没有办法作为经济发展的支柱产业，反而在很大程度上有可能会拉低生产效率，但是随着现代经济的大发展，第一产业也应当在经济中充分发挥自己的作用，因此提高农业部门的生产效率，创新农业生产技术就显得尤为重要。因此，在现代农业的发展过程中，侧重新型农业产品的加工和创新；对当地的龙头产业给予大力的政策支持,在土地、税收等方面予以倾斜,鼓励、支持龙头企业积极探索"公司+农户"等现代农业"双赢"模式,带动周边地区农民增产增收。

(2)完善基础设施,优化城镇环境。基础设施建设是影响人居生活水平的关键因素,而且也为产业发展提供了相应的配套设施。通过政策引导、税收减免、经营补贴、短期让利等多种优惠措施,鼓励、引导市场主体积极参与城镇基础设施建设,通过 BOT、PPP、BOOT 等融资模式,拓宽基础设施的融资渠道,从而更有利于基础设施的建设;推动基础设施产品价格体系改革,赋予基础设施产品以合理的市场价格,通过公共事业经营单位微利经营实现可持续化发展。

提升基础设施的供给效率。加强对城镇基础设施建设的合理规划,尤其对于电力、燃气等行业的统筹规划,直接影响居民的日常起居,也应加强基础设施建设向农村地区的深度延伸,先从生活本身消除城乡差距,从根本上改变人民的生活质量和生活方式;优化基础设施布局,一方面要完善城镇的基础网络,但另一方面也应使资源的利用效率实现最大化,避免资源的浪费,坚持量力而行的原则,将基础设施建设规模控制在适度范围之内,避免"贪大求全",使有限资金发挥最大化效用;有效推进基础设施建设,科学合理地确定各种设施的建设顺序,应优先推进道路、通信等关系到城镇社会发展全局的基础设施的建设。

(3)完善公共服务,增强服务功能。要实行公共服务资金管理的规范化。公共服务水平是影响小城镇集聚能力的一个重要指标。对各类公共服务投入资金的管理与使用,要严格遵循规范管理、统筹安排的原则,将资金投入到事关民生的教育、医疗、社会保障、保障性住房等关键领域的建设,坚决杜绝搞形象工程。结合当下大力反腐的社会背景和社会环境,对公共服务资金应实行透明化使用和管理,既有利于公共服务资金切实实现其用途,确保各项资金、措施都落实到位,又便于公众的监督和对政府绩效的考察和评价。而且结合公共服务资金的主要用途和其所带来的效应,政府也应加大公共服务资金在财政支出中所占的比例。另外,要不断创新公共服务的供给方式,其中最有效、最重要的方式就是引入市场机制,发挥社会组织的强大力量,可以引导社会私有资本向公共服务领域的投入,从而实现市场效率的提高,也可以促进社会全体公众都参与其中,实现自我服务、自我监督。

三、中部农村中心集镇发展的对策建议

我国中部农村中心集镇的发展不仅要遵循城镇化结构效应的强化规律,而且要考虑到当下区域经济发展的实际情况。要想实现中部农村中心集镇大力发展,既要从整体上考虑,也要从局部的层面考虑,例如以经济发展为物质基础,推进城镇化的政策和机制等上层基础的建设。

1. 构建以组团式城镇群为核心的区域城镇体系

要推动城镇化可持续发展,实现城镇化发展目标,重要的是搞好城镇化发展规划。如果各个区域都只考虑自身的发展,而不与周边区域或者是大环境的发展相结合,则很有可能使当地的发展与全面的发展相脱节,因此要结合上级政府的发展目标做出符合科学发展观的城镇规划。

(1) 城镇化规划是城镇化可持续发展的前提。从长远发展的角度考虑,如果要想实现城镇化建设在未来的可持续发展,一要依据地区特色选定城镇发展方向,二要针对大环境做出合理的城镇规划。然而,如今在我国一些地方根本不对城镇化的发展做出规划,却把其弄成了建设的规划,而不是站在城市和农村发展的视角上来规划;有的地方的城镇化规划并不务实。由于存在以上诸多问题,城镇化发展的道路受到了很大的约束。所以,这几点原则在编制城镇化规划的时候是必须要严格遵循的:①统筹性。即在编制城镇化规划时,要综合考虑各方面的因素,尽量使各要素都得到充分发展。②前瞻性。对于城市发展所处的阶段和发展的趋势要能有一个正确的理解和判断,并在此基础上合理且科学地编制城镇化规划,将前瞻性与适应性融合体现出来。③可持续性。这体现为规划内容与规划时间的可持续性两个角度。

(2) 以组团式城镇群发展为核心优化城镇布局。要想实现组团式城镇群的发展,通常需要具备以下几个前提。首先,在这一城镇群当中,要有一个与其他城市相比而言,经济发展较为迅速且通常位于中心地带的城市,作为组团式城镇群的"增长极",能够带动周边各城市的发展。其次,包括在城镇经济群中的那些周边的城市应该具备一定数量和密集度的人群,可以靠中心的城市发展自身的经济,也可以促进与中心城市社会与文化的融合互补。再次,结合城镇群的定义和现实情况,在实际的城镇群内,将会有城镇等级体系的形成,发达的中心城镇处于增长点处,向周边辐射,而不发达的周边城镇,则分散分布,但圈层的空间布局仍是极为明显的。最后,再结合上述基础设施的建设,将在城镇群内部实现产业体系的整体发展。

(3) 城镇群建设的战略重点。如今经济全球化现象愈演愈烈,在这样的一个全球性的背景下,我国的城镇体系建设是把加快不同层次组团式城镇建设作为主要的发展方向,虽然从总体上来看,组团式城镇群的核心内容都是相似的,但是基于各个地区的基本状况都不尽相同,因此行政机构在进行规划时,就应做出差异化城镇群发展布局。那么对于城镇群建设应注意以下几点:

第一,城镇基础设施的融城统筹建设。基础设施建设作为衡量城镇发展水平的主要因素之一,对其一定要充分加大投资力度,推进城镇发展,尤其是交通类基础设施的建设,更应将其发展壮大为适应于城镇未来发展的水平,从而在城镇群内部建立起密切联系的城镇网络体系。

第二,保证一致的政策与制度环境。只有在一致的政策与制度环境下,组团式城镇群的发展才可能成为现实。而且无论是从宏观的角度还是微观的角度来看,城镇群内政策环境的一致性都是形成城镇群的必要条件。因为,如果各区域的政府连政策与制度环境都无法保持一致的话,所谓城镇群产业的协调发展与基础设施的融城建设都只是纸上谈兵。

2. 加快发展农村城镇经济

重视城镇化发展规划建设的作用主要在于,合理规划的制定更有利于确定城镇经济未来的发展方向,从而在更长的时间内对村城镇经济建设做出规划,更有利于各资源在更长时间内实现其效应最大化。而且农村城镇经济的发展,一方面可以有效解决农业部门大量的剩余劳动力,另一方面可以为城镇建设提供更为大量的资金支持。由此来看,农村城镇经济的发展,是目前城镇发展的重点。

(1) 培植主导产业。主导产业的选定,一方面要考虑到大环境下经济的发展趋势,另一方面也要考虑到区域本身的资源禀赋,要综合考虑到两方面的因素,培育合适的主导产业发展,既要满足当下对经济发展的目标,也要为未来的经济发展提供足够的增长潜力,才有可能实现真正程度上的农村城镇发展。而且,由于每个城镇本身的资源数量和发展水平都不尽相同,因此主导产业的培育也要结合原有产业的发展进行培育。①农村地区主导产业的发展是不能脱离农业的。虽然农业部门普遍存在生产效率低下的问题,但是由于农村地区固有的自然环境,农业是其不可脱离的主要发展方向,因此,农业部门的技术创新,就是解决当下农村地区产业发展的主要方向。一方面,政府要给予适当的政策引导,吸引更多的资金和人才向农业生产领域流动;另一方面,也要推进现代技术在农业区域的运用。农业虽然说是农村地区不可或缺的重点产业方向,但是第二、第三产业作为经济的重要构成部分,也应对其做出合理的规划。②我国中部地区的经济基础条件与东部地区差距还是较大的,资金技术要素较为缺乏,但农产品资源和劳动力资源却很丰富，因此可借助我国的中部崛起战略，充分发挥中部地区作为东西地区过渡带的优势，将农产品的加工和市场推广向全国范围扩展，形成当地的"拳头"农产品，借助交通网络进入国际市场。③建立创新机制，从根本上促进主导产业的形成。产业能否发展成为主导产业与创新机制的生命力有着极大的关系。激发创新机制活力最主要的是要为创新提供动力和良好的平台。

（2）以信息化推动农业工业化进程，提升产业素质。农业作为传统生产领域，其生产效率低，规模较小，在很大程度上造成资源的浪费，因此在现代化发展迅速推进的今天，农业的工业化进程成为一种必然趋势。但是，结合当下大多数农业较为发达地区的自然条件来看，其地势、资源、基础条件等因素都不足以进行大规模的农业工业化发展。那么结合当下高速发展的互联网技术，推进"互联网+"在农业领域的应用也成为一种主要趋势。因此，实现农业的信息化发展是未来的主要方向。但从当下农村地区的环境来看，基础设施建设是极其缺乏的，因此一要进行信息类基础设施的投资建设，实现传统农业与信息技术融合的必要基础；二要建立统一的标准，构建信息资源共享平台，从而更有利于克服地理条件所带来的市场限制；三要在当下的企业改革中，把信息技术的改革、创新作为主要方向，完善市场环境；四要注重专业人才的培养。从根本上看，人才是社会发展的根本所在，因此，注重人才的专业化培养，不仅可以在很大程度上实现农业的专业化生产，而且可以提高整个社会的技术水平。

3. 发展农村中心集镇产业

经济发展与产业空间格局优化有着密切的关系，在整合地区综合交通运输条件发展的前提下，进一步加强综合交通运输体系的相互联系性，优化提升交通运输枢纽的功能与道路功能的发展，实现综合交通网络的形成与优化；综合形成由点到线、由线到面的跨省跨国际交通大通道，促进中国省际的交通综合网络体系协调发展；不断深化与周边国家交通基础设施互联互通的合作，加快国际大通道建设，进一步促进该区域综合交通运输体系的发展与产业空间格局的优化。

（1）建立市场化的农村城镇化管理体制。在现代社会，政府对市场的宏观管理是必不可少的。但是，假如政府不站在现实情况的角度，人为地去拔高城镇化的进程，那么结果可能往往也就适得其反。因此，为了实现农村地区更快速、更合理地发展，就要合理减少农村城镇发展过程中政府宏观调控的成分，从而实现市场化的农村城镇化管理体制。

（2）明确政府定位。在城镇化的发展过程中，政府的宏观调控极其重要。

但是，在此过程中，政府的宏观调控主要起到一种导向作用。政府宏观调控的主要职能在于营造公开、公平、公正的竞争环境，协调发展区域城镇化，促进城乡产业的相互融合。然而，我国部分地区的政府并没有摆正其推进城镇化发展中的位置，以至于出现诸如下列这些情况：有的地区城镇化发展规划严重缺乏长远战略思想；而有的地方虽然制定了一些关于城镇化发展的文件，但是没有落实到自身的情况特点。有的地区甚至根本不考虑社会公众的意愿，强行使其企业选址和产业园区等在某一区域集中，不考虑所选地区是否适合企业所在领域的发展，这样的产业结构调整，在很多时候往往会适得其反；再有一些地区，政府机构办事效率低下，有的政府机构人员为了自身利益甚至不惜牺牲公共利益，监督机制也不到位，使这样的情况无法得到遏制。这些不良的行政行为将会造成职能部门之间相互脱节、城乡发展相分离、产业关联性弱等一系列问题，严重阻碍城镇化的发展。所以，我们必须摸清市场经济发展的规律，遵循其发展要求，不断地促进政府机构的体制改革，以此来减少政府机构对于微观经济活动的干预，撤销相应的管理机构，实现政府职能的转变，真正实现政府在城镇化发展中的服务性功能。

（3）变革市管县体制。如果我们想要改善城镇化宏观体制方面的管理，那么就要彻底对我们国家的市管县进行变革。市管县体制在我国已经发展了很长时间，而且其从形成之初都是从现实环境中自然而然形成的，所以有着一定的现实基础。但是，通过后续的一系列事实说明，随着市场化体制的不断深化，市管县的运行非但没有达到预期的效果反而不断体现了一些缺点：第一，市管县大大提高了政府机构的行政成本，降低了其工作效率；第二，在市管县的制度内，对于市级政府职能的相应规定不够清晰，还需要进一步规范市干预县政的相关工作；第三，市管县很少能发挥其主动辐射作用，带动作用不强。总而言之，在市场经济化的背景之下，市县各自属于不同且相互独立的财政体制，所以市和县逐渐发展成了两个独立的主体，但是因为市级政府往往比县级政府拥有更高的行政职权，不可避免地也就容易侵占到县域及农村地区的利益。所以，必须要改革市管县制度，这是进一步促进城镇化发展的必然要求。对于市管县制度的改革，其主要目的在于削弱市级层面行政管理机构的权力，并借机放大县级政府的职权，使县级政府充分决定本层级的发展方向和建设结构，让县级政府拥有更大的权力。如果他们拥有了诸如人事权、财政权、资源支配权和社会发展的决策权等权力，也就在一定程度上可以进一步促进城镇化发展。所以，我们应该将此作为"市管县"体制改革的核心内容。

四、中部农村中心集镇交通运输体系改善对策

1. 鼓励农村中心集镇综合交通运输方式协调发展

首先对于各种运输方式的完善而言，公路网的建设将现有的交通资源进行整合，对农村中心集镇的公路网的合理完善作出具体规划，一方面要解决当下诸多地区大量存在的"断头路"问题；另一方面要快速推进公路网向农村地区、偏远地区的推进。积极发展镇村公交，彻底改造农村危桥、危路，解决长久以来存在的"断头路"问题，不断提升农村中心集镇的通行能力，尤其要与低收入人群以及偏远地区的交通需求相适应。而对于水系较为发达的地区，要加大水运投资，发挥水运集约、环保等优势。其次对于交通运输业整体而言，要大力促进创新发展，推进运输业的转型升级，并使各种运输方式之间实现无缝衔接。最后，就制度层面而言，优化交通运输各部门职能，创新现代化的服务方式，满足当代社会居民的交通运输需求。而且随着现代社会电子商务业务的大范围普及，可以将现代物流业务与交通运输体系的建设结合起来，拓宽交通运输服务领域。

（1）着重建设现代化综合交通运输枢纽。坚持优先发展民航业，推动铁路、公路、机场的联运一体，港口、车站、货运功能连接，统筹布局不同运输方式，发挥综合优势，建立现代综合交通运输枢纽格局，实现运输联动化、功能完善化以及流转高效化。同时也要对运输体系内部加强管理和协调，充分发挥不同交通方式的优势，合理分配运输任务，推动两种以上运输方式的衔接发展、协调配合，促进交通运输向一体化方向发展。

（2）打造客运中转枢纽。竭力打造客运中转枢纽提高中转能力，提升交通便捷效率。就中部农村集镇而言，应当增添高铁始发线路，增开始发列车，提高始发频率，提升中转换乘效率；就郑州火车站来说，应当改善和调整普通速度列车的运行线路，优化普速列车质量，加强与客运专线的连接换程，提高运输效率；依托四通八达的铁路路线和航空线路，以郑州为中心，打造河南立体交通网络。依托立体交通网络，连接丝绸之路经济带沿线城市群以及各大中心城市，推动更多的中部地区商品"走出去"，引进先进技术、人才等，推进地区的经济建设和社会建设。

（3）完善实验区配套交通设施。重点完善产业集聚区之间、产业集聚区与航空港之间集中疏散系统以及对外联通建设，提供强劲的地面交通支撑，充分发挥实验区带动的功能。重点建设机场到附近城市的城际铁路，提高机场便捷程度。继续以机场为中心，扩大城际铁路交通网络建设。推动开港大道工程的建成使用，提高中部农村集镇与附近地区的便捷程度。推进航空港区内公交的完善和发展，实现航空运输、陆地运输两种方式之间的便捷换乘，以及客运、货运的快速汇集和分散。

2. 引导农村中心集镇交通运输基础设施筹资建设

中央新型城镇化工作会议提出"放宽市场准入，鼓励社会资本参与城市公用设施投资运营"。对于农村集镇交通运输体系，充分体现市场引导资源的作用，促进民间资本参与农村中心集镇投资，对交通基础设施建设资金短缺以及负债能力弱的局面，加大投资项目，促进财务周转，通过投入少部分资金来推动大规模建设。扩大对基础设施建设工程的管理力度，由于这些设施投入具有长久的特征，因此探索多元化的筹资，进一步改变融资结构，能够保障交通运输体系发挥效果。进一步加大力度吸引社会资金投入，采取创新机制发展，采用新型融资方式鼓励社会资本参与，有效使社会资本家将目标转移到修建道路上去，通过冠名、广告等效益激励投资，或者促使他们赞助部分交通设施建设，以缓解农村资金的短缺的问题。进一步引领群众投资投劳，采取"群众自愿、民主决策、公平公正"的机制，采取换工互助、责任到户的方法，推动建设力量的形成。

3. 推动农村中心集镇通用航空机场建设发展

通用航空机场建设规模不大，而且由于建设成本不是很高，因此基础设施不需要投入过多。小型机场建设成本很低，不到20万元，与修建一公里公路的费用差不多。且飞机的降落方式更适用于农村，平坦的麦地上也可以成为降落的基地。在我国农村，特别是平原广阔地带，机场实用性特别强，带来的经济效益也很大，效益有时候会超过公路和铁路建设。所以在建设的开始阶段，国家应该放宽政策，推进政府的财政补助，鼓励民间资本入驻，向各类航空飞行开放出口，以最大限度地获得经济效益。

大力提升中部农村集镇货运枢纽能力。加速推进中部农村集镇航空港的建设，完善航空货运仓储设施建设和性能，积极开拓国际货运新通道或航线，连通世界，打造中部农村集镇国际航空枢纽，建立货运集散中心；加快推进中部农村集镇国际陆港、内陆港建设，依靠现有场站、新欧亚大陆桥以及公路物流港，在铁路集装箱中心站附近加快综合性物流园区的筹备建设，借鉴并引进口岸服务系统，打造接连东西的内陆港，增强运输能力；加强各大场站以及铁路沿线站点的连通，适时推动连接站点的铁路专用线的建设，推动航空机场、铁路站台、货运场站、港口站的高效链接。大力发展交通运输产业，发挥带动中部地区、响应中部农村集镇的功能。发挥中心城市的综合交通运输优势，根据本地特点，从国家对城市的功能定位出发，加快与省外城市的融合，促进省内外城市的统一发展，构建连接附近地区，效力中部农村集镇的地方性枢纽体系。加快推动交通运输枢纽的建设，汇集南部地区客流，与中部农村集镇遥相呼应，构建航空铁路联合运输双枢纽。

4. 积极构建高效优质农村中心集镇水路运输体系

有的农村中心集镇，在交通运输上具有水运优势，积极发挥水运这种运输方式，借鉴外部成本理念，发挥水上公共交通作用。展开多效内河发展方式，从技术水平提高运输船舶的性能，从科学管理的角度提高航道等级规划，从安全保障方面加快水运支持系统建设。对水运行业人才的选择，要从从业人员素质抓起，选拔高素质人才，进一步推进科学治理水平的提高，加快完善水运信息化系统。高效的水运体系给出行增加了选择和优势，同时促进了水景休闲，水上观光事业的发展，对餐饮业等服务行业的建设也有一定的成效，其经济、社会效益影响巨大。

5. 加快农村中心集镇管道运输网络构建

管道运输是中国后发的运输业，在铁路、公路等运输之后形成的又一种运输业，它在国民经济占据着重要地位。它采取地下管道这种特殊的方式，把水、天然气、油等资源输送到各个地方。农村中心集镇的发展要充分利用管道运输运量大、占地少、高收益、低费用、能耗低的优势，逐步推进天然气、成品油等的管道运输建设工程。

参考文献

［1］ Rierveld, Roger Vickerman. Transportin regional science: The death of distance is premature [J]. Regional Science, 2004, 83: 229 – 248.

［2］ Alonso W. A Theory of the Urban Land Market [J]. Papers and Proceedings of The Regional Science Association, 1996 (6): 149 – 157.

［3］ Anthony D. May, Charlotte Kelly, Simon Shepherd. The Principles of Integration in Urban Transport Strategies [J]. Transport Policy, 2005, 13 (4).

［4］ Franois Perroux. Les macrodécisions et la théorie des choix [J]. Zeitschrift für Nationalökonomie, 1949, 12 (2 – 4).

［5］ Fujita M., T. Mori. Structural Stability and Evolution of Urban Systems [J]. Regional Science and Urban Economics, 1997, 27: 399 – 442.

［6］ Gunnar Myrdal. Das Zweck – Mittel – Denken in der Nationalökonomie [J]. Zeitschrift für Nationalökonomie, 1933, 4 (3).

［7］ Joseph Fisher, James R. Frederickson, Sean A. Peffer. The Effect of Information Asymmetry on Negotiated Budgets: an Empirical Investigation [J]. Accounting, Organizations and Society, 2002, 27 (1).

［8］ Krugman Paul. Increasing Returns and Economic Geography [J]. Journal of Political Economy, 1991, 99: 483 – 499.

［9］ Michael L. McKiney. Urbanization as a major cause of biotic homogenizationg [J]. Biological conservation, 2006 (127): 247 – 260.

［10］ Peter Allen. A Sub – Regional Development Approach—Transport, International Trade and Investment Modeled in Space [R]. SSRN Working Paper, 2001.

［11］ Peter Jones, Karen Lucas, Martin Whittles. Evaluating and Implementing

Transport Measures in a Wider Policy Context: The "Civilising Cities" initiative [J]. Transport Policy, 2003, 10 (3).

[12] Ray M. Northam, Urban Geography [M]. New York: John Wiley & Sons, 1975.

[13] Schaeffer K. H., Elliott Scalar. Access for all: Transportation and urban growth [M]. Baltimore, Md.: Penguin, 1975.

[14] Sheffi Y. Urban Transportation Network: Equilibrium Analysiswith Mathematical Programming Methods [M]. Prentice – Hall, Englewood Cliffs, NJ, 1985: 55 – 101.

[15] Sumeeta Srinivasan. Linking Land Use and Transportation in a Rapidly Urbanizing Context: A Study in Delhi, India [J]. Transportation, 2005, 32 (1).

[16] T. Rwebangira. Rurual Roadsasstimulants of Economic Development [J]. // Proceeding of the Discourse on Engineering Contribution in Poverty Redution [J]. 2005: 71 – 79.

[17] Wilfred Owen. Transportation and World Development [M]. Baltimore: Johns Hopkins University Press, 1987: 6.

[18] [德] 冯·杜能. 孤立国同农业和国民经济的关系（中译本）[M]. 北京: 商务印书馆, 1997: 189 – 190, 345.

[19] [美] 伊利尔·沙里宁. 城市——它的发展、衰败、与未来 [M]. 顾启源译. 北京: 中国建筑工业出版社, 1986.

[20] Federico Oliva, Marco Facchinetti, Valeria Fedeli, 刘川. 关于城市蔓延和交通规划的政治与政策[J]. 国外城市规划, 2002 (6): 13 – 24.

[21] Hollis B. Chenery, 欧阳峣, 盛小芳. 大型发展中国家工业化经验[J]. 湖南商学院学报, 2015, 22 (4): 12 – 17.

[22] 李晓凤. 北京郊区小城镇发展研究——以门头沟区小城镇为例[D]. 北京林业大学, 2006.

[23] 才永莲. 小城镇交通特征探析[J]. 武汉船舶职业技术学院学报, 2005 (6): 43 – 46.

[24] 蔡中长, 李杰. 通用航空发展对农村经济的影响[J]. 中国集体经济, 2011 (7): 16, 23.

[25] 曹小曙, 薛德升, 阎小培. 中国干线公路网络联结的城市通达性[J].

地理学报,2005 (6):25-32.

[26] 曹小曙,阎小培.经济发达地区交通网络演化对通达性空间格局的影响——以广东省东莞市为例[J].地理研究,2003 (3):305-312.

[27] 程必定.中国新型城市化道路的选择[J].青岛科技大学学报(社会科学版),2011,27 (3):1-6,16.

[28] 仇保兴.我国低碳生态城市发展的总体思路[J].建设科技,2009 (15):12-17.

[29] 戴磊,赵娴.我国城市化发展水平综合评价研究[J].商业研究,2012 (7):64-69.

[30] 董方.中国国际集装箱运输发展战略研究[D].中国海洋大学,2005.

[31] 董式珪.改变我国城乡人口构成初探[J].学术研究辑刊,1980 (1):65-69.

[32] 樊一江.发挥综合交通枢纽在新型城镇化中的引导作用[J].综合运输,2013 (9):4-9.

[33] 范金,伞锋,袁小慧.扩大居民消费的三个着力点:收入分配、供需调整、政府治理[J].桂海论丛,2014 (3):36-41.

[34] 范燕.京津冀产业集群视角下的河北省城市化发展研究[D].河北大学,2010.

[35] 范振宇,肖春阳.高速公路建设对国家经济社会发展的系统效应初析[J].公路交通科技,2006 (5):155-158.

[36] 费孝通.小城镇的发展在中国的社会意义[J].瞭望周刊,1984 (32):8-10.

[37] 冯煜雯.关中经济区新型城镇化发展路径探析[J].陕西社会主义学院学报,2011 (4):38-40,45.

[38] 弗里德里希·李斯特.政治经济学的自然体系[M].北京:商务印书馆,1997:71-72.

[39] 盖春英,裴玉龙.公路网络可达性研究[J].公路交通科技,2006 (6):104-107.

[40] 高兴野.吉林省小企业生成发展机理研究[D].东北师范大学,2011.

[41] 高元.陕北城市空间形态的分形特征研究[A].中国城市规划学会、东莞市人民政府.持续发展理性规划——2017中国城市规划年会论文集(山地

城乡规划)[C].中国城市规划学会、东莞市人民政府:中国城市规划学会,2017:8.

[42] 耿红生.快速城镇化背景下景洪市小城镇形态演变研究[D].昆明理工大学,2011.

[43] 郭卉.城市综合交通运输体系经济适应性研究[D].北京交通大学,2009.

[44] 郭凌志,王国金.基于低碳理念的综合交通体系规划分析[J].交通科技与经济,2011,13(4):99-102.

[45] 国家新型城镇化规划(2014—2020年)[J].农村工作通讯,2014(6):32-48.

[46] 韩彪.交通运输发展理论[M].大连:大连海事大学出版社,1994:67-70.

[47] 何文.我国城乡结构与城镇化研究[D].南开大学,2013.

[48] 何宇鹏,张同升.小城镇发展对城镇化和经济发展的贡献及趋势[J].中国发展观察,2008(6):20-21.

[49] 贺倩倩,方曾利,代小瑞.基于可达性的城市化进程中干线公路绕城改造选线方案评价研究[J].公路与汽运,2015(1):49-52.

[50] 侯凤珍.交通运输业对农村经济发展的影响研究[J].内蒙古公路与运输,2012(4):79-81.

[51] 侯衍鹏.青岛市小城镇建设机制研究[D].中国海洋大学,2010.

[52] 胡必亮.灰色区域理论概述[J].经济研究,1993(6):72-80.

[53] 胡桂戎.小城镇交通系统优化研究[D].长安大学,2007.

[54] 黄飞.关于高速公路企业资金管理模式的思考[J].交通企业管理,2005(10):44-45.

[55] 黄妍妍,吴国春.国际比较视域下我国小城镇的建设与发展[J].学术交流,2015(3):148-153.

[56] 贾元华,戴东昌,刘奕.我国高速公路建设发展的绩效与评价[J].北京交通大学学报,2005(6):1-5.

[57] 焦必方.日本东京都郊区现代农村建设的经验及启示——以三鹰市桧原村为例的分析[J].上海经济研究,2007(10):99,107-112.

[58] 金鑫.交通走廊导向的大城市簇群式空间成长控制研究[D].华中科技

大学，2010.

[59] 康彦民. 浅谈我国高速公路建设发展的特点及应注意的问题[J]. 公路交通科技，2000（6）：92-95.

[60] 肯尼斯·巴顿. 运输经济学[M]. 北京：商务印书馆，2002：335-336.

[61] 李明欣. 公路型交通走廊沿线空间利用研究[D]. 山东建筑大学，2013.

[62] 李少星. 大都市区综合交通体系的构建[D]. 东北师范大学，2006.

[63] 李晓刚. 城市河道治理工程中环保措施问题探讨[J]. 科技创新导报，2009（1）：252.

[64] 李秀霞，刘金国. 中国小城镇发展中存在的问题与对策研究[J]. 吉林师范大学学报（自然科学版），2003（2）：71-72，78.

[65] 李永涛. 小城镇交通系统布局优化理论和方法[D]. 长安大学，2004.

[66] 厉以宁. 全球化与中国经济[J]. 世界经济与政治，2000（6）：11-16.

[67] 廖正聪. 通用航空和运输航空同场运行的形势分析[J]. 中国科技信息，2012（8）：173.

[68] 林彰平. 大城市交通可持续发展动力机制及优化决策模型探讨[J]. 人文地理，2001（3）：37-40.

[69] 刘犇堃. 高速公路改扩建决策研究[D]. 广西大学，2013.

[70] 刘安国，杨开忠，谢燮. 新经济地理学与传统经济地理学之比较研究[J]. 地球科学进展，2005（10）：1059-1066.

[71] 刘芳. 交通与城市发展关系研究综述[J]. 经济问题探索，2008（3）：57-62.

[72] 刘珊杉. 中国通用航空产业：问题、原因及对策[J]. 全国商情（理论研究），2011（2）：26-28.

[73] 刘文俭. 特色街区建设与城区发展问题研究——青岛"市北现象"探析与借鉴[J]. 现代城市研究，2010，25（12）：55-61.

[74] 刘雪莲. 金甬铁路对区域交通及社会经济发展的影响[J]. 铁道运输与经济，2009，31（4）：40-42.

[75] 刘奕，贾元华，冯璐. 铁路干线建设项目社会经济效益定量化SD模型研究[J]. 交通运输系统工程与信息，2007（4）：126-130.

[76] 刘云龙，黄承锋. 新型城镇化对城市交通发展影响研究[J]. 公路，

2015 (2): 126-1.

[77] 卢二坡. 转型期中国短期波动对长期增长影响的实证研究[D]. 厦门大学, 2007.

[78] 卢丽霞. 地铁施工项目成本管理研究[D]. 北京交通大学, 2014.

[79] 卢佩莹. 香港及珠江三角洲地区内的机场竞争[A]. 中山大学港澳珠江三角洲研究中心、香港大学香港珠江三角洲发展专责委员会. 提升珠江三角洲竞争力——社会、经济与基础设施发展研讨会论文集[C]. 中山大学港澳珠江三角洲研究中心、香港大学香港珠江三角洲发展专责委员会, 中山大学港澳珠江三角洲研究中心, 2002: 31.

[80] 陆大道, 姚士谋, 李国平, 刘慧, 高晓路. 基于我国国情的城镇化过程综合分析[J]. 经济地理, 2007 (6): 883-887.

[81] 罗仁坚. 我国现代综合运输体系发展思路[J]. 综合运输, 2004 (1): 22-25.

[82] 马天山, 樊一江. 交通运输与能源和环境战略研究[J]. 交通运输工程学报, 2008 (4): 116-120.

[83] 马歇尔. 经济学原理[M]. 北京: 商务印书馆, 1997: 286.

[84] 孟召宜. 地方小交通的构建与农村经济可持续发展研究——以江苏省为例[J]. 地域研究与开发, 2002 (4): 20-23.

[85] 倪鹏飞, 蔡书凯, 王雨飞. 中国城乡一体化进程研究与评估[J]. 城市观察, 2016 (1): 5-19.

[86] 钦红戈. 论小城镇建设中基础设施的融资渠道[J]. 中国科技信息, 2005 (13): 342.

[87] 秦润新. 我国沿海发达地区农村城市化之路——无锡农村城市化的历程与经验[J]. 江南学院学报, 2000 (3): 16-20.

[88] 秦晓春, 李宗禹, 沈毅, 邵社刚. 美国、德国与中国的综合交通网规划中绿色交通规划研究[J]. 中外公路, 2012 (2): 272-276.

[89] 曲大义, 王炜, 王殿海. 城市土地利用与交通规划系统分析[J]. 城市规划汇刊, 1999 (6): 44-45, 35-80.

[90] 屈平, 胡思继. 综合运输体系发展回顾及促进措施[J]. 交通与运输, 2004 (6): 20-21.

[91] 荣朝和. 关于运输业规模经济和范围经济问题的探讨[J]. 中国铁道科

学，2001（4）：100－107．

[92] 荣朝和．推进综合交通规划的方法创新[J]．综合运输，2010（1）：10－14．

[93] 森川洋，柴彦威．日本城市体系的结构特征及其改良[J]．国际城市规划，2007（1）：5－11．

[94] 邵春福．我国城市交通发展中的关键问题及对策建议[J]．北京交通大学学报，2016，40（4）：32－36．

[95] 申丽霞，覃国添．城市化进程中的小城镇交通初探[J]．有色冶金设计与研究，2003（3）：33－35，38．

[96] 孙华灿，李旭宏，陈大伟，于世军．综合运输网络中合理路径优化模型[J]．东南大学学报（自然科学版），2008（5）：873－877．

[97] 孙华灿．基于综合运输网络的货运配流方法研究[D]．东南大学，2009．

[98] 孙敬之．解决中国人口问题的根本途径[J]．人口与经济，1980（1）：4－11．

[99] 孙敏．面临撤并乡镇的发展与规划研究——以南京市六合区东沟镇为例[D]．南京师范大学，2008．

[100] 孙振华．新型城镇化发展的动力机制及其空间效应[D]．东北财经大学，2014．

[101] 谭建新，杨晋丽．交通运输基础设施的空间分布与区域经济增长[J]．云南民族大学学报（哲学社会科学版），2009，26（4）：101－105．

[102] 汤铭潭，张全．我国小城镇道路交通的规划优化探析[J]．工程建设与设计，2007（1）：54－59．

[103] 汤铭潭，张全．我国小城镇道路交通规划的优化基础[J]．城市交通，2005（3）：49－52．

[104] 唐六田．小城镇发展模式研究[D]．新疆农业大学，2002．

[105] 汪飞．道路基础设施建设与区域经济发展[D]．华东师范大学，2010．

[106] 王春南．茂名城市发展定位研究[D]．中山大学，2010．

[107] 王春燕．A矿矿浆管道输送技术及经济可行性研究[D]．电子科技大学，2011．

[108] 王殿海，栗红强，王建智，纪景义．公路运输发展对国民经济增长贡献率测算方法与应用研究[J]．土木工程学报，2003（7）：100－104．

[109] 王奕文，张芳瑜，李昊河．主动时期的城市规划理论与实践[J]．山西建筑，2013，39（14）：15-17．

[110] 王元媛．大交通背景下的城市轨道交通[J]．交通世界（运输·车辆），2014（10）：22-29．

[111] 威廉·配第．政治算术[M]．北京：商务印书馆，1978．

[112] 魏垂沛．区域综合交通运输线网布局规划方法研究[J]．物流技术，2010，29（16）：22-24．

[113] 温铁军．中国的城镇化道路与相关制度问题[J]．开放导报，2000（5）：21-23．

[114] 文雯，黄雨婷，宋建波．交通基础设施建设改善了企业投资效率吗？——基于中国高铁开通的准自然实验[J]．中南财经政法大学学报，2019（2）：42-52．

[115] 我国首个城镇化规划公布　涵盖四大任务五项改革[J]．工程经济，2014（3）：63．

[116] 吴丹．基于DEA的综合交通运输系统协调发展评价研究[D]．北京交通大学，2009．

[117] 吴刚．西部地区公路运输发展对策研究[D]．长安大学，2000．

[118] 吴江．乡村振兴战略是乡镇政府服务能力建设的新导向[N]．重庆日报，2017-11-30（005）．

[119] 吴威，曹有挥，曹卫东，梁双波．开放条件下长江三角洲区域的综合交通可达性空间格局[J]．地理研究，2007（2）：391-402．

[120] 吴威，曹有挥，梁双波，曹卫东．中国铁路客运网络可达性空间格局[J]．地理研究，2009，28（5）：1389-1400．

[121] 吴颖．美国城郊化与城市社会空间失衡[J]．江淮论坛，2004（3）：72-77．

[122] 吴志强，李德华．城市规划原理[M]．北京：中国建筑工业出版社，2010：28-29．

[123] 武文风．马克思技术进步理论研究[D]．南开大学，2013．

[124] 夏飞，陈修谦．高速公路对我国农村城镇化影响研究[J]．管理世界，2004（8）：135-136，143．

[125] 肖万春．创新现代农业发展道路[J]．湖南社会科学，2007（5）：

103-107.

[126] 肖万春. 中国农村城镇化问题研究[D]. 中共中央党校, 2005.

[127] 邢厚道, 杨山. 城市边缘区演化及其特征[J]. 安徽农业科学, 2006 (20): 5382-5384.

[128] 邢尚青. 交通走廊地带城镇形态演变研究[J]. 中国人口·资源与环境, 2013 (S2): 193-196.

[129] 徐刚. 铁路货物运输成本特性研究[J]. 铁道学报, 2002 (6): 11-14.

[130] 徐志文, 王礼力, 谢方. 城镇化进程中"中心镇镶嵌"缩小城乡收入差距研究[J]. 经济体制改革, 2013 (3): 48-52.

[131] 许学强等. 现代城市地理学[M]. 北京: 中国建筑工业出版社, 1988: 47.

[132] 薛凤旋. 英国新市镇: 西方资本主义下政府主导的城镇化个案[J]. 北京规划建设, 2014 (5).

[133] 亚当·斯密. 国民财富的原因与性质研究[M]. 武汉: 中南财经大学出版社, 2003: 22-24.

[134] 晏然, 刘自斌. 城镇化进程中公民生态文明教育的思考——以娄底市为例[J]. 企业导报, 2015 (5): 145-147.

[135] 杨冠琼. X省地区生产总值统计数据的内在矛盾及其修正[J]. 经济管理, 2007 (14): 19-25.

[136] 杨晓玉. 河南省公路交通运输对区域经济发展的影响研究[D]. 辽宁大学, 2015.

[137] 杨雪. 区域交通系统及经济布局与小城镇形态演变的研究[D]. 长安大学, 2005.

[138] 姚如青. 当前沿海发达地区中心镇发展的对策研究[J]. 中共杭州市委党校学报, 2008 (1): 58-62.

[139] 姚士谋, 陈振光, 刘塔. 中国城市化的总体目标与实现对策[J]. 上海城市管理职业技术学院学报, 2008 (3): 32-36.

[140] 叶裕民. 中国城市化质量研究[J]. 中国软科学, 2001 (7): 28-32.

[141] 余俊. 中外农村城镇化比较研究[D]. 华中科技大学, 2013.

[142] 俞卫国. 小城镇交通问题初探[J]. 科学决策, 2008 (9): 57-58.

[143] 虞同文. 中心镇向小城市演变中的公共交通规划[J]. 交通与运输

(学术版), 2012 (1): 66-70.

[144] 袁武. 高速公路社会环境影响后评价指标体系及量化模型研究[D]. 长沙理工大学, 2009.

[145] 袁中金. 中国小城镇发展战略研究[D]. 华东师范大学, 2006.

[146] 约翰·弗里德曼: 中国城市变迁[M]. 明尼苏达大学出版社, 2005.

[147] 曾小林. 城市高密度土地利用与交通系统一体化布局规划研究[D]. 重庆交通大学, 2009.

[148] 张爱萍, 翟顺河, 刘小平. 公路交通与小城镇发展[J]. 科技情报开发与经济, 2000 (5): 52-53.

[149] 张兵, 金凤君, 于良. 湖南公路网络演变的可达性评价[J]. 经济地理, 2006 (5): 776-779, 796.

[150] 张聪林, 朱霞. 小城镇交通规划问题与对策探讨[J]. 小城镇建设, 2005 (1): 84-85.

[151] 张飞涟. 铁路建设项目后评价理论与方法的研究[D]. 中南大学, 2004.

[152] 张国伍. 论交通运输系统规划、协调与发展[J]. 交通运输系统工程与信息, 2005 (1): 16-24.

[153] 张江余. 成渝城市群综合交通运输——经济复合系统研究[D]. 西南交通大学, 2010.

[154] 张鹏. 农村交通建设与社会变迁[D]. 长安大学, 2008.

[155] 张文尝, 金凤君, 樊杰. 交通经济带[M]. 北京: 科学出版社, 2002: 10-12.

[156] 张文尝, 金凤君, 唐秀芳. 空间运输联系的生成与增长规律研究[J]. 地理学报, 1994 (5): 440-448.

[157] 张文尝. 工业基地交通运输布局问题[J]. 地理学报, 1981 (2): 157-170.

[158] 张文忠. 经济区位论[M]. 北京: 经济科学出版社, 1999: 7-17.

[159] 张小力. 江苏省小城镇发展差异及其成长路径分析[D]. 西北农林科技大学, 2013.

[160] 张小雄. 鄂东区域小城镇发展模式研究[D]. 华中科技大学, 2006.

[161] 张新宇,陈景艳.交通运输外部成本评估及内部化[J].北方交通大学学报,1999(3):21-25,31.

[162] 张学良.交通网络、城市聚集与长江三角洲区域经济发展[A].上海社会科学界联合会.上海市社会科学界第五届学术年会文集(2007年度)(经济·管理学科卷)[C].上海社会科学界联合会:上海社会科学界联合会,2007:7.

[163] 张永岳,王元华.我国新型城镇化的推进路径研究[J].华东师范大学学报(哲学社会科学版),2014,46(1):92-100,154.

[164] 张占斌.新型城镇化进程中的省直管县改革研究[J].西南大学学报(社会科学版),2014(4):48-55.

[165] 张正泽.我国公路交通业发展战略研究[D].南京大学,2002.

[166] 张周堂.基于可持续发展的综合运输体系研究[D].长安大学,2005.

[167] 赵海培,刘宜勤.我国铁路走向市场取得大进展[J].中国铁路,1996(3):1-3+5.

[168] 赵静波.吉林省综合运输体系完善与经济发展关系研究[D].吉林大学,2008.

[169] 赵童.国外城市土地利用——交通系统一体化模型[J].经济地理,2000:20(6):79-84.

[170] 赵现伟.陕西省公路客运需求分析及预测研究[D].长安大学,2010.

[171] 赵祥华.长沙市小城镇建设对策研究[D].湖南大学,2012.

[172] 赵永刚.云南省乡镇汽车客运站规划设计研究[D].昆明理工大学,2007.

[173] 赵峥.中国城市化与金融支持[M].北京:商务印书馆,2011:21.

[174] 郑卫.交通走廊对城镇形态演变的影响研究[D].浙江大学,2004.

[175] 中共中央国务院国家新型城镇化规划(2014、2020年).

[176] 中华人民共和国国民经济和社会发展第十三个五年规划纲要[N].人民日报,2016-03-18(001).

[177] 周凡.新农村建设时期党的农村思想政治工作探究[D].西北大学,2011.

[178] 周商吾,李贵林.上海市快速高架道路网交通效益评析[J].城市道桥与防洪,2000(3):1-3,2.

[179] 周一星. 城镇郊区化和逆城镇化[J]. 城市, 1995 (4): 7-10.

[180] 周正祥, 罗珊, 蔡雨珈. 交通运输体系改善促进农村中心集镇发展的中国路径[J]. 中国软科学, 2014 (5): 23-36.

[181] 朱东风. 江苏小城镇发展的回顾与反思 [A]. 中国城市规划学会. 生态文明视角下的城乡规划——2008中国城市规划年会论文集 [C]. 中国城市规划学会: 中国城市规划学会, 2008: 10.

[182] 朱顺应, 王红, 朱真才. 公路交通与经济发展适应性客观模糊评价[J]. 重庆交通学院学报, 2004 (1): 36-41.

[183] 朱松坚, 吴敬武. 城镇过境公路改建模式探讨[J]. 公路与汽运, 2008 (1): 55-58.

[184] 朱兆芳. 小城镇发展与城镇道路设计[J]. 城市道桥与防洪, 2008 (11): 8-10, 4.

[185] 综合交通运输网络支撑新型城镇化[J]. 城市道桥与防洪, 2014 (6): 14.